Buchführung: Schneller Einstieg in die Grundlagen

Karin Nickenig

Buchführung: Schneller Einstieg in die Grundlagen

Einführung in die gesetzlichen Vorschriften und in die Buchführungstechnik

3., korrigierte und aktualisierte Auflage

Karin Nickenig
Mülheim-Kärlich, Deutschland

ISBN 978-3-658-26811-4   ISBN 978-3-658-26812-1   (eBook)
https://doi.org/10.1007/978-3-658-26812-1

Die Deutsche Nationalbibliothek verzeichnet diese Publikation in der Deutschen Nationalbibliografie; detaillierte bibliografische Daten sind im Internet über http://dnb.d-nb.de abrufbar.

Springer Gabler
© Springer Fachmedien Wiesbaden GmbH, ein Teil von Springer Nature 2016, 2018, 2019
Das Werk einschließlich aller seiner Teile ist urheberrechtlich geschützt. Jede Verwertung, die nicht ausdrücklich vom Urheberrechtsgesetz zugelassen ist, bedarf der vorherigen Zustimmung des Verlags. Das gilt insbesondere für Vervielfältigungen, Bearbeitungen, Übersetzungen, Mikroverfilmungen und die Einspeicherung und Verarbeitung in elektronischen Systemen.
Die Wiedergabe von allgemein beschreibenden Bezeichnungen, Marken, Unternehmensnamen etc. in diesem Werk bedeutet nicht, dass diese frei durch jedermann benutzt werden dürfen. Die Berechtigung zur Benutzung unterliegt, auch ohne gesonderten Hinweis hierzu, den Regeln des Markenrechts. Die Rechte des jeweiligen Zeicheninhabers sind zu beachten.
Der Verlag, die Autoren und die Herausgeber gehen davon aus, dass die Angaben und Informationen in diesem Werk zum Zeitpunkt der Veröffentlichung vollständig und korrekt sind. Weder der Verlag, noch die Autoren oder die Herausgeber übernehmen, ausdrücklich oder implizit, Gewähr für den Inhalt des Werkes, etwaige Fehler oder Äußerungen. Der Verlag bleibt im Hinblick auf geografische Zuordnungen und Gebietsbezeichnungen in veröffentlichten Karten und Institutionsadressen neutral.

Springer Gabler ist ein Imprint der eingetragenen Gesellschaft Springer Fachmedien Wiesbaden GmbH und ist ein Teil von Springer Nature.
Die Anschrift der Gesellschaft ist: Abraham-Lincoln-Str. 46, 65189 Wiesbaden, Germany

Vorwort

Liebe Leser,
dieses Lehrbuch „Buchführung: Schneller Einstieg in die Grundlagen" will allen Interessierten, also allen, die sich auf die komplexe Zahlenwelt der Buchführung einlassen möchten oder müssen, Unterstützung und Hilfe sein.

Ob Sie sich als kaufmännische Angestellte, Studierende, Unternehmer, Manager oder Auszubildende mit der spannenden, aber häufig zunächst schwer verständlichen Materie beschäftigen: die Kombination von theoretischen Grundlagen, Kontrollfragen und zahlreichen Buchungsbeispielen inklusive Lösungsvorschlägen soll insbesondere Nicht-Experten einen leichten, aber gleichzeitig fachlich fundierten Zugang zu diesem komplexen Themengebiet ermöglichen.

Mithilfe dieses Lehrbuches werden Sie in kurzer Zeit das Fachvokabular von Steuerexperten und Buchhaltern entschlüsseln, verstehen und es im Tagesgeschäft anwenden können.

An dieser Stelle danke ich allen Personen, die mich zu diesem Lehrbuch motiviert und mit wertvollen Ideen und Hinweisen bei meiner Autorentätigkeit begleitet haben. Besonderen Dank auch an diejenigen, die die finale Umsetzung dieser Lektüre durchführen.

Ich wünsche Ihnen nun viel Freude und Gewinn auf der spannenden, aber auch herausfordernden Reise durch die geheimnisvolle Welt der Buchführung – dargestellt anhand eines Praxisbeispiels.

Mülheim-Kärlich Karin Nickenig
im Juni 2019

Inhaltsverzeichnis

1	**Carlo Sommerweizen e. K. – ein Kaufmann stellt sich vor**.............		1
2	**Einführung in die Grundlagen der Buchführung**....................		3
	2.1	Aufgaben der Buchführung.................................	4
	2.2	Adressaten der Buchführung................................	6
	2.3	Grundsätze der ordnungsgemäßen Buchführung (GoB)............	7
		2.3.1 Grundsätze der ordnungsgemäßen Buchführung...........	7
		2.3.2 Grundsätze der ordnungsgemäßen Bilanzierung...........	10
	2.4	Mögliche Fehler in der Buchführung.........................	10
	2.5	Zusammenfassende Lernkontrolle............................	12
		2.5.1 Kontrollfragen......................................	12
		2.5.2 Lösungen zu den Kontrollfragen.......................	12
		2.5.3 Übungen...	13
		2.5.4 Lösungen zu den Übungen.............................	13
	Literatur..		17
3	**Buchführungspflicht nach Handels- und Steuerrecht**.................		19
	3.1	Wichtige Definitionen.....................................	19
	3.2	Handelsrechtliche Buchführungspflicht........................	21
		3.2.1 Istkaufmann nach § 1 HGB............................	23
		3.2.2 Kannkaufmann nach § 2 HGB..........................	26
		3.2.3 Kannkaufmann (Land- und Forstwirtschaft) nach § 3 HGB..	27
		3.2.4 Fiktivkaufmann nach § 5 HGB.........................	27
		3.2.5 Formkaufmann nach § 6 HGB..........................	28
	3.3	Steuerliche Buchführungspflicht.............................	29
		3.3.1 Abgeleitete (Derivative) Buchführungspflicht nach § 140 AO...	29
		3.3.2 Selbständige (Originäre) Buchführungspflicht nach § 141 AO...	30

	3.4	Freiberufler	31
	3.5	Aufzeichnungspflicht	31
	3.6	Zusammenfassende Lernkontrolle	33
		3.6.1 Kontrollfragen	33
		3.6.2 Lösungen zu den Kontrollfragen	33
		3.6.3 Übungen	34
		3.6.4 Lösungen zu den Übungen	36
	Literatur		39
4	**Von der Buchführung zur Bilanz**		**41**
	4.1	Wichtige Definitionen	41
	4.2	Abfolge von der Buchführung zum Jahresabschluss	43
	4.3	Zusammenfassende Lernkontrolle	45
		4.3.1 Kontrollfragen	45
		4.3.2 Lösungen zu den Kontrollfragen	45
		4.3.3 Übungen	46
		4.3.4 Lösungen zu den Übungen	47
	Literatur		49
5	**Buchungssätze, Kontenrahmen und Kontenplan**		**51**
	5.1	Wichtige Definitionen	52
	5.2	T-Konten	52
	5.3	Buchungssätze	54
		5.3.1 Der einfache Buchungssatz	54
		5.3.2 Der zusammengesetzte Buchungssatz	55
	5.4	Kontenrahmen und Kontenplan	56
		5.4.1 Kontenrahmen	56
		5.4.2 Kontenplan	58
	5.5	Buchungssatz mit Kontennummern	58
	5.6	Zusammenfassende Lernkontrolle	60
		5.6.1 Kontrollfragen	60
		5.6.2 Lösungen zu den Kontrollfragen	60
		5.6.3 Übungen	60
		5.6.4 Lösungen zu den Übungen	62
	Literatur		66
6	**Inventur, Inventar und Bilanz**		**67**
	6.1	Wichtige Definitionen	67
	6.2	Inventur	68
		6.2.1 Allgemeine Anmerkungen	68
		6.2.2 Inventurmethoden	69
	6.3	Inventar	74

	6.4	Bilanz	76
		6.4.1 Allgemeine Darstellung der Bilanz	76
		6.4.2 Bilanzveränderungen	81
	6.5	Zusammenfassende Lernkontrolle	83
		6.5.1 Kontrollfragen	83
		6.5.2 Lösungen zu den Kontrollfragen	83
		6.5.3 Übungen	84
		6.5.4 Lösungen zu den Übungsaufgaben	86
	Literatur		88
7	**Gewinnermittlungsmethoden**		**89**
	7.1	Wichtige Definitionen	90
	7.2	Exkurs: Vier Begriffspaare des Rechnungswesens	91
	7.3	Betriebsvermögensvergleich nach § 4 und § 5 EStG	95
	7.4	Einnahmen-Überschuss-Rechnung nach § 4 (3) EStG	98
	7.5	Schätzung nach § 162 AO	99
	7.6	Zusammenfassende Lernkontrolle	100
		7.6.1 Kontrollfragen	100
		7.6.2 Lösungen zu den Kontrollfragen	101
		7.6.3 Übungen	101
		7.6.4 Lösungen zu den Übungsaufgaben	103
	Literatur		104
8	**Bestands-, Erfolgs- und Hilfskonten**		**105**
	8.1	Wichtige Definitionen	105
	8.2	Bestandskonten in der Bilanz	106
		8.2.1 Aktivkonten	106
		8.2.2 Passivkonten	107
		8.2.3 Abschluss von Bestandskonten	107
		8.2.4 Erfolgskonten in der Gewinn- und Verlustrechnung	109
		8.2.5 Aufwandskonten	110
		8.2.6 Ertragskonten	111
		8.2.7 Abschluss von Erfolgskonten	112
	8.3	Hilfskonten	115
		8.3.1 Eröffnungsbilanzkonto (EBK)	115
		8.3.2 Schlussbilanzkonto (SBK)	117
	8.4	Zusammenfassende Lernkontrolle	119
		8.4.1 Kontrollfragen	119
		8.4.2 Lösungen zu den Kontrollfragen	120
	8.5	Übungen	120
		8.5.1 Übungsaufgaben	120
		8.5.2 Lösungen zu den Übungsaufgaben	123
	Literatur		129

9 Buchungssätze mit Umsatzsteuer und Vorsteuer ... 131
- 9.1 Wichtige Definitionen ... 132
- 9.2 Darstellung einfaches Umsatzsteuer-System im Inland ... 132
- 9.3 Vorsteuer nach § 15 UStG ... 136
- 9.4 Umsatzsteuer-Voranmeldung ... 139
- 9.5 Buchungen bei Auslandsgeschäften ... 142
  - 9.5.1 Innergemeinschaftlicher Erwerb ... 143
  - 9.5.2 Innergemeinschaftliche Lieferung ... 144
  - 9.5.3 Einfuhr ... 146
  - 9.5.4 Ausfuhr ... 147
  - 9.5.5 Umsatz im Sinne des § 13b UStG („Reverse Charge") ... 148
- 9.6 Zusammenfassende Lernkontrolle ... 149
  - 9.6.1 Kontrollfragen ... 150
  - 9.6.2 Lösungen zu den Kontrollfragen ... 150
  - 9.6.3 Übungsaufgaben ... 151
  - 9.6.4 Lösung zu den Übungsaufgaben ... 156
- Literatur ... 160

10 Privatkonten ... 161
- 10.1 Wichtige Definitionen ... 162
- 10.2 Privatentnahmen/Unentgeltliche Wertabgaben ... 163
  - 10.2.1 Geld ... 163
  - 10.2.2 Leistungen ... 164
  - 10.2.3 Gegenstände ... 166
- 10.3 Privateinlagen ... 167
  - 10.3.1 Geld ... 167
  - 10.3.2 Gegenstände ... 168
- 10.4 Zusammenfassende Lernkontrolle ... 169
  - 10.4.1 Kontrollfragen ... 169
  - 10.4.2 Lösungen zu den Kontrollfragen ... 170
  - 10.4.3 Übungsaufgaben ... 170
  - 10.4.4 Lösungen zu den Übungsaufgaben ... 173
- Literatur ... 176

11 Anlagevermögen – ausgewählte Positionen ... 177
- 11.1 Wichtige Definitionen ... 178
- 11.2 Anschaffungskosten ... 178
  - 11.2.1 Materielle Vermögensgegenstände ... 179
  - 11.2.2 Immaterielle Vermögensgegenstände ... 180
  - 11.2.3 Preisnachlässe durch Lieferanten (erhaltene Preisnachlässe) ... 181

11.3	Herstellungskosten		184
	11.3.1	Materielle Vermögensgegenstände	185
	11.3.2	Immaterielle Vermögensgegenstände	186
11.4	Planmäßige Abschreibungen von abnutzbaren Anlagegütern		187
11.5	Veräußerung von Anlagegütern		189
11.6	Zusammenfassende Lernkontrolle		191
	11.6.1	Kontrollfragen	191
	11.6.2	Lösungen zu den Kontrollfragen	191
	11.6.3	Übungsaufgaben	192
	11.6.4	Lösung zu den Übungsaufgaben	196
Literatur			199

12 Umlaufvermögen – ausgewählte Positionen ... 201

12.1	Vorratsvermögen		201
12.2	Forderungen		203
	12.2.1	Allgemeines zu Forderungen aus Lieferungen und Leistungen	203
	12.2.2	Preisnachlässe an Kunden (gewährte Preisnachlässe)	204
12.3	Zusammenfassende Lernkontrolle		207
	12.3.1	Kontrollfragen	207
	12.3.2	Lösungen zu den Kontrollfragen	207
	12.3.3	Übungsaufgaben	208
	12.3.4	Lösungen zu den Übungsaufgaben	210
Literatur			212

13 Bonuskapitel: Anzahlungen ... 213

13.1	Erhaltene Anzahlungen		213
13.2	Geleistete Anzahlungen		215
13.3	Zusammenfassende Lernkontrolle		217
	13.3.1	Kontrollfragen	217
	13.3.2	Lösungen zu den Kontrollfragen	217
	13.3.3	Übungsaufgaben	218
	13.3.4	Lösungen zu den Übungsaufgaben	222
Literatur			225

14 Zusammenfassendes Beispiel ... 227

14.1	Vorschlag zur Vorgehensweise	228
14.2	Aufgabenstellung (Beispielaufgabe)	229
14.3	Lösung (Beispielaufgabe)	230

15	**Abschließende Übungsaufgaben**		235
	15.1	1. Komplettaufgabe	235
		15.1.1 Aufgabenstellung (1. Komplettaufgabe)	235
		15.1.2 Lösung (1. Komplettaufgabe)	239
	15.2	2. Komplettaufgabe	241
		15.2.1 Aufgabenstellung (2. Komplettaufgabe)	241
		15.2.2 Lösung (2. Komplettaufgabe)	246
16	**Fazit**		251

Über die Autorin

Karin Nickenig ist langjährige freiberufliche Dozentin für Rechnungswesen und Steuern an Hochschulen, für private Bildungsträger und bietet eigene Seminare und Inhouse-Schulungen bundesweit zu vorgenannten Themen an. Nach Ausbildung (Steuerfachkraft), Studium (Wirtschaft) und praktischer Tätigkeit im Rechnungswesen und Steuerrecht war sie zunächst nebenberuflich als Lehrbeauftragte tätig. Seit 2008 weitete sie ihre Lehrtätigkeit kontinuierlich aus. Heute vermittelt sie ihre Kenntnisse in Buchführung, Bilanzierung und Steuerrecht bundesweit im Rahmen der Erwachsenenbildung.

Für Karin Nickenig ist es besonders wichtig, Lerninteressenten in kurzer Zeit einen leicht verständlichen Überblick über das komplexe Themengebiet der Buchführung zu verschaffen und ihnen fundierte Kenntnisse untermauert mit zahlreichen Beispielen zu vermitteln.

Dieser Wunsch motivierte die Autorin auch, den vorliegenden Leitfaden zu veröffentlichen.

Haben Sie Tipps und Anregungen? Gerne können Sie Ihre Hinweise an die folgende Adressen mitteilen: office@karin-nickenig.de.

Weitere Informationen finden sie auf ihrer Homepage: www.karin-nickenig.de

Abkürzungsverzeichnis

AB	Anfangsbestand
AO	Abgabenordnung
EBK	Eröffnungsbilanzkonto
e. K.	eingetragener Kaufmann
etc.	et cetera
EÜR	Einnahmen-Überschuss-Rechnung
Ford.aLuL	Forderungen aus Lieferungen und Leistungen
GesV	Gesamtvermögen
GuV	Gewinn- und Verlustrechnung
SachV	Sachvermögen
SBK	Schlussbilanzkonto
u. a.	und andere
usw.	und so weiter
u. v. m	und vieles mehr
Verb.aLuL	Verbindlichkeiten aus Lieferungen und Leistungen

Abbildungsverzeichnis

Abb. 4.1	Von der Buchführung zur Jahresabschlussanalyse	44
Abb. 8.1	Aufbau eines Aktivkontos	106
Abb. 8.2	Aufbau eines Passivkontos	107
Abb. 8.3	Aufbau GuV im Gewinnfall	110
Abb. 8.4	Aufbau GuV im Verlustfall	110
Abb. 8.5	Aufbau Aufwandskonto	111
Abb. 8.6	Aufbau Ertragskonto	111
Abb. 8.7	Abschluss Erfolgskonten über die GuV	112
Abb. 8.8	Abschluss GuV über EK-Gewinn	114
Abb. 8.9	Abschluss GuV über EK bei Verlust	115
Abb. 8.10	Eröffnung Bestandskonten über EBK	116
Abb. 8.11	Abschluss Bestandskonten über SBK	117
Abb. 8.12	Der Weg vom SBK zur Bilanz	118
Abb. 9.1	Umsatzsteuer-System im Inland – Quelle: Praxislehrbuch Steuerrecht – Schneller Einstieg in die gesetzlichen Grundlagen; Autorin Karin Nickenig; Springer-Gabler, 2019	133

Tabellenverzeichnis

Tab. 2.1	Richtig oder Falsch? (Kap. 2)	14
Tab. 2.2	Richtig oder Falsch? (Lösung Kap. 2)	16
Tab. 3.1	Richtig oder Falsch? (Kap. 3)	35
Tab. 3.2	Richtig oder Falsch? (Lösung Kap. 3)	38
Tab. 4.1	Richtig oder Falsch? (Kap. 4)	46
Tab. 4.2	Richtig oder Falsch? (Lösung Kap. 4)	48
Tab. 5.1	Richtig oder Falsch? (Kap. 5)	63
Tab. 5.2	Richtig oder Falsch? (Lösung Kap. 5, Tab. 5.2)	65
Tab. 6.1	Nachgelagerte Inventur	73
Tab. 6.2	Vorgelagerte Inventur	74
Tab. 6.3	Beispiel eines Inventars auf den 31.12.02 (Verkauf von Spezialschrauben)	75
Tab. 6.4	Richtig oder Falsch? (Kap. 6)	85
Tab. 6.5	Richtig oder Falsch? (Lösung Kap. 6)	87
Tab. 7.1	Betriebsvermögensvergleich	96
Tab. 7.2	Richtig oder Falsch? (Kap. 7)	102
Tab. 7.3	Richtig oder Falsch? (Lösung Kap. 7)	103
Tab. 8.1	Richtig oder Falsch? (Kap. 8)	124
Tab. 8.2	Richtig oder Falsch? (Lösung Kap. 8)	128
Tab. 9.1	Berechnung der Umsatzsteuer-Zahllast	140
Tab. 9.2	Richtig oder Falsch? (Kap. 9)	155
Tab. 9.3	Richtig oder Falsch? (Lösung Kap. 9)	159
Tab. 10.1	Berechnung des Privatanteils (betrieblicher Pkw, 1%-Methode)	165
Tab. 10.2	Richtig oder Falsch? (Kap. 10)	172
Tab. 10.3	Berechnung des Privatanteils (betrieblicher Pkw, 1% Methode)	174
Tab. 10.4	Richtig oder Falsch? (Lösung Kap. 10)	175
Tab. 11.1	Ermittlung Anschaffungskosten unbebautes Grundstück	179
Tab. 11.2	Ermittlung Herstellungskosten bei materiellen Vermögensgegenständen (Tische)	185

Tab. 11.3	Ermittlung Restbuchwert bei Veräußerung eines abnutzbaren Anlagegutes.	189
Tab. 11.4	Ermittlung Veräußerungsergebnis bei Verkauf eines Anlagegutes	190
Tab. 11.5	Richtig oder Falsch? (Kap. 11)	195
Tab. 11.6	Richtig oder Falsch? (Lösung Kap. 11).	198
Tab. 12.1	Richtig oder Falsch? (Kap. 12)	209
Tab. 12.2	Richtig oder Falsch? (Lösung Kap. 12).	212
Tab. 13.1	Richtig oder Falsch? (Kap. 13)	220
Tab. 13.2	Richtig oder Falsch? (Lösung Kap. 13).	224
Tab. 14.1	Saldenvorträge Zusammenfassendes Beispiel für Eröffnungsbilanz zum 01.01.02	229
Tab. 15.1	Saldenvorträge Eröffnungsbilanz zum 01.01.02 zu Komplettaufgabe Nr. 1	236
Tab. 15.2	Saldenvorträge Eröffnungsbilanz zum 01.01.02 zu Komplettaufgabe Nr. 2	241

Carlo Sommerweizen e. K. – ein Kaufmann stellt sich vor

Zusammenfassung

Carlo Sommerweizen ist ein 43jähriger gebürtiger Rheinländer und führt seit einiger Zeit ein kleines, aber recht erfolgreiches Einzelunternehmen. Der motivierte Kaufmann ist Autohändler und hat sein Hobby zum Beruf gemacht. Nach einer betriebsbedingten Kündigung entschied er sich vor einiger Zeit, selbst ein Autohaus zu eröffnen, Autos zu verkaufen und diese auch in der angeschlossenen Reparaturwerkstatt durch seine Mitarbeiter reparieren zu lassen. Seine Motivation, sich selbst in Sachen Buchführung fortzubilden, hilft ihm, die für ihn wichtigen kaufmännischen Sachverhalte besser zu verstehen und sinnvolle Entscheidungen für die Zukunft zu treffen. Ein wichtiges Ziel für den harmoniebedürftigen Selbständigen ist es, die Arbeitsatmosphäre in seinem Team möglichst konstant angenehm zu gestalten und gleichzeitig betriebswirtschaftlich gute Ergebnisse (also hohe Gewinne) einzufahren. Sommerweizen lernt im Rahmen seines Studiums der Buchführung, dass er möglichst zeitnah relevante Sachverhalte korrekt und nachvollziehbar im EDV-System erfassen und im Anschluss analysieren sollte, um im Anschluss richtige Entscheidungen zu treffen und den Unternehmensfortbestand zu sichern. Der motivierte Autohändler lernt auf seiner Reise durch das externe Rechnungswesen in einfachen und nachvollziehbaren Schritten, eine komplette Buchführung für ein Wirtschaftsjahr zu erstellen und über das Schlussbilanzkonto abzuschließen.

Carlo Sommerweizen ist seit dem Jahr 00 erfolgreicher Einzelunternehmer. Sein Autohandel mit angeschlossener Reparaturwerkstatt („Carlo Sommerweizen e. K.") bringt es zu einem für den Unternehmer respektablen Gewinn, von dem er und seine Gattin Carlotta – beide wohnhaft in Neustadt – gut leben können.

Dies ist unter anderem darauf zurückzuführen, dass Sommerweizen sich nicht nur auf seinen Steuerberater Reiner Glaube verlässt, sondern er sich mittlerweile auch selbst um die grundlegenden steuerlichen Belange kümmert und buchhalterische Dinge in der Zukunft selbst übernehmen möchte (zumindest bis er eine neue, qualifizierte Buchhaltungskraft gefunden hat).

Dieses wichtige Gebiet wurde bisher von seinem Mitarbeiter Milber betreut, der jedoch aus privaten Gründen vor kurzem gekündigt hat. Nun muss und möchte sich Sommerweizen selbst mit dieser spannenden Zahlenmaterie befassen. Ihm ist es wichtig, zu wissen, was in seinem Unternehmen abläuft und wie erfolgreich er mit seiner unternehmerischen Tätigkeit ist. In seiner Ausbildung vor 20 Jahren hörte er erstmals etwas über das ungeliebte Fach „Buchführung". Heute weiß er, dass er sich damals besser und detaillierter mit der Materie hätte beschäftigen sollen. So muss er nochmals von vorne beginnen...

Sommerweizen ist noch bekannt, dass er als im Handelsregister eingetragener Kaufmann grundsätzlich die Verpflichtung zur Buchführung hat. Diese stellt die Basis für den gesetzlich geforderten Jahresabschluss dar, welcher für bestimmte Adressaten von großer Bedeutung ist Abschn. 2.2 *Adressaten der Buchführung*.

Der motivierte Unternehmer legt großen Wert darauf, die buchhalterischen Vorgänge innerhalb seines Unternehmens genau nachvollziehen zu können. Deshalb beschäftigt er sich eingehend mit dieser für ihn spannenden Materie, die ihm schlussendlich auch Auskünfte über seinen betrieblichen Erfolg (Gewinn bzw. Verlust) liefert.

Nicht nur der Jahresabschluss, welcher rückwirkend den betrieblichen Erfolg widerspiegelt, ist für Sommerweizen von enormer Bedeutung. Vielmehr sind es u. a. auch die Betriebswirtschaftlichen Auswertungen (BWA), welche einen monatlichen Überblick ermöglichen und ihm – falls erforderlich – ein zeitnahes Eingreifen in die unternehmerischen Prozesse erlauben.

Carlo Sommerweizen begibt sich nun auf die spannende Reise in die Welt der Zahlen. Ihn begleiten die nachfolgenden (auszugsweise) genannten Personen:

1. Reiner Glaube (Carlos Steuerberater in Frankfurt am Main)
2. Uwe Meister (Carlos Freund, Motorrad-Einzelhändler)
3. Florian Gütlich (Carlos Lieferant von Zubehörteilen, Einzelunternehmer in Neustadt)
   u. a.

Folgen wir Carlo nun auf dem spannenden Weg und beginnen mit der Einführung in die Grundlagen der Buchführung.

Einführung in die Grundlagen der Buchführung

Zusammenfassung

Damit Carlo Sommerweizen sich schneller in der Technik der Buchführung zurechtfindet und zu einem späteren Zeitpunkt die entsprechenden Auswertungen zum Zweck der besseren Entscheidungsfindung effizienter analysieren kann, befasst er sich im Rahmen seines Selbststudiums zunächst mit den grundlegenden, wenngleich auch etwas trockenen Basisthemen. Er schaut sich neben den Aufgaben der Buchführung auch die Gruppe der Adressaten an, die die Informationen seiner Buchführung benötigen. Die Grundlagen der ordnungsgemäßen Buchführung („Spielregeln") sowie mögliche Fehler innerhalb der Buchführung sind die ersten Themen, denen er sich intensiv widmet. Alle Bereiche, die er in diesem oder nachfolgenden Kapitel behandelt, werden in Form von mehr oder weniger umfangreichen Übungen wiederholt und gefestigt.

Carlo Sommerweizen verschafft sich zunächst einen Überblick, warum die Buchführung eine so große Bedeutung für den Unternehmer hat. Bereits in der Berufsschule lernte er, dass diese ein bedeutender Teil des betrieblichen Rechnungswesens darstellt. Sie wird auch als das externe Rechnungswesen bezeichnet und basiert auf gesetzlichen Vorgaben, auf die später noch näher eingegangen wird Kap. 3 *Buchführungspflicht nach Handels- und Steuerrecht*. Das (freiwillige) interne Rechnungswesen (u. a. Kosten- und Leistungsrechnung) bildet den anderen Teil des betrieblichen Rechnungswesens ab. Auf dieses geht Sommerweizen an dieser Stelle jedoch nicht weiter ein.

Er hat in seiner Berufsausbildung gelernt, dass die Buchführung, um die es in diesem Lehrbuch geht, alle betrieblichen Geschäftsvorfälle eines Wirtschaftsjahres (zum Beispiel 01.01.04 bis zum 31.12.04) beinhaltet. Abgeschlossen wird die Buchführung nach erfolgter Inventur mittels Jahresabschluss. Das heißt, nachdem die Daten der Buchführung durch die Inventur verifiziert (bestätigt) wurden, kann abschließend eine Bilanz und eine Gewinn- und Verlustrechnung (Jahresabschluss) zum 31.12.04 erstellt werden.

© Springer Fachmedien Wiesbaden GmbH, ein Teil von Springer Nature 2019
K. Nickenig, *Buchführung: Schneller Einstieg in die Grundlagen*,
https://doi.org/10.1007/978-3-658-26812-1_2

Der motivierte Kaufmann überlegt sich also folgende (stark vereinfachte) Vorgehensweise und notiert sie auf einem Blatt Papier:

1. Erstellung der Buchführung
2. Durchführung der Inventur (zum Beispiel Stichtagsinventur auf den 31.12)
3. Anpassung der Buchführung an die Inventurwerte
4. Erstellung der Bilanz und Gewinn- und Verlustrechnung
5. Analyse des Jahresabschlusses

Sommerweizen erkennt sofort, dass in vorgenannten Schritten viel Arbeit steckt und beschließt, sich zunächst einmal mit den Grundlagen, insbesondere den Aufgaben der Buchführung zu widmen. Die Schritte der Bilanzierung und der Jahresabschluss-Analyse grenzt er an dieser Stelle weitestgehend aus. Er möchte sich mit diesem komplexen Thema zu einem späteren Zeitpunkt befassen.

Der Autohändler hat sich zunächst das Ziel gesteckt, am Ende seines Selbststudiums eine vereinfachte Buchführung -von Eröffnung der Bestandskonten bis hin zum Abschluss derselben- über das Schlussbilanzkonto (SBK) zu erstellen.

Sommerweizen startet hochmotiviert mit den Aufgaben der Buchführung…

2.1 Aufgaben der Buchführung

Der motivierte Unternehmer weiß: die Aufgaben der Buchführung sind vielfältig. Im Folgenden werden einige wesentliche Zielsetzungen kurz erläutert, die Carlo im Internet recherchiert. Ein Anspruch auf Vollständigkeit erhebt er nicht. Ihm geht es um nachvollziehbares Grundlagenwissen. Mittels zahlreicher Beispiele versucht er, die neu erworbenen Kenntnisse zu verinnerlichen.

Er startet nun mit der ersten und vielleicht auch einer der wichtigsten Aufgaben der Buchführung: der *Selbstinformation*.

Selbstinformation
Der Unternehmer nutzt die Buchführung, um sich selbst einen aktuellen Überblick über die betriebliche Situation zu verschaffen. Auswertungen können monatlich, vierteljährlich oder jährlich erstellt werden. Somit ist gewährleistet, dass eine ordnungsgemäße Buchführung hilft, unternehmerisch stets den richtigen Kurs zu halten, um höchstmögliche bzw. optimale Gewinne einzufahren.

Beispiel 2.1.1 – Selbstinformation

Carlo Sommerweizen bittet seine Aushilfe (Buchhalter) Maier, ihm die Betriebswirtschaftliche Auswertung (BWA) für den Monat November 02 auszuhändigen. Hieraus kann der Kaufmann sowohl den kurzfristigen Erfolg seiner unternehmerischen Tätigkeit im Monat November 02 als auch die kumulierten (aufsummierten) Werte von Januar bis inklusive November 02 ersehen. Dies bildet die Grundlage für seine weiteren unternehmerischen Entscheidungen in Folge.

Besteuerungsgrundlage

Das Finanzamt benötigt eine ordnungsgemäße Buchführung, um die korrekte Steuerschuld zu ermitteln. Neben der Einkommen-, Körperschaft- und Umsatzsteuer sind auch die Gewerbe- oder Grund- und Kfz-Steuer Abgaben, die allgemein vom Steuerpflichtigen zu entrichten sind. Damit die jeweilige Steuer richtig ermittelt und erhoben werden kann, ist die Buchführung nach bestimmten Spielregeln, den sogenannten *Grundsätzen der ordnungsgemäßen Buchführung (GoB)* zu erstellen Abschn. 2.3 *Grundsätze der ordnungsgemäßen Buchführung (GoB)*.

Beispiel 2.1.2 – Besteuerungsgrundlage
Carlo Sommerweizen muss als eingetragener Kaufmann (Autohandel mit angeschlossener Reparaturwerkstatt) gemeinsam mit Gattin Carlotta Sommerweizen jährlich eine Einkommensteuer-Erklärung beim zuständigen Wohnsitzfinanzamt einreichen. Diese beinhaltet unter anderem seine Einkünfte aus Gewerbebetrieb im Sinne des § 15 (2) EStG, die auf der Basis seiner Buchführung ermittelt wurde.

Rechenschaftslegung

Die Buchführung dient dazu, z. B. allen am Unternehmen beteiligten Investoren Rechenschaft über die getätigten Geschäfte und das innerhalb eines Wirtschaftsjahres erzielte Ergebnis zu liefern.

Beispiel 2.1.3 – Rechenschaftslegung
Frank Clever vertreibt im Rahmen seiner Elektro-GmbH elektronische Ersatzteile. Mit ihm arbeiten drei weitere GmbH-Gesellschafter, welche mindestens zweimal im Jahr Einblick in die Bücher nehmen. Sie möchten hierbei wissen, wie erfolgreich die Geschäftsidee in der Praxis umgesetzt und Gewinne erzielt wurden.

Gläubigerschutz

Die Buchführung wird zum Beispiel von Banken zur Prüfung der Kreditwürdigkeit eines Kunden (Bonitätsprüfung) eingesetzt. Mit Hilfe des Zahlenmaterials wird vor Vergabe eines Kredites im Vorfeld geklärt, ob aus Sicht der Bank ein Kredit gewährt werden kann und der Kunde in der wirtschaftlichen Lage ist, den Kredit samt Zinsen innerhalb eines bestimmten Zeitraumes zurückzuführen.

Beispiel 2.1.4 – Gläubigerschutz
Carlo Sommerweizen benötigte vor zwei Jahren ein Darlehen in Höhe von 100.000,00 €, um seinen Fuhrpark zu erweitern. Sein Kreditinstitut bat ihn damals

zwecks Bonitätsprüfung u. a. um Vorlage der zuletzt erstellten Bilanz, der Gewinn- und Verlustrechnung sowie eine aktuelle Betriebswirtschaftliche Auswertung (BWA) und Summen- und Saldenliste (SuSa) des vorangegangenen Monats.

Beweismittel
Die Buchführung kann je nach Erfordernis auch als *Beweismittel* z. B. in gerichtlichen Prozessen eingesetzt werden.

> **Beispiel 2.1.5 – Beweismittel**
>
> Carlo Sommerweizen las vor einiger Zeit in seiner Tageszeitung, dass ein bekanntes Unternehmen im Rahmen eines Gerichtsprozesses aufgrund seiner ordnungsgemäß geführten Buchhaltung vom Verdacht des Betruges freigesprochen werden konnte.

2.2 Adressaten der Buchführung

Die Adressaten, also die Personen und Institutionen, welche ein nachvollziehbares Interesse am Zahlenmaterial eines Unternehmens haben, sind vielfältig. Carlo Sommerweizen überlegt, wer ein berechtigtes Interesse an seinen betriebswirtschaftlichen Auswertungen haben könnte.

Er notiert sich allgemein folgende Adressaten, die ihm sofort einfallen:

Unternehmer und Gesellschafter
Der Unternehmer und auch die Gesellschafter haben ein großes Interesse daran, zu erkennen, ob ihre Tätigkeit im Rahmen der Geschäftsführung erfolgreich oder für die von ihnen gesetzten Ziele weniger erfolgreich ist (Selbstinformation). Kurskorrekturen innerhalb der vorhandenen Betriebsprozesse können den betrieblichen Erfolg optimieren.

Finanzamt
Das Finanzamt (Steuer-Verwaltungsbehörde) hat die Verpflichtung, die vielen unterschiedlichen Steuern in korrekter Höhe zu ermitteln und einzutreiben. Hierfür wird bei Unternehmen, welche buchführungspflichtig sind, eine ordnungsgemäß geführte Buchhaltung benötigt.

Öffentlichkeit
Unternehmen, welche nach dem Publizitätsgesetz zur Veröffentlichung ihres Zahlenmaterials verpflichtet sind (zum Beispiel Aktiengesellschaft (AG)), liefern der interessierten Öffentlichkeit u. a. Informationen über den Erfolg ihrer Geschäftstätigkeit im vorangegangenen Wirtschaftsjahr.

Arbeitnehmer
Auch der Arbeitnehmer ist häufig am Zahlenmaterial seines Arbeitgebers interessiert, um z. B. Informationen zu erhalten, ob eine angedachte Gehaltserhöhungsdiskussion Aussicht auf Erfolg hat.

Konkurrenz
Am Zahlenmaterial ist auch der Wettbewerber am Markt interessiert. Hier kann er sich unter anderem ein Bild davon machen, wie erfolgreich die Konkurrenz im vorangegangenen Geschäftsjahr abgeschnitten hat.

Carlo Sommerweizen weiß, dass dies nur eine Auswahl einiger Gruppen/Personen sein kann und das in der Realität sicherlich noch weitere zu finden sind.

2.3 Grundsätze der ordnungsgemäßen Buchführung (GoB)

Als nächstes beschäftigt sich Sommerweizen mit den Spielregeln zur Buchführung, von denen ihm sein Steuerberater seit längerer Zeit berichtet. Bei seinem letzten Gespräch erläuterte ihm Glaube, dass eine *ordnungsgemäße Buchführung* stets *formalen und sachlichen Ansprüchen* gerecht wird. Das heißt, dass die Buchführung nicht nur der Form nach, sondern auch inhaltlich korrekt erstellt werden muss.

Sommerweizen recherchiert im Internet und erforscht zahlreiche gesetzliche Vorschriften, die mit diesem komplexen Thema zu tun haben. Er findet im Rahmen seiner selbst gewählten Fortbildung Folgendes heraus:

Bei den Grundsätzen der ordnungsgemäßen Buchführung handelt es sich um einen sogenannten unbestimmten Rechtsbegriff, da er in keinem Gesetz näher definiert wird. Sowohl im Handelsgesetzbuch (HGB) also auch in der Abgabenordnung (AO) wird regelmäßig auf die GoB Bezug genommen; eine klare Festlegung der Bedeutung findet sich jedoch nicht.

Es ist sinnvoll, die GoB, die man als Spielregeln betrachten kann, in zwei Bereiche aufzuteilen:

a) Grundsätze der ordnungsgemäßen Buchführung,
b) Grundsätze der ordnungsgemäßen Bilanzierung.

Diese werden im Folgenden kurz erläutert.

2.3.1 Grundsätze der ordnungsgemäßen Buchführung

Es handelt sich hierbei sowohl um gesetzlich vorgegebene (kodifizierte) aber auch um überlieferte kaufmännisch (vernünftige) Regeln, an die sich die buchführungspflichtigen Unternehmen zu halten haben.

Der Sinn der Anwendung der GoB liegt darin, dass fremde Dritte vor Falschinformationen geschützt werden sollen. Auch das Finanzamt soll zum Zwecke der Besteuerung nur korrektes und aussagekräftiges Zahlenmaterial vorgelegt bekommen.

Hier nun einige Spielregeln, nach denen die Buchführung zu erstellen ist:

Keine Buchung ohne Beleg (Belegprinzip)
Jeder Buchungssatz muss durch einen Beleg seine Berechtigung erfahren. Es dürfen keine Buchungen auf Zuruf erfolgen.

Grundsatz der Richtigkeit
Jeder Buchungssatz muss der Realität entsprechen. Er darf nicht frei erfunden sein und über die tatsächlichen Verhältnisse hinwegtäuschen.

§ 239 HGB – Führung der Handelsbücher

[…]
(2) Die Eintragungen in Büchern und die sonst erforderlichen Aufzeichnungen müssen vollständig, *richtig,* zeitgerecht und geordnet vorgenommen werden. […] [1]

Grundsatz der Vollständigkeit Jede Buchführung muss alle betrieblichen Geschäftsvorfälle beinhalten, die das Vermögen und/oder das Kapital des Unternehmens verändern. Es darf nichts weggelassen oder hinzugedichtet werden. Die Buchführung muss der Realität entsprechen.

§ 239 HGB – Führung der Handelsbücher

[…]
(2) Die Eintragungen in Büchern und die sonst erforderlichen Aufzeichnungen müssen vollständig, richtig, zeitgerecht und geordnet vorgenommen werden. […] [1]

Grundsatz der Übersichtlichkeit
Jede Buchführung muss so beschaffen sein, dass sich ein sachverständiger Dritter in angemessener Zeit einen Überblick über die wirtschaftliche Lage des Unternehmens verschaffen kann.

§ 238 HGB – Buchführungspflicht

(1) […] Die Buchführung muß so beschaffen sein, daß sie einem sachverständigen Dritten innerhalb angemessener Zeit einen Überblick über die Geschäftsvorfälle und über die Lage des Unternehmens vermitteln kann. Die Geschäftsvorfälle müssen sich in ihrer Entstehung und Abwicklung verfolgen lassen. […] [2]

2.3 Grundsätze der ordnungsgemäßen Buchführung (GoB)

Die Buchführung ist in einer **lebenden Sprache** zu erstellen:

§ 239 HGB – Führung der Handelsbücher

(1) Bei der Führung der Handelsbücher und bei den sonst erforderlichen Aufzeichnungen hat sich der Kaufmann einer lebenden Sprache zu bedienen. […] [1]

Auch die **zeitgerechte Erfassung** von Geschäftsvorfällen sowie auch die geordnete Darstellung derselben wird gesetzlich eingefordert:

§ 239 HGB – Führung der Handelsbücher

[…]

(2) Die Eintragungen in Büchern und die sonst erforderlichen Aufzeichnungen müssen vollständig, richtig, zeitgerecht und geordnet vorgenommen werden. […] [1]

Grundsatz der Datensicherheit Jede Buchführung in elektronischer oder Papierform ist für den Zeitraum der Aufbewahrungspflicht sicher aufzubewahren. Es ist für diesen Zeitraum ebenfalls zu gewährleisten, dass sie zu Prüfungszwecken durch die Finanzbehörden jederzeit lesbar gemacht werden kann.

§ 239 HGB – Führung der Handelsbücher

[…]

(4) Die Handelsbücher und die sonst erforderlichen Aufzeichnungen können auch in der geordneten Ablage von Belegen bestehen oder auf Datenträgern geführt werden, soweit diese Formen der Buchführung einschließlich des dabei angewandten Verfahrens den Grundsätzen ordnungsmäßiger Buchführung entsprechen. Bei der Führung der Handelsbücher und der sonst erforderlichen Aufzeichnungen auf Datenträgern muß insbesondere sichergestellt sein, daß die Daten während der Dauer der Aufbewahrungsfrist verfügbar sind und jederzeit innerhalb angemessener Frist lesbar gemacht werden können. […] [1]

Der Grundsatz der Datensicherheit ist nicht zu verwechseln mit dem Grundsatz des Datenschutzes. Hier wird rein informatorisch auf die Beachtung der Datenschutz-Grundverordnung hingewiesen.

Die oben dargestellten Vorgaben sind eine Auswahl der vielzähligen Spielregeln, welche für die Buchführung zwingend zu beachten sind.

▶ Grundsätzlich sind formale und sachliche (inhaltliche) Mängel innerhalb der Buchführung zu vermeiden, um eine mögliche Verwerfung der Buchführung und die damit eventuell einhergehende Schätzung des Ergebnisses zu verhindern!

Sommerweizen reichen zum Verständnis die vorgenannten Beispiele aus und sieht ein, dass es ganz besonders wichtig ist, seine Buchhaltung ordentlich und richtig zu erstellen, um seinen Pflichten – auch dem Finanzamt gegenüber – gerecht zu werden.

2.3.2 Grundsätze der ordnungsgemäßen Bilanzierung

Die zweite Gruppe, die Grundsätze der ordnungsgemäßen Bilanzierung, sind Spielregeln, die sich auf die Erstellung des Jahresabschlusses (Bilanz, Gewinn- und Verlustrechnung) als Ergebnis der Buchführung beziehen. Sommerweizen findet dieses zwar auch interessant, verschiebt die Recherche aber auf die nahe Zukunft, da er sich zunächst einmal ausführlich mit der Buchführung auseinandersetzen möchte.

Er liest sich lediglich die „Spielregeln der Bilanzierung" durch, ohne sich deren Erläuterung näher anzuschauen. Dies möchte er später, bei Erstellung des Jahresabschlusses nachholen.

Hier einige Grundsätze der ordnungsgemäßen Bilanzierung, die von buchführungspflichtigen Unternehmen zu berücksichtigen sind:

a) Grundsatz der Bilanzkontinuität
b) Grundsatz der Bilanzwahrheit
c) Grundsatz der Bilanzklarheit
d) Grundsatz der Vorsicht (Imparitäts-/Realisationsprinzip)
e) Grundsatz der periodengerechten Abgrenzung von Erträgen und Aufwendungen und andere.

Diese Informationen genügen Carlo Sommerweizen vorerst. Er beschäftigt sich nun mit möglichen Fehlern innerhalb der Buchführung.

2.4 Mögliche Fehler in der Buchführung

Der wissbegierige Unternehmer überlegt sich, welche Fehler denn in der Buchführung grundsätzlich passieren können. Er fragt seinen Steuerberater Glaube, der ihm gerne einen kleinen Katalog darstellt:

1. Es werden Buchungen auf Zuruf anstatt aufgrund von Belegen erstellt.
2. Es werden Sachverhalte verändert, anstatt sie realitätsnah abzubilden.
3. Es werden Buchungssätze einfach weggelassen.
4. Es werden Buchungssätze hinzugefügt, obwohl sie nicht der Realität entsprechen.
5. Es werden Löschungen von Buchungen so vielzählig und auf unterschiedliche Weise vorgenommen, dass die ursprüngliche Buchung nicht mehr nachvollziehbar ist.
6. Es werden falsche Konten in den Buchungssatz integriert.
7. Es werden Konten auf erdichtete Namen (zum Beispiel bei Kunden- oder Lieferantenkonten) erstellt.
8. Es werden Buchungssätze mit Tipp-Ex entfernt, was in der Buchführung verboten ist.

2.4 Mögliche Fehler in der Buchführung

Steuerberater Glaube gibt seinem Mandanten Sommerweizen den Hinweis, dass dies nur eine kleine Auswahl möglicher Fehler sein kann.

Vorgenannte „Fehltritte" können unter anderem zu Schätzungen (Teil-/Vollschätzung) oder im schlimmsten Fall sogar zu einer Verwerfung der Buchführung beitragen. Eine Verwerfung erfolgt meist in den Fällen, wo die Buchhaltung für Zwecke der Besteuerung unbrauchbar ist, da sie zu viele schwerwiegende sachliche und/oder formale Mängel beinhaltet.

Formale Mängel
Da Carlo Sommerweizen sich erstmalig mit dieser Materie intensiv beschäftigt, möchte er von seinem Steuerberater wissen, was denn eigentlich zu den *formalen Mängeln* innerhalb der Buchführung zählt.

Hierzu zeigt ihm Reiner Glaube einige Punkte auf:

- Das Kassenbuch wird nicht täglich geführt, obwohl dieses im § 146 (1) AO vorgesehen ist:

§ 146 HGB – Ordnungsvorschriften für die Buchführung und für Aufzeichnungen

(1) […] Kasseneinnahmen und Kassenausgaben sollen täglich festgehalten werden. […] [3]

- Die Buchführung kann auf Verlangen des Außenprüfers (Entsendung durch das zuständige Finanzamt) *nicht* in angemessener Zeit lesbar gemacht werden.
- Lieferanten- oder Kundenkonten werden *mehrfach* mit veränderter Bezeichnung in der Buchhaltung geführt, obwohl nur ein einziges Konto pro Lieferant und Kunde sinnvoll ist.
- Zahlreiche Aufwandskonten werden zu einem einzigen Konto zusammengefasst und ähnliches.

Neben diesen vorgenannten möglichen Fehlern gibt es jedoch eine Reihe weiterer sachlicher Mängel, die Steuerberater Glaube als in der Regel schwerwiegender charakterisiert.

Sachliche Mängel
Sachliche Mängel sind *inhaltliche Fehler* im Rahmen der Buchhaltung und können zur Schätzung oder gar Verwerfung der Buchführung beitragen.

Steuerberater Glaube zählt seinem interessierten Mandanten Sommerweizen einige schwerwiegende Fehler auf, die buchführungspflichtige Unternehmer begehen können:

- Die Buchführung wird erstellt, ohne dass es zu jedem Geschäftsvorfall einen Beleg gibt.
- Buchungssätze werden hinzugedichtet.
- Buchungssätze werden weggelassen.

- Relevante Sachverhalte werden anders dargestellt, als sie in der Realität vorkommen.
- Die Kassenbestände sind negativ.
- Die Vorratsbestände sind negativ.
- Massive Rechenfehler verändern das Ergebnis der Buchführung und vieles mehr.

Vorgenannte Mängel können Strafen von Bußgeldern bis hin zum Freiheitsentzug nach sich ziehen, wenn sich die Buchführung insgesamt als nicht ordnungsgemäß erweist.

Dies gibt Carlo Sommerweizen zu denken und er beschließt, alles genau und richtig zu machen, um mögliche Strafen durch den Gesetzgeber zu vermeiden. Dabei weiß er sehr wohl, dass die Umsetzung der Theorie (gesetzliche Vorgaben und Lehrbücher) in die Praxis eine große Herausforderung sein kann, dem er sich aber gerne stellen möchte.

2.5 Zusammenfassende Lernkontrolle

2.5.1 Kontrollfragen

Im Folgenden werden zunächst mit Hilfe von Kontrollfragen die Inhalte des bisherigen Kapitels wiederholt. Bei den Lösungen handelt es sich um Vorschläge:

1. Nennen Sie bitte in der richtigen Reihenfolge die *Vorgehensweise,* wie der buchführungspflichtige Unternehmer von der Buchführung zum Jahresabschluss gelangt.
2. Aus welchen Komponenten setzt sich der *Jahresabschluss* zusammen?
3. Wofür steht die Abkürzung *BWA?*
4. Wofür steht die Abkürzung *SuSa?*
5. Nennen Sie drei *Aufgaben der Buchführung.*
6. Nennen Sie drei *Adressaten der Buchführung.*
7. Wofür steht die Abkürzung *GoB?*
8. Nennen Sie drei *Grundsätze der ordnungsgemäßen Buchführung.*
9. Nennen Sie zwei *typische Fehler* in der Buchhaltung.
10. Was bedeutet die *Verwerfung der Buchführung* und wann wird diese unter Umständen vorgenommen?

2.5.2 Lösungen zu den Kontrollfragen

1. Erstellung der Buchführung, Durchführung der Inventur (zum Beispiel Stichtagsinventur auf den 31.12), Anpassung der Inventurwerte und Korrektur der Buchführung, Erstellung der Bilanz und Gewinn- und Verlustrechnung.
2. Bilanz, Gewinn- und Verlustrechnung
3. Betriebswirtschaftliche Auswertung (monatliche kurzfristige Erfolgsrechnung)
4. Summen- und Saldenliste

5. Selbstinformation, Besteuerungsgrundlage, Gläubigerschutz
6. Finanzamt, Unternehmer, Konkurrenz
7. Grundsätze der ordnungsgemäßen Buchführung
8. Grundsatz der Richtigkeit, Grundsatz der Vollständigkeit, Grundsatz der Übersichtlichkeit
9. Beispiele: Kassenbuch ist nicht vollständig geführt; Warenbestände werden mit negativen Beständen geführt; Personenkonten werden mehrfach mit unterschiedlicher Bezeichnung geführt.
10. Die Verwerfung der Buchführung erfolgt häufig in den Fällen, wenn von der Finanzbehörde festgestellt wird, dass diese nicht für Besteuerungszwecke zweckdienlich ist.

2.5.3 Übungen

1. Liegen in den folgenden Fällen formale oder sachliche Mängel vor?
    a) Ein Geschäftsvorfall (welcher nicht tatsächlich existiert) wird in der Buchhaltung erfasst, obwohl kein Beleg vorliegt.
    b) Für den Kunden Meisterlich werden zwei Kundenkonten geführt.
    c) Die Verbindlichkeiten des Lieferanten Mustermann werden falsch eingebucht.
    d) Das Kassenbuch wird nicht täglich, sondern nur einmal im Monat geführt, obwohl sich die Bestände täglich ändern.
2. Erläutern Sie bitte kurz den Grundsatz der Richtigkeit.
3. Recherchieren Sie bitte im Handelsgesetzbuch (HGB) unter Angabe der Fundstelle, was ein Anhang ist und welche Funktion diese Komponente des Jahresabschlusses hat.
4. Recherchieren Sie bitte im Handelsgesetzbuch (HGB), was ein Lagebericht ist und nennen Sie die Fundstelle.
5. Richtig oder Falsch? Bitte kreuzen Sie korrekt an (siehe Tab. 2.1 Richtig oder Falsch? Kap. 3):

2.5.4 Lösungen zu den Übungen

1. Es gelten nachfolgende Lösungsvorschläge:
    a) Sachlicher Mangel
    b) Formaler Mangel
    c) Sachlicher Mangel
    d) Formaler Mangel

Tab. 2.1 Richtig oder Falsch? (Kap. 2)

Nr.	Aussage	Richtig	Falsch
1.	Zu den Aufgaben der Buchführung gehören die Rechenschaft gegenüber den Gläubigern und die Selbstinformation des Unternehmers		
2.	Zu den Aufgaben der Buchführung gehört nicht, die Zurverfügungstellung von Zahlenmaterial für Zwecke der Besteuerung		
3.	Zu den Grundsätzen einer ordnungsgemäßen Buchführung gehört das Belegprinzip		
4.	Alle Die Adressaten der Buchführung sind stets die gleichen Adressaten wie die des internen Rechnungswesens		
5.	Unternehmer, die keine Bücher führen möchten, dürfen auch Aufzeichnungen erstellen		
6.	Keine Buchung ohne Satz ist ein grundlegendes Motto innerhalb der Aufzeichnung von betrieblichen Geschäftsvorfällen		
7.	Die Buchführung wird auch als Beweismittel zum Beispiel bei gerichtlichen Mahnverfahren eingesetzt		
8.	Die Buchführung gehört zum externen Rechnungswesen, die Kosten- und Leistungsrechnung zum internen Rechnungswesen		
9.	Die Buchführung kann sowohl formale als auch inhaltliche Mängel aufweisen, wenn die Buchhalter ihre Aufgabe nicht korrekt bewältigen		
10.	Mögliche Fehler in der Buchhaltung sind fehlerhafte Buchungen, weggelassene Buchungen, (versehentlich) gelöschte Buchungssätze, doppelte Kontenbezeichnungen, Zahlendreher u. ä.		
11.	GoB steht für Grundregeln der ordnungsgemäßen Bestandsaufnahme bei Buchführung und Inventur		
12.	Dass Kasseneinnahmen und Kassenausgaben täglich aufgezeichnet werden müssen, findet sich im § 146 AO		
13.	Ein negativer Kassenbestand gehört wie der negative Bankbestand (betriebliches Konto) zum sachlichen Mangel		
14.	Der Unternehmer legt selbst seine Spielregeln für die Buchführung fest. Diese sind niemals gesetzlich verankert		
15.	Die Grundsätze der ordnungsgemäßen Buchführung sind zum Teil gesetzlich fixiert, zum Teil zählen sie zu den kaufmännisch übertragenen Spielregeln		
16.	Die Grundsätze der ordnungsgemäßen Buchführung und Bilanzierung ergänzen sich gegenseitig		
17.	Zu den Aufgaben der Buchführung gehört die Selbstinformation des Unternehmers		
18.	Die Buchführung muss stets für alle Mitarbeiter im Unternehmen zugänglich gemacht werden, damit sich diese einen Überblick über die finanzielle Lage des Unternehmens verschaffen können		

(Fortsetzung)

2.5 Zusammenfassende Lernkontrolle

Tab. 2.1 (Fortsetzung)

Nr.	Aussage	Richtig	Falsch
19.	Alle Buchungssätze müssen in chronologischer Reihenfolge und vollständig in der Buchführung erfasst werden		
20.	Die Aufzeichnung beinhaltet mindestens die gleiche Anzahl von Buchungsanweisungen wie die Buchführung selbst		

2. Alle Geschäftsvorfälle müssen im Rahmen der Buchführung realitätsgerecht gebucht werden.
3. Der Anhang muss nur zwingend von Kapitalgesellschaften bestimmter Größen erstellt werden. Geregelt sind die Vorschriften zu dieser Komponente im § 284 HGB:

§ 284 HGB – Erläuterung der Bilanz und Gewinn- und Verlustrechnung

(1) In den Anhang sind diejenigen Angaben aufzunehmen, die zu den einzelnen Posten der Bilanz oder der Gewinn- und Verlustrechnung vorgeschrieben sind; sie sind in der Reihenfolge der einzelnen Posten der Bilanz und der Gewinn- und Verlustrechnung darzustellen. Im Anhang sind auch die Angaben zu machen, die in Ausübung eines Wahlrechts nicht in die Bilanz oder in die Gewinn- und Verlustrechnung aufgenommen wurden. […] [4]

4. Der Lagebericht, welcher dem Jahresabschluss einer Kapitalgesellschaft beigefügt wird, ist geregelt im § 289 HGB:

§ 289 HGB – Inhalt des Lageberichts

(1) Im *Lagebericht* sind der Geschäftsverlauf einschließlich des Geschäftsergebnisses und die Lage der Kapitalgesellschaft so darzustellen, dass ein den tatsächlichen Verhältnissen entsprechendes Bild vermittelt wird. […] [5]

5. Lösungen zu Richtig oder Falsch (Tab. 2.2):

Tab. 2.2 Richtig oder Falsch? (Lösung Kap. 2)

Nr.	Aussage	Richtig	Falsch
1.	Zu den Aufgaben der Buchführung gehören die Rechenschaft gegenüber den Gläubigern und die Selbstinformation des Unternehmers	×	
2.	Zu den Aufgaben der Buchführung gehört nicht, die Zurverfügungstellung von Zahlenmaterial für Zwecke der Besteuerung		×
3.	Zu den Grundsätzen einer ordnungsgemäßen Buchführung gehört das Belegprinzip	×	
4.	Die Adressaten der Buchführung sind stets die gleichen Adressaten wie die des internen Rechnungswesens		×
5.	Alle Unternehmer, die keine Bücher führen möchten, dürfen auch keine Aufzeichnungen erstellen		×
6.	Keine Buchung ohne Satz ist ein grundlegendes Motto innerhalb der Aufzeichnung von betrieblichen Geschäftsvorfällen		×
7.	Die Buchführung wird auch als Beweismittel zum Beispiel bei gerichtlichen Mahnverfahren eingesetzt	×	
8.	Die Buchführung gehört zum externen Rechnungswesen, die Kosten- und Leistungsrechnung zum internen Rechnungswesen	×	
9.	Die Buchführung kann formale sachliche als auch inhaltliche Mängel aufweisen, wenn die Buchhalter ihre Aufgaben nicht korrekt bewältigen	×	
10.	Mögliche Fehler in der Buchhaltung sind fehlerhafte Buchungen, weggelassene Buchungen, (versehentlich) gelöschte Buchungssätze, doppelte Kontenbezeichnungen, Zahlendreher u. ä.	×	
11.	GoB steht für Grundregeln der ordnungsgemäßen Bestandsaufnahme bei Buchführung und Inventur		×
12.	Dass Kasseneinnahmen und Kassenausgaben täglich aufgezeichnet werden müssen, findet sich im § 146 AO	×	
13.	Ein negativer Kassenbestand gehört wie der negative Bankbestand (betriebliches Konto) zum sachlichen Mangel		×
14.	Der Unternehmer legt selbst seine Spielregeln für die Buchführung fest. Diese sind niemals gesetzlich verankert		×
15.	Die Grundsätze der ordnungsgemäßen Buchführung sind zum Teil gesetzlich fixiert, zum Teil zählen sie zu den kaufmännisch übertragenen Spielregeln	×	
16.	Die Grundsätze der ordnungsgemäßen Buchführung und Bilanzierung ergänzen sich gegenseitig	×	
17.	Zu den Aufgaben der Buchführung gehört die Selbstinformation des Unternehmers	×	

(Fortsetzung)

Tab. 2.2 (Fortsetzung)

Nr.	Aussage	Richtig	Falsch
18.	Die Buchführung muss stets für alle Mitarbeiter im Unternehmen zugänglich gemacht werden, damit sich diese einen Überblick über die finanzielle Lage des Unternehmens verschaffen können		×
19.	Alle Buchungssätze müssen in chronologischer Reihenfolge und vollständig in der Buchführung erfasst werden	×	
20.	Die Aufzeichnung beinhaltet mindestens die gleiche Anzahl von Buchungsanweisungen wie die Buchführung selbst		×

Literatur

1. http://www.gesetze-im-internet.de/hgb/__239.html. Zugegriffen: 20. Sept. 2015
2. http://www.gesetze-im-internet.de/hgb/__238.html. Zugegriffen: 20. Sept. 2015
3. http://www.gesetze-im-internet.de/ao_1977/__146.html. Zugegriffen: 20. Sept. 2015
4. http://www.gesetze-im-internet.de/hgb/__284.html. Zugegriffen: 20. Sept. 2015
5. http://www.gesetze-im-internet.de/hgb/__289.html. Zugegriffen: 20. Sept. 2015

3 Buchführungspflicht nach Handels- und Steuerrecht

> **Zusammenfassung**
>
> Carlo Sommerweizen (Einzelunternehmer) möchte nicht nur erlernen, wie betriebliche Geschäftsvorfälle technisch im Datenverarbeitungssystem erfasst werden. Nein, er möchte mehr wissen, z. B. wer überhaupt aus der Gruppe der Unternehmer zur Buchhaltung verpflichtet ist und welche gesetzlichen Vorgaben es hierfür im Handels- und Steuerrecht gibt. Unter anderem schaut sich der erfolgreiche Autohändler auch die Gruppe der Freiberufler (die nicht buchführungspflichtigen Unternehmer) und deren Pflicht zur Aufzeichnung steuerlich relevanter Sachverhalte an. Alle neu erworbenen oder aufgefrischten Kenntnisse zu diesem komplexen Thema werden vom motivierten Unternehmer Sommerweizen anhand zahlreicher Kontrollfragen und Übungsaufgaben gefestigt.

Die Buchführung gehört nicht zu den freiwilligen Tätigkeiten eines Unternehmers, sondern ist im Gegensatz zum internen Rechnungswesen gesetzlich vorgeschrieben. Die Gesetze, welche sich mit der Buchführungspflicht auseinandersetzen, sind das Handelsgesetzbuch (HGB) und die Abgabenordnung (AO).

In den nachfolgenden Abschnitten dieses Kapitels werden sowohl die handels- als auch steuerrechtlichen Vorschriften erläutert.

3.1 Wichtige Definitionen

Abgabenordnung (AO)   allgemeines Steuergesetz, wird auch als Grundgesetz der Steuergesetze angesehen

Aufzeichnungspflicht   Unternehmer, welche nicht buchführungspflichtig sind, gehören zu den aufzeichnungspflichtigen

Betriebliches Rechnungswesen	Selbständigen. Es werden im Gegensatz zur Buchführung nicht alle betrieblichen Geschäftsvorfälle erfasst, sondern nur die steuerlich relevanten Vorgänge.
	Das betriebliche Rechnungswesen ist gegliedert in externes und internes Rechnungswesen. Während das externe Rechnungswesen gesetzlich vorgeschrieben ist, gehört das interne Rechnungswesen zum freiwilligen Tätigkeitsbereich eines Unternehmers.
Buchführungspflicht	Pflicht für bestimmte Unternehmer, sämtliche betrieblichen Geschäftsvorfälle, welche Vermögen und/oder Kapital verändern, zu erfassen. Die zentrale handelsrechtliche Buchführungspflicht ist geregelt im § 238 HGB; die steuerliche Buchführungspflicht findet sich im § 140 f. AO. Ergebnis der Buchführung ist mindestens die Bilanz und Gewinn- und Verlustrechnung (GuV).
Externes Rechnungswesen	Die Buchführung ist der Schwerpunkt des externen Rechnungswesens, welches gesetzlich vorgeschrieben ist und keine freiwillige Tätigkeit eines Unternehmers darstellt. Es werden im Rahmen der Buchführung alle betrieblichen Geschäftsvorfälle erfasst, die das Vermögen und das Kapital eines Unternehmens verändern. Mit Hilfe der Buchführung lässt sich zum Beispiel die Vermögens- und Ertragslage eines Unternehmens ermitteln und analysieren.
Freiberufler	Unternehmer, welche einen Katalogberuf im Sinne des § 18 EStG „Einkünfte aus selbständiger Tätigkeit" ausüben. Hierzu zählen zum Beispiel Zahnärzte, Architekten, Steuerberater, Dozenten.
Gewerbetreibende	Unternehmer, welche einen Betrieb im Sinne des § 15 EStG führen. Der Gewerbebetrieb ist geprägt durch verschiedene Merkmale, die im Abschn. 3.2.1 *Istkaufmann nach § 1 HGB* vorgestellt werden.
Handelsgesetzbuch (HGB)	Gesetz der Kaufleute
Handelsregister	Das Handelsregister ist ein Verzeichnis aller Kaufleute innerhalb eines Amtsgerichtsbezirks. Es wird vom zuständigen Amtsgericht in zwei Abteilungen geführt: Abteilung A beinhaltet Einzelkaufleute und Personengesellschaften, Abteilung B die Kapitalgesellschaften.

	Das Handelsregister genießt Gutglaubensschutz, das heißt auf die Inhalte des Handelsregisters darf man sich verlassen, wenn man keine anderweitigen Informationen hat.
Internes Rechnungswesen	Die Kosten- und Leistungsrechnung prägt das interne Rechnungswesen und gehört zu den freiwilligen Tätigkeitsfeldern eines Unternehmers. Es gibt keine gesetzliche Vorgabe, die diesen Teil des betrieblichen Rechnungswesens vorschreibt. Mit Hilfe der Kosten- und Leistungsrechnung werden die Selbstkosten zum Beispiel eines bestimmten Auftrages ermittelt, um auf dieser Basis einen (gewinnbringenden) Verkaufspreis kalkulieren zu können.
Jahresabschluss	Der Jahresabschluss ist das Ergebnis der Buchführung und besteht mindestens aus Bilanz und Gewinn- und Verlustrechnung (GuV). Bei Kapitalgesellschaften wird noch eine zusätzliche Komponente – der Anhang (Erläuterungsbericht zur Bilanz und GuV) – eingefordert.
Kleingewerbetreibende	Unternehmer, welche einen Gewerbebetrieb unterhalten, aber keine kaufmännische Organisation besitzen. Kleingewerbetreibende sind nicht zu verwechseln mit den Kleinunternehmern!
Kleinunternehmer	Zur Gruppe der Kleinunternehmer zählen diejenigen, die nach § 19 UStG bestimmte Umsatzgrenzen nicht überschreiten und damit von der Regelbesteuerung im Rahmen der Umsatzsteuer ausgenommen werden.

3.2 Handelsrechtliche Buchführungspflicht

Bei der handelsrechtlichen Buchführungspflicht handelt es sich um die Buchführungspflicht nach den Vorschriften des Handelsgesetzbuches (HGB).

Sommerweizen schaut sich im Internet die zentrale Vorschrift hierzu im § 238 HGB an:

§ 238 HGB – Buchführungspflicht

(1) Jeder *Kaufmann* ist verpflichtet, Bücher zu führen und in diesen seine Handelsgeschäfte und die Lage seines Vermögens nach den Grundsätzen ordnungsmäßiger Buchführung ersichtlich zu machen. Die Buchführung muß so beschaffen sein, daß sie

einem sachverständigen Dritten innerhalb angemessener Zeit einen Überblick über die Geschäftsvorfälle und über die Lage des Unternehmens vermitteln kann. Die Geschäftsvorfälle müssen sich in ihrer Entstehung und Abwicklung verfolgen lassen. [...] [1]

Er fasst im Folgenden die wesentlichen Punkte der vorgenannten Passage in einer Liste zusammen:

- Buchführungspflicht
- Handelsgeschäfte
- Lage seines Vermögens
- Grundsätze ordnungsgemäßer Buchführung
- sachverständiger Dritter
- angemessene Zeit
- Nachvollziehbarkeit von Geschäftsvorfällen

Sommerweizen möchte mehr über die Pflichten wissen, die ihm der Gesetzgeber auferlegt. Ihm reicht es nicht, die Technik der Buchführung zu erlernen. Vielmehr möchte er nachvollziehen können, welche Unternehmen überhaupt zur Buchführung und welche zur Aufzeichnung verpflichtet sind. Dass es hierbei Unterschiede gibt, weiß er noch aus der Zeit seiner Ausbildung. So hat er auch zum Beispiel gelernt, dass Kaufleute ins Handelsregister eingetragen werden, Freiberufler und Kleingewerbetreibende jedoch nicht. Er recherchiert im Internet zum Thema Handelsregister und gelangt zu folgendem – zusammengefassten – Ergebnis:

Handelsregister
Beim Handelsregister handelt es sich um ein öffentliches Verzeichnis aller Kaufleute eines Amtsgerichtsbezirks, welches beim zuständigen Amtsgericht geführt wird. Nur diejenigen Unternehmer, welche im Handelsregister eingetragen sind, dürfen ihrem Unternehmen einen Namen geben bzw. eine Firma führen. Dies weiß er noch aus der Zeit, als er sich mit seinem Autohaus mit angeschlossener Reparaturwerkstatt selbständig gemacht hat und sich ins Handelsregister eintragen ließ. Seine Firma lautet Carlo Sommerweizen e. K., wobei die Abkürzung e. K. für „eingetragener Kaufmann" steht. Schon damals erklärte ihm sein Steuerberater Reiner Glaube, dass er durch die Eintragung im Handelsregister (Abteilung A unter HRA123456...) das Recht genießt, einen Antrag auf ein abweichendes Wirtschaftsjahr zu stellen. Er verwies bereits damals auf die Vorschrift des § 4a EStG.

§ 4a EStG – Gewinnermittlungszeitraum, Wirtschaftsjahr

(1) 1Bei Land- und Forstwirten und bei Gewerbetreibenden ist der Gewinn nach dem Wirtschaftsjahr zu ermitteln. 2Wirtschaftsjahr ist [...]

3.2 Handelsrechtliche Buchführungspflicht

2. bei Gewerbetreibenden, deren Firma im Handelsregister eingetragen ist, der Zeitraum, für den sie regelmäßig Abschlüsse machen. 2Die Umstellung des Wirtschaftsjahres auf einen vom Kalenderjahr abweichenden Zeitraum ist steuerlich nur wirksam, wenn sie im Einvernehmen mit dem Finanzamt vorgenommen wird; [...] [14]

Von dieser Möglichkeit hat Sommerweizen bisher keinen Gebrauch gemacht. Für ihn gilt weiterhin als Wirtschaftsjahr das Kalenderjahr, welches mit dem 01. Januar beginnt und mit Ablauf des 31. Dezember endet.

Sein Zulieferer Frank Clever führt sein Unternehmen als GmbH und findet sich ebenfalls im Handelsregister wieder, jedoch in der Abteilung B, wo die gesamten Kapitalgesellschaften zu finden sind.

Das Handelsregister genießt Gutglaubensschutz und Sommerweizen ist auch bekannt, dass er für eventuelle fehlerhafte Angaben im Register haftbar gemacht werden kann, sofern er diese verursacht hat. Glaube verweist in diesem Zusammenhang auf § 15 (3) HGB.

§ 15 HGB

[...]

(3) Ist eine einzutragende Tatsache unrichtig bekanntgemacht, so kann sich ein Dritter demjenigen gegenüber, in dessen Angelegenheiten die Tatsache einzutragen war, auf die bekanntgemachte Tatsache berufen, es sei denn, daß er die Unrichtigkeit kannte. [...]

Sommerweizen weiß, dass das Thema Handels- und Unternehmensregister, auf das an dieser Stelle nicht näher eingegangen wird, komplexe Themengebiete darstellen, die er jedoch aktuell nicht weiter verfolgt. Er möchte nun lieber etwas über die Kaufmannseigenschaften erfahren.

Der motivierte Unternehmer stellt sich die Frage, wer überhaupt zur Gruppe der Kaufleute zählt. Hierzu erklärt ihm sein Freund und langjähriger Einzelunternehmer Christoph Wagner, dass es mehrere Arten von Kaufleuten gibt, die im Handelsgesetzbuch (§§ 1–6 HGB) definiert werden.

3.2.1 Istkaufmann nach § 1 HGB

Zunächst beschäftigt sich Carlo Sommerweizen mit dem Istkaufmann im Sinne des § 1 HGB:

§ 1 HGB

(1) Kaufmann im Sinne dieses Gesetzbuchs ist, wer ein Handelsgewerbe betreibt.

(2) Handelsgewerbe ist jeder Gewerbebetrieb, es sei denn, daß das Unternehmen nach Art oder Umfang einen in kaufmännischer Weise eingerichteten Geschäftsbetrieb nicht erfordert. [2]

Nach dieser Vorschrift gehört grundsätzlich erst mal jeder Unternehmer, der ein Handelsgewerbe betreibt, zur Gruppe der Kaufleute.

Der Begriff des Handelsgewerbes orientiert sich an der Definition des Gewerbebetriebs im Sinne des § 15 (2) EStG:

§ 15 (2) EStG – Einkünfte aus Gewerbebetrieb

[…]
(2) 1Eine selbständige nachhaltige Betätigung, die mit der Absicht, Gewinn zu erzielen, unternommen wird und sich als Beteiligung am allgemeinen wirtschaftlichen Verkehr darstellt, ist Gewerbebetrieb, wenn die Betätigung weder als Ausübung von Land- und Forstwirtschaft noch als Ausübung eines freien Berufs noch als eine andere selbständige Arbeit anzusehen ist. […] [3]

Demnach ist der Gewerbebetrieb geprägt durch folgende Merkmale:

- Selbständigkeit (keine Weisungsgebundenheit)
- Nachhaltigkeit (Wiederholungsabsicht)
- Gewinnerzielungsabsicht
- Teilnahme am allgemeinen wirtschaftlichen Verkehr (Anbieter und Nachfrager von Güter und Dienstleistungen am Markt)
- keine Land- und Forstwirtschaft
- keine freie oder sonstige selbständige Tätigkeit.

Sofern ein Unternehmer die vorgenannten Merkmale *insgesamt* erfüllt, gehört er zur Gruppe der Gewerbetreibenden. Er ist zu diesem Zeitpunkt jedoch noch nicht zwangsläufig Kaufmann!

Damit ein Gewerbetreibender im Sinne des EStG auch zur Gruppe der Kaufleute zählt, hat er zusätzlich noch die Vorgaben des § 1 (2) HGB zu erfüllen. Das heißt, er hat neben dem Gewerbebetrieb auch eine kaufmännische Organisation aufzuweisen. Diese ist geprägt durch eine Vielzahl von Merkmalen, die in der Gesamtheit betrachtet, Aufschluss darüber geben, ob ein Unternehmer als Kaufmann oder sogenannter Kleingewerbetreibender agiert.

Folgende Merkmale können beispielsweise eine kaufmännische Organisation ausmachen:

- mehrere Angestellte
- mehrere Abteilungen
- große beziehungsweise mehrere Vorratslager
- Verkaufsraum
- hohe Umsätze
- hohe Gewinne
- viele Kundenkontakte
- u. a.

3.2 Handelsrechtliche Buchführungspflicht

Sommerweizen merkt sich die Äußerung seines Steuerberaters: Das Gesamtbild ist entscheidend für die Beurteilung, ob es sich bei dem betreffenden Unternehmer um einen Kaufmann handelt oder nicht.

▶ Ein Istkaufmann führt einen Gewerbebetrieb mit kaufmännischer Organisation. Fehlt diese Art der Organisation, mangelt es auch an der Kaufmannseigenschaft. Der Unternehmer gehört dann zur Gruppe der Kleingewerbetreibenden mit Aufzeichnungspflicht, vorausgesetzt er übt keine freiberufliche Tätigkeit (z. B. die eines Zahnarztes) aus.

Carlo Sommerweizen überlegt, wer außer ihm noch zur Gruppe der Einzelkaufleute zählt:

Beispiel: Istkaufmann
Der motivierte Autohändler denkt an seinen Lieferanten Thalmeier. Dieser beliefert Sommerweizens Unternehmen regelmäßig mit Bürobedarf. Da Thalmeiers Unternehmen einen Gewerbebetrieb im Sinne des § 15 (2) EStG darstellt und eine kaufmännische Organisation aufweist, gehört Sommerweizens Lieferant zur Gruppe der Istkaufleute. Diese müssen sich mit ihrer Firma (=Name des Unternehmens) ins Handelsregister eintragen lassen. Thalmeier führt sein Unternehmen unter der Firma Eduard Thalmeier e. K.

Sommerweizen hat auch schon davon gehört, dass nicht jeder Einzelkaufmann zur Buchführung verpflichtet ist. Daraufhin befragt er zur Sicherheit nochmal seinen Steuerberater Glaube, der ihn auf den § 241a HGB hinweist:

§ 241a HGB – Befreiung von der Pflicht zur Buchführung und Erstellung eines Inventars

Einzelkaufleute, die an den Abschlussstichtagen von zwei aufeinander folgenden Geschäftsjahren nicht mehr als jeweils 600.000 € Umsatzerlöse und jeweils 60.000 € Jahresüberschuss aufweisen, brauchen die §§ 238 bis 241 nicht anzuwenden. Im Fall der Neugründung treten die Rechtsfolgen schon ein, wenn die Werte des Satzes 1 am ersten Abschlussstichtag nach der Neugründung nicht überschritten werden. [4]

Nachdem Sommerweizen sich vorgenannte Vorschrift durchgelesen hat, schreibt er die für sich wesentlichen Eckpunkte noch einmal heraus:

- Einzelkaufleute
- an Abschlussstichtagen von zwei aufeinanderfolgenden Geschäftsjahren
- <600.000 € Umsatz und <60.000 € Jahresüberschuss
- Wahlrecht zur Buchführung

Damit beendet der motivierte Unternehmer seine Recherche bezüglich des Istkaufmanns und wendet sich nun dem Kannkaufmann im Sinne des § 2 HGB zu.

3.2.2 Kannkaufmann nach § 2 HGB

Sommerweizen erinnert sich an Klaus Lustig, den Kioskinhaber auf dem Neustädter Marktplatz. Dessen Unternehmen gehört zu denjenigen, welche zwar alle Voraussetzungen des Gewerbebetriebs im Sinne des § 15 (2) EStG erfüllen, jedoch mangelt es an der kaufmännischen Organisation. Lustig beschäftigt keine Angestellten, hat kein großes Vorratsvermögen, einen überschaubaren Umsatz und im vergangenen Jahr einen recht niedrigen Gewinn. Im Rahmen des Gesamtbildes gehört Lustig zur Gruppe der sogenannten *Kleingewerbetreibenden*.

Das Handelsrecht räumt mit der Vorschrift des § 2 HGB diesen Unternehmern die Möglichkeit ein, sich freiwillig ins Handelsregister eintragen zu lassen. Dies hätte zum einen die Konsequenz, dass der Kleingewerbetreibende seinem Unternehmen einen Namen geben dürfte (Firma). Er müsste nach erfolgter Eintragung vorbehaltlich des § 241a HGB Abschn. 3.2.1 *Istkaufmann nach § 1 HGB* Bücher führen. Zum anderen hätte der Eintrag zur Folge, dass der Unternehmer aufgrund eines einfachen Antrages beim Finanzamt ein vom Kalenderjahr abweichendes Wirtschaftsjahr für die Erstellung des Jahresabschlusses wählen könnte.

Es gibt sicher eine Reihe weiterer Gründe sich für oder gegen eine freiwillige Eintragung in das Handelsregister zu entscheiden. Diese werden jedoch an dieser Stelle von Sommerweizen nicht weiter betrachtet.

Der Kannkaufmann wird im Handelsrecht wie folgt definiert:

§ 2 HGB

Ein gewerbliches Unternehmen, dessen Gewerbebetrieb nicht schon nach § 1 Abs. 2 Handelsgewerbe ist, gilt als Handelsgewerbe im Sinne dieses Gesetzbuchs, wenn die Firma des Unternehmens in das Handelsregister eingetragen ist. Der Unternehmer ist berechtigt, aber nicht verpflichtet, die Eintragung nach den für die Eintragung kaufmännischer Firmen geltenden Vorschriften herbeizuführen. […] [5]

Sommerweizen überlegt sich hierzu nun ein Beispiel:

Beispiel: Kannkaufmann im Sinne des § 2 HGB
Ließe sich Klaus Lustig beispielsweise freiwillig in das Handelsregister des Amtsgerichtes Neustadt eintragen, um sein Unternehmen unter einer Firma führen zu können, würde er die Eigenschaft eines Kannkaufmanns, mit allen Rechten und Pflichten, erhalten.

3.2.3 Kannkaufmann (Land- und Forstwirtschaft) nach § 3 HGB

Carlo Sommerweizen studiert auch fleißig die Vorschrift des § 3 HGB:

> **§ 3 HGB**
>
> (1) Auf den Betrieb der Land- und Forstwirtschaft finden die Vorschriften des § 1 keine Anwendung.
> (2) Für ein land- oder forstwirtschaftliches Unternehmen, das nach Art und Umfang einen in kaufmännischer Weise eingerichteten Geschäftsbetrieb erfordert, gilt § 2 mit der Maßgabe, daß nach Eintragung in das Handelsregister eine Löschung der Firma nur nach den allgemeinen Vorschriften stattfindet, welche für die Löschung kaufmännischer Firmen gelten. [...] [6]

Sommerweizen erkennt, dass die Vorgaben für den Kannkaufmann, die er soeben im § 2 HGB gesehen hat, auch für Land- und Forstwirte gelten können.

> **Beispiel: Kannkaufmann im Sinne des § 3 HGB**
>
> Heribert Horch ist Landwirt in Neustadt. Sein Hofladen verfügt über eine kaufmännische Organisation. Da Horch nach § 3 (1) HGB kein Istkaufmann sein kann, lässt er sich freiwillig ins Handelsregister des Amtsgerichtes Neustadt eintragen und wird somit Kannkaufmann im Sinne des § 2 HGB. § 3 (2) HGB ermöglicht Horch diese Vorgehensweise. Er weiß, dass eine Löschung der Firma nach erfolgter Eintragung ins Handelsregister nur nach den gesetzlichen Vorgaben stattfinden darf, die auch für die Löschung kaufmännischer Firmen anzuwenden sind.

Da sein Autohaus jedoch nicht zum Bereich der Land- und Forstwirtschaft zählt, belässt Sommerweizen es beim Durchlesen des § 3 HGB. Weitere Betrachtungen nimmt er nicht vor.

3.2.4 Fiktivkaufmann nach § 5 HGB

Sommerweizen liest interessehalber auch die Vorschrift zum *Fiktivkaufmann* im § 5 HGB:

> **§ 5 HGB**
>
> Ist eine Firma im Handelsregister eingetragen, so kann gegenüber demjenigen, welcher sich auf die Eintragung beruft, nicht geltend gemacht werden, daß das unter der Firma betriebene Gewerbe kein Handelsgewerbe sei. [7]

Er überlegt, ob er schon mal einen Fall hatte, bei dem diese Vorschrift anzuwenden gewesen wäre:

> **Beispiel: Fiktivkaufmann**
> Sommerweizen erinnert sich, dass Natascha Schmitz (Bekannte seiner Gattin) vor einigen Jahren versehentlich in das Handelsregister eingetragen wurde, obwohl dies nicht nötig gewesen wäre. Da ihr Unternehmen (Eissalon) keine kaufmännische Organisation aufwies, gehörte sie nicht zur Gruppe der Istkaufleute, wie Natascha seiner Gattin bei einem Cafébesuch erzählte. Eine freiwillige Eintragung wurde von ihr nicht beantragt.
>
> Durch die versehentliche Eintragung im Handelsregister wird sie jedoch seitdem im Sinne des § 5 HGB wie eine Kauffrau behandelt.

3.2.5 Formkaufmann nach § 6 HGB

Zuletzt beschäftigt sich Sommerweizen noch mit dem Formkaufmann:

§ 6 HGB

(1) Die in betreff der Kaufleute gegebenen Vorschriften finden auch auf die Handelsgesellschaften Anwendung.
(2) Die Rechte und Pflichten eines Vereins, dem das Gesetz ohne Rücksicht auf den Gegenstand des Unternehmens die Eigenschaft eines Kaufmanns beilegt, bleiben unberührt, auch wenn die Voraussetzungen des § 1 Abs. 2 nicht vorliegen. [8]

Zu dieser Vorschrift zählen Unternehmen, die zum Beispiel in Form einer Aktiengesellschaft (AG), Gesellschaft mit beschränkter Haftung (GmbH) oder Offene Handelsgesellschaft (OHG) betrieben werden.

Nach obiger Vorschrift erlangen also auch Gesellschaften die Eigenschaft eines Formkaufmanns, auch wenn Sie keine Handelsgeschäfte betreiben.

Sommerweizen überlegt, auf wen dies zutreffen könnte:

> **Beispiel: Formkaufmann**
> Er erinnert sich an den Lieferanten Peter Mogmaier, welcher seine Werkstatt monatlich mit Werkzeug und erforderlichen Ersatzteilen beliefert. Mogmaier führt sein Unternehmen in Form einer Gesellschaft mit beschränkter Haftung (GmbH). Somit greift hier § 6 HGB. Die Peter Mogmaier GmbH ist juristische Person mit eigener Rechtspersönlichkeit, welche unter ihrer Firma zum Beispiel Verkaufsgeschäfte abschließen und sonstige Vertragsabschlüsse tätigen kann.

Sommerweizen legt nun das Handelsgesetzbuch zur Seite und beschäftigt sich nun nicht mehr ausschließlich mit dem kaufmännisch relevanten Teil, sondern auch mit dem Steuerrecht, welches durch die Abgabenordnung (AO) vertreten wird. Dies hat ihm sein Steuerberater empfohlen.

3.3 Steuerliche Buchführungspflicht

Nachdem Carlo Sommerweizen sich nun ausführlich mit den handelsrechtlichen Grundlagen zur Buchführungspflicht auseinandergesetzt hat, greift er nun auf Anraten seines Steuerberaters Glaube zur Abgabenordnung und liest sich zwei zentrale Vorschriften zur Buchführung durch, die in den folgenden beiden Unterkapiteln näher erläutert werden.

3.3.1 Abgeleitete (Derivative) Buchführungspflicht nach § 140 AO

Die Abgabenordnung (AO) ist ein allgemeines Steuergesetz, welches für die steuerliche Seite eine besondere Rolle spielt. Im § 140 AO befindet sich die Vorschrift zur abgeleiteten oder sogenannten *derivativen* Buchführungspflicht:

> **§ 140 AO – Aufzeichnungs- und Buchführungspflichten nach anderen Gesetzen**
>
> Wer nach anderen Gesetzen als den Steuergesetzen Bücher und Aufzeichnungen zu führen hat, die für die Besteuerung von Bedeutung sind, hat die Verpflichtungen, die ihm nach den anderen Gesetzen obliegen, auch für die Besteuerung zu erfüllen. [9]

Sommerweizen überlegt, wie diese Vorschrift zu interpretieren ist. Steuerberater Glaube hilft ihm mit einem Beispiel:

> **Beispiel: Derivative Buchführungspflicht nach § 140 AO**
> Max Faulhaber ist Inhaber eines Supermarktes (Max Faulhaber e. K.). Sein Gewerbebetrieb erfordert eine kaufmännische Organisation. Somit gehört er nach § 1 HGB zur Gruppe der Istkaufleute, welche verpflichtet sind, sich im Handelsregister eintragen zu lassen.
>   Da Faulhaber bereits nach Handelsrecht zur Buchführung verpflichtet ist, fordert auch § 140 AO, dass er für Zwecke der Besteuerung Bücher führen muss.

Dies kann Sommerweizen gut nachvollziehen, da es ja auch seine eigene Position als Autohausinhabers betrifft. Er selbst ist mit seiner Firma im Handelsregister eingetragen und muss für steuerliche Angelegenheiten Bücher führen.

3.3.2 Selbständige (Originäre) Buchführungspflicht nach § 141 AO

Der Vollständigkeit halber verweist der Steuerberater noch auf den § 141 AO, welcher die Vorgaben zur selbständigen Buchführungspflicht beinhaltet:

§ 141 AO – Buchführungspflicht bestimmter Steuerpflichtiger

1) Gewerbliche Unternehmer sowie Land- und Forstwirte, die nach den Feststellungen der Finanzbehörde für den einzelnen Betrieb
    1. Umsätze einschließlich der steuerfreien Umsätze, ausgenommen die Umsätze nach § 4 Nr. 8 bis 10 des Umsatzsteuergesetzes, von mehr als 600.000 € im Kalenderjahr […]
    3. selbstbewirtschaftete land- und forstwirtschaftliche Flächen mit einem Wirtschaftswert (§ 46 des Bewertungsgesetzes) von mehr als 25.000 € oder
    4. einen Gewinn aus Gewerbebetrieb von mehr als 60.000 € im Wirtschaftsjahr oder
    5. einen Gewinn aus Land und Forstwirtschaft von mehr als 60.000 € im Kalenderjahr
gehabt haben, sind auch dann verpflichtet, für diesen Betrieb Bücher zu führen und auf Grund jährlicher Bestandsaufnahmen Abschlüsse zu machen, wenn sich eine Buchführungspflicht nicht aus § 140 ergibt. […] [10]

Sommerweizen sucht nach einem passenden Beispiel:

Beispiel: Buchführungspflicht nach § 141 AO
Der lernbegierige Automobilhändler denkt bei dieser Vorschrift an einen guten Bekannten (Kioskinhaber), der ihm vor kurzem erzählte, dass er im vergangenen Wirtschaftsjahr erstmalig die Gewinngrenze von 60.000,00 € überschritten habe. Dadurch müsse er zukünftig – nach Aufforderung durch das Finanzamt – Bücher führen.

Nun kann Sommerweizen die Äußerung seines Bekannten nachvollziehen. Denn, sobald nur eine der vorgenannten Grenzen im § 141 AO überschritten wird, ist aus steuerlicher Sicht die Buchhaltungspflicht gegeben.

Sommerweizen notiert sich folgenden Merksatz:

▶ Wird nur eine Grenze der im § 141 (1) AO aufgeführten Merkmale überschritten, ist aus steuerlicher Sicht vom Gewerbetreibenden oder Land- und Forstwirt die Buchführung zu erstellen.

Doch nach dem Lesen dieser zentralen Vorschrift stellt sich Sommerweizen eine weitere Frage. Er hätte gerne gewusst, unter welche Vorschrift denn nun die Freiberufler, also Steuerberater, Architekten, Ärzte etc. fallen.

3.4 Freiberufler

Sommerweizen fragt daraufhin seinen Steuerberater nach der Buchführungspflicht seines Zahnarztes. Dieser hat einen in kaufmännischer Weise eingerichteten Geschäftsbetrieb (mehrere Behandlungsräume, mehr als zehn Mitarbeiter, mehrere Abteilungen, viele Kundenkontakte, sicherlich hohe Umsätze u. ä.). Daraufhin erwidert ihm Reiner Glaube:

> ▶ Freiberufler sind niemals – weder nach Steuerrecht noch nach Handelsrecht – zur Buchführung verpflichtet. Sie sind lediglich aufzeichnungspflichtig. Das Recht auf Buchführung bleibt ihnen jedoch unbenommen.

Wer zur Gruppe der Freiberufler zählt, regelt § 18 (1) EStG:

§ 18 EStG

(1) Einkünfte aus selbständiger Arbeit sind
1.Einkünfte aus freiberuflicher Tätigkeit. 2Zu der freiberuflichen Tätigkeit gehören die selbständig ausgeübte wissenschaftliche, künstlerische, schriftstellerische, unterrichtende oder erzieherische Tätigkeit, die selbständige Berufstätigkeit der Ärzte, Zahnärzte, Tierärzte, Rechtsanwälte, Notare, Patentanwälte, Vermessungsingenieure, Ingenieure, Architekten, Handelschemiker, Wirtschaftsprüfer, Steuerberater, beratenden Volks- und Betriebswirte, vereidigten Buchprüfer, Steuerbevollmächtigten, Heilpraktiker, Dentisten, Krankengymnasten, Journalisten, Bildberichterstatter, Dolmetscher, Übersetzer, Lotsen und ähnlicher Berufe. […] [11]

Damit gibt sich Sommerweizen nun zufrieden und widmet sich im Anschluss der oben erwähnten Aufzeichnungspflicht.

3.5 Aufzeichnungspflicht

Die Aufzeichnungspflicht gilt grundsätzlich für *Kleingewerbetreibende* (Gewerbetreibende ohne kaufmännische Organisation), *Freiberufler* (Katalogberufler nach § 18 (1) EStG) und *Einzelkaufleute,* welche sich nach § 241a HGB Abschn. 3.2.1 *Istkaufmann nach § 1 HGB* freiwillig von der Buchführungspflicht befreien lassen.

Diese Unternehmer erstellen nach unterschiedlichen gesetzlichen Vorschriften ihre Aufzeichnung, um steuerlichen Anforderungen gerecht zu werden.

Zu den steuerlichen Vorgaben zählt z. B. § 22 UStG:

§ 22 UStG – Aufzeichnungspflichten

(1) Der Unternehmer ist verpflichtet, zur *Feststellung der Steuer* und der Grundlagen ihrer Berechnung Aufzeichnungen zu machen. […]
(2) Aus den Aufzeichnungen müssen zu ersehen sein:
1. […] Bei der Berechnung der Steuer nach vereinnahmten Entgelten (§ 20) treten an die Stelle der vereinbarten Entgelte die *vereinnahmten Entgelte.* Im Falle des § 17 Abs. 1 Satz 6 hat der Unternehmer, der die auf die Minderung des Entgelts entfallende Steuer an das Finanzamt entrichtet, den *Betrag der Entgeltsminderung* gesondert aufzuzeichnen […]
5. die Entgelte für *steuerpflichtige Lieferungen und sonstige Leistungen*, die an den Unternehmer für sein Unternehmen ausgeführt worden sind […]
6. die Bemessungsgrundlagen für die *Einfuhr von Gegenständen* (§ 11), die für das Unternehmen des Unternehmers eingeführt worden sind, sowie die dafür entstandene Einfuhrumsatzsteuer;
7. die Bemessungsgrundlagen für den *innergemeinschaftlichen Erwerb von Gegenständen* sowie die hierauf entfallenden Steuerbeträge […] [12]

Sommerweizen liest sich nur die für ihn interessanten Punkte durch und weiß, wo er nachschauen kann, sollte er noch weitere Informationen diesbezüglich benötigen. Da er selbst ja zur Gruppe der Istkaufleute zählt, die im Handelsregister eingetragen sind und er sich auch nicht gegen die Buchführungspflicht im Sinne des § 241a HGB entschieden hat, ist für ihn dieser Abschnitt weniger wichtig.

Er kann sich jedoch noch daran erinnern, dass sein Zahnarzt ihm vor kurzer Zeit erzählt hat, dass er noch die Einnahmen-Überschussrechnung des letzten Jahres erstellen müsse, womit er aber den langjährigen Steuerberater beauftragt habe. Sommerweizen weiß, dass diese Überschussrechnung (kurz: EÜR) das Ergebnis der Aufzeichnungspflicht darstellt:

▶   Betriebseinnahmen abzüglich Betriebsausgaben = Überschuss

Sommerweizen gibt sich mit den neu erworbenen theoretischen Kenntnissen erst einmal zufrieden. In Kürze – nach Durcharbeitung einiger Übungen – möchte er nun endlich die Technik der Buchführung erlernen bzw. sein bereits vorhandenes Wissen auffrischen.

3.6 Zusammenfassende Lernkontrolle

Im Folgenden werden zunächst mit Hilfe von Kontrollfragen die Inhalte des bisherigen Kapitels wiederholt. Die Lösungen hierzu dienen als Vorschläge zur Lösung dieser Fragen.

3.6.1 Kontrollfragen

1. Wo findet man die zentrale Vorschrift im Handelsgesetzbuch die *Buchführungspflicht* betreffend?
2. Nennen Sie vier unterschiedliche *Kaufmannseigenschaften*.
3. Wodurch ist ein *Gewerbebetrieb* geprägt? Nennen Sie die wesentlichen Merkmale, die im § 15 (2) EStG aufgeführt sind.
4. Was ist unter dem Begriff *Kleingewerbetreibender* zu verstehen? Nennen Sie bitte ein Beispiel.
5. Was muss der Kleingewerbetreibende tun, um *Kannkaufmann* zu werden?
6. Nennen Sie bitte zwei Beispiele für einen Formkaufmann.
7. Wo finden sich die zentralen *steuerlichen* Vorschriften für die *Buchführungspflicht?*
8. Nennen Sie bitte ein Beispiel, bei dem ein *Unternehmer* sowohl handels- als auch steuerrechtlich zur *Buchführung* verpflichtet ist.
9. Sind *Zahnärzte, Steuerberater, Wirtschaftsprüfer* zur Buchführung verpflichtet?
10. Wofür steht die Abkürzung *EÜR?*

3.6.2 Lösungen zu den Kontrollfragen

1. § 238 HGB
2. Istkaufmann, Kannkaufmann, Fiktivkaufmann, Formkaufmann
3. Selbständigkeit, Nachhaltigkeit, Gewinnerzielungsabsicht, Teilnahme am allgemeinen wirtschaftlichen Verkehr, keine Land- und Forstwirtschaft, keine sonstige selbständige Tätigkeit
4. Zur Gruppe der Kleingewerbetreibenden zählen diejenigen Unternehmer, die einen Gewerbebetrieb unterhalten, die jedoch keine kaufmännische Organisation aufweisen. Beispiel: Kioskinhaber
5. Der Kleingewerbetreibende muss sich in das Handelsregister innerhalb seines Amtsgerichtsbezirks eintragen lassen.
6. Beispiele: Mustermann GmbH, Mustermann OHG
7. § 140 AO abgeleitete (derivative) Buchführungspflicht; § 141 AO selbständige (originäre) Buchführungspflicht.
8. Zum Beispiel: Autohandel, Supermarkt, Lebensmittel-Handel mit Filialbetrieben, Großhandelsbetriebe

9. Nein, sie gehören zur Gruppe der Freiberufler, welche einen Katalogberuf im Sinne des § 18 EStG ausüben. Sie sind niemals – weder nach HGB noch nach AO – zur Buchführung verpflichtet.
10. EÜR steht für Einnahmen-Überschuss-Rechnung im Sinne des § 4 (3) EStG. Sie ist das Ergebnis der Aufzeichnungspflicht, die zum Beispiel durch Freiberufler und Kleingewerbetreibender erfüllt werden muss.

3.6.3 Übungen

1. Ist Zahnarzt Dr. Eckert handels- und steuerrechtlich zur Buchführung verpflichtet? Bitte erläutern Sie kurz unter Angabe der relevanten gesetzlichen Vorgaben.
2. Bezugnehmend auf Übung Nr. 1: Wenn ein Zahnarzt oder sonstiger Freiberufler nicht zur Buchführung verpflichtet ist: was muss er tun, um seinen steuerlichen Pflichten nachzukommen?
3. Der selbständige Gewerbetreibende Mario Mustermann – Sommerweizens Bekannter – betreibt in Mainz einen Schmuckladen. Hieraus erzielt er Einkünfte aus Gewerbebetrieb im Sinne des § 15 (2) EStG. Sein Unternehmen benötigt keine kaufmännische Organisation.
   a) Ist Mustermann aus handelsrechtlicher Sicht Kaufmann? Bitte begründen Sie mit den entsprechenden Vorschriften.
   b) Ist Mustermann nach den Vorschriften der Abgabenordnung (also steuerrechtlich) buchführungspflichtig? Bitte prüfen Sie und begründen Sie anhand der relevanten Vorschriften.
4. Die Krefelder GmbH produziert und vertreibt Schrauben für Elektromotoren. Ist die GmbH handels- und steuerrechtlich zur Buchführung verpflichtet?
5. Der selbständige Gewerbetreibende Manfred Mustermann betreibt in Mainz einen Schmuckladen. Hieraus erzielt er Einkünfte aus Gewerbebetrieb i. S. d. § 15 EStG. Sein Unternehmen benötigt keine kaufmännische Organisation. Es stellen sich nun folgende Fragen, die Sie bitte beantworten möchten:
   a) Ist Mustermann Kaufmann i. S. d. § 1 HGB?
   b) Ist Mustermann nach Handelsrecht buchführungspflichtig? Begründen Sie bitte Ihre Lösungen.
6. Der selbständige Augenarzt Dr. Mettmann betreibt in Neustadt eine gut gehende Fachpraxis. Hieraus erzielt er Einkünfte aus selbständiger Arbeit i. S. d. § 18 EStG. Eine kaufmännische Organisation ist erforderlich. Folgende Fragen sind bitte nachvollziehbar zu klären:
   a) Ist Dr. Mettmann Kaufmann i. S. d. Handelsrechts?
   b) Ist Dr. Mettmann nach Handelsrecht buchführungspflichtig? Begründen Sie bitte Ihre Antwort.
7. Richtig oder Falsch? Bitte kreuzen Sie korrekt an (siehe Tab. 3.1 *Richtig oder Falsch? (Kap. 3)*:

3.6 Zusammenfassende Lernkontrolle

Tab. 3.1 Richtig oder Falsch? (Kap. 3)

Nr.	Aussage	Richtig	Falsch
1.	Zu den Kaufleuten zählen Istkaufleute, Kannkaufleute, Formkaufleute und Industriekaufleute		
2.	Alle Kaufleute haben ein Wirtschaftsjahr, welches vom 01.01–31.12 andauert. Abweichungen gibt es hiervon nicht		
3.	Alle Kaufleute gehören zu den aufzeichnungspflichtigen Unternehmern		
4.	Die Freiberufler gehören zu den aufzeichnungspflichtigen Unternehmern		
5.	Unternehmer, die keine Bücher führen müssen, dürfen auch keine Aufzeichnungen erstellen		
6.	Kaufleute lassen sich stets im Handelsregister eintragen und haben dann die Möglichkeit, ihrem Unternehmen einen Namen zu geben (Firma)		
7.	Das Handelsregister ist ein öffentliches Verzeichnis sämtlicher Unternehmer innerhalb eines Amtsgerichtsbezirks		
8.	Das Handelsregister wird vom zuständigen Amtsgericht in zwei Abteilungen geführt. Abteilung A (HR A) beinhaltet Informationen zu Kapitalgesellschaften, Abteilung B (HR B) zu den Einzelunternehmern und Freiberuflern		
9.	Der Kannkaufmann ist ein Unternehmer, der sich als Kleingewerbetreibender freiwillig ins Handelsregister eintragen lässt und damit Kaufmannseigenschaft erwirbt		
10.	Der Kannkaufmann ist ein Unternehmer, der sich als Kleinunternehmer freiwillig ins Handelsregister eintragen lässt und damit Kaufmannseigenschaft erwirbt		
11.	Zu den Formkaufleuten gehören alle Unternehmer, die die Rechtsform einer Kapitalgesellschaft haben oder Freiberufler sind		
12.	Istkaufleute sind Gewerbetreibende, deren Gewerbebetrieb nach § 1 (2) EStG eine kaufmännische Organisation erfordern		
13.	Istkaufleute sind Gewerbetreibende, deren Gewerbebetrieb nach § 1 (2) HGB eine kaufmännische Organisation erfordert		
14.	Zu den Kleingewerbetreibenden gehören Gewerbetreibende, die keine kaufmännische Organisation vorweisen können		
15.	Die abgeleitete Buchführungspflicht ist im § 141 AO geregelt, die originäre Buchführungspflicht im § 140 AO		
16.	Die Freiberufler brauchen keine Steuern zahlen, da sie auch nicht buchführungspflichtig sind		
17.	Die Freiberufler erstellen eine Einnahmen-Überschuss-Rechnung, da sie nur zur Aufzeichnung verpflichtet sind.		
18.	Der Formkaufmann kann sich ebenfalls für die Aufzeichnungspflicht entscheiden		
19.	Der Fiktivkaufmann ist eine Kaufmannseigenschaft, die eine reine Erfindung des Autors darstellt		
20.	Zukünftig müssen auch die privaten Haushalte Bücher führen		

3.6.4 Lösungen zu den Übungen

1. Nein, Dr. Eckert ist Freiberufler und somit weder nach Handels- noch nach Steuerrecht zur Buchführung verpflichtet. Er ist weder ein Kaufmann im Sinne des § 238 HGB, noch gehört er zu dem Personenkreis des § 140 AO und des § 141 AO Abschn. 3.4 *Freiberufler*.

Im § 18 EStG (Einkünfte aus selbständiger Arbeit) heißt es zum Thema Freiberufler:

§ 18 EStG

(1) Einkünfte aus selbständiger Arbeit sind
1.Einkünfte aus freiberuflicher Tätigkeit. 2Zu der freiberuflichen Tätigkeit gehören die selbständig ausgeübte wissenschaftliche, künstlerische, schriftstellerische, unterrichtende oder erzieherische Tätigkeit, die selbständige Berufstätigkeit der Ärzte, Zahnärzte, Tierärzte, Rechtsanwälte, Notare, Patentanwälte, Vermessungsingenieure, Ingenieure, Architekten, Handelschemiker, Wirtschaftsprüfer, Steuerberater, beratenden Volks- und Betriebswirte, vereidigten Buchprüfer, Steuerbevollmächtigten, Heilpraktiker, Dentisten, Krankengymnasten, Journalisten, Bildberichterstatter, Dolmetscher, Übersetzer, Lotsen und ähnlicher Berufe. […] [11]
2. Freiberufler sind aufzeichnungspflichtig im Sinne des § 4 (3) EStG Abschn. 3.5 *Aufzeichnungspflicht*. Sie erstellen die sogenannte Einnahmen-Überschussrechnung (EÜR) nach dem Zufluss-Abfluss-Prinzip im Sinne des § 11 EStG. Hier heißt es:

§ 11 EStG

(1) 1Einnahmen sind innerhalb des Kalenderjahres bezogen, in dem sie dem Steuerpflichtigen zugeflossen sind. 2Regelmäßig wiederkehrende Einnahmen, die dem Steuerpflichtigen kurze Zeit vor Beginn oder kurze Zeit nach Beendigung des Kalenderjahres, zu dem sie wirtschaftlich gehören, zugeflossen sind, gelten als in diesem Kalenderjahr bezogen […].
(2) 1Ausgaben sind für das Kalenderjahr abzusetzen, in dem sie geleistet worden sind. 2Für regelmäßig wiederkehrende Ausgaben gilt Absatz 1 Satz 2 entsprechend. […] [13]
3. Die Buchführungspflicht ist geregelt sowohl im Handelsgesetzbuch als auch in der Abgabenordnung. Es ist empfehlenswert, zunächst die handelsrechtliche Buchführungspflicht zu prüfen. Nun zur Beantwortung der beiden Fragen:
   a) Nach § 238 (1) HGB (zentrale Vorschrift) ist Mario Mustermann nach Handelsrecht zur Buchführung verpflichtet, wenn er zur Gruppe der Kaufleute zählt. Aufgrund der vorliegenden Information, dass er ein Gewerbetreibender im Sinne

3.6 Zusammenfassende Lernkontrolle

des § 15 (2) EStG ist und sein Unternehmen eine kaufmännische Organisation erfordert, gehört er zur Gruppe der Istkaufleute gemäß § 1 HGB. Er könnte sich nach § 241a HGB von der Buchführungspflicht befreien lassen, sofern er die dort genannten Grenzen nicht überschreitet.

b) Mustermann ist nach § 140 AO zur Buchführung verpflichtet, wenn er als Istkaufmann im Handelsregister eingetragen ist. Man bezeichnet diese Art der Buchführungspflicht als derivative (abgeleitete) Buchführungspflicht. Da er zur Gruppe der Gewerbetreibenden zählt, wäre es auch denkbar, dass er gemäß § 141 AO originär (selbständig) buchführungspflichtig ist, sofern er eine der dort genannten Grenzen überschreitet. Hat er sich jedoch bereits nach § 241a HGB von der Pflicht zur Buchführung befreien lassen, ist er lediglich zur Aufzeichnung verpflichtet Abschn. 3.5 *Aufzeichnungspflicht.*

4. Die GmbH ist nach Handelsrecht im Sinne des § 238 HGB buchführungspflichtig, da sie als juristische Person (Person mit eigener Rechtspersönlichkeit) zur Gruppe der Formkaufleute im Sinne des § 6 HGB zählt. Sie gehört auch steuerlich zu den buchführungspflichtigen Unternehmen, da sie bereits nach anderen Gesetzen als den Steuergesetzen (hier nach HGB) zur Buchführung verpflichtet ist. Es liegt also eine abgeleitete (derivative) Buchführungspflicht nach § 140 AO vor. Die originäre Buchführungspflicht ist im Einzelfall zu prüfen, spielt zur Würdigung des vorliegenden Sachverhaltes jedoch nur eine untergeordnete Rolle, da sich eine GmbH als Formkaufmann nicht von der Buchführungspflicht befreien lassen kann. § 241a HGB greift hier nicht.

5. Folgende Lösungsmöglichkeiten werden angeboten:
   a) Mustermann ist kein Kaufmann i. S. d. § 1 Abs. 1 HGB, da sein Gewerbebetrieb keine kaufmännische Organisation erfordert.
   b) Mustermann ist nach HGB nicht zur Buchführung verpflichtet (siehe § 238 Abs. 1 HGB), da er kein Kaufmann ist. Aber: Mustermann kann sich gem. § 2 HGB freiwillig ins Handelsregister eintragen lassen. Die Eintragung wäre rechtsbegründend (konstitutiv). Mustermann würde zum Kaufmann gem. § 2 HGB („Kannkaufmann") und somit buchführungspflichtig (siehe § 238 HGB).

6. Folgende Lösungsvorschläge werden angeboten:
   a) Da Dr. Mettmann Einkünfte aus freiberuflicher Tätigkeit erzielt, erfüllt er nicht die Voraussetzungen des § 15 (2) EStG (Gewerbebetrieb). Er ist also kein Gewerbetreibender und somit auch kein Kaufmann i. S. d. Handelsrechts.
   b) Dr. Mettmann ist handelsrechtlich nicht buchführungspflichtig nach § 238 Abs. 1 HGB, da er nicht zur Gruppe der Kaufleute zählt.

7. Folgende Antworten sind möglich (siehe Tab. 3.2 *Richtig oder Falsch? (Lösung Kap. 3):*

Tab. 3.2 Richtig oder Falsch? (Lösung Kap. 3)

Nr.	Aussage	Richtig	Falsch
1.	Zu den Kaufleuten zählen die Istkaufleute, Kannkaufleute, Formkaufleute und Industriekaufleute		x
2.	Alle Kaufleute haben ein Wirtschaftsjahr, welches vom 01.01–31.12 andauert. Abweichungen gibt es hiervon nicht		x
3.	Alle Kaufleute gehören zu den aufzeichnungspflichtigen Unternehmern		x
4.	Die Freiberufler gehören zu den aufzeichnungspflichtigen Unternehmern	x	
5.	Unternehmer, die keine Bücher führen müssen, dürfen auch keine Aufzeichnungen erstellen		x
6.	Kaufleute lassen sich stets im Handelsregister eintragen und haben dann die Möglichkeit, ihrem Unternehmen einen Namen zu geben (Firma)	x	
7.	Das Handelsregister ist ein öffentliches Verzeichnis sämtlicher Unternehmer innerhalb eines Amtsgerichtsbezirks		x
8.	Das Handelsregister wird vom zuständigen Amtsgericht in zwei Abteilungen geführt. Abteilung A (HR A) beinhaltet Informationen zu Kapitalgesellschaften, Abteilung B (HR B) zu den Einzelunternehmern und Freiberuflern		x
9.	Der Kannkaufmann ist ein Unternehmer, der sich als Kleingewerbetreibender freiwillig ins Handelsregister eintragen lässt und damit Kaufmannseigenschaft erwirbt	x	
10.	Der Kannkaufmann ist ein Unternehmer, der sich als Kleinunternehmer freiwillig ins Handelsregister eintragen lässt und damit Kaufmannseigenschaft erwirbt		x
11.	Zu den Formkaufleuten gehören alle Unternehmer, die die Rechtsform einer Kapitalgesellschaft haben oder Freiberufler sind		x
12.	Istkaufleute sind Gewerbetreibende, deren Gewerbebetrieb nach § 1 (2) EStG eine kaufmännische Organisation erfordern		x
13.	Istkaufleute sind Gewerbetreibende, deren Gewerbebetrieb nach § 1 (2) HGB eine kaufmännische Organisation erfordert	x	
14.	Zu den Kleingewerbetreibenden gehören Gewerbetreibende, die keine kaufmännische Organisation vorweisen können	x	
15.	Die abgeleitete Buchführungspflicht ist im § 141 AO geregelt, die originäre Buchführungspflicht im § 140 AO		x
16.	Die Freiberufler brauchen keine Steuern zahlen, da sie auch nicht buchführungspflichtig sind		x
17.	Die Freiberufler erstellen eine Einnahmen-Überschuss-Rechnung, da sie nur zur Aufzeichnung verpflichtet sind	x	
18.	Der Formkaufmann kann sich ebenfalls für die Aufzeichnungspflicht entscheiden		x
19.	Der Fiktivkaufmann ist eine Kaufmannseigenschaft, die eine reine Erfindung der Autorin darstellt		x
20.	Zukünftig müssen auch die privaten Haushalte Bücher führen		x

Literatur

1. http://www.gesetze-im-internet.de/hgb/__238.html. Zugegriffen: 20. Sept. 2015
2. http://www.gesetze-im-internet.de/hgb/__1.html. Zugegriffen: 5. Okt. 2015
3. http://www.gesetze-im-internet.de/estg/__15.html. Zugegriffen: 5. Okt. 2015
4. http://www.gesetze-im-internet.de/hgb/__241a.html. Zugegriffen: 5. Jul. 2018
5. http://www.gesetze-im-internet.de/hgb/__2.html. Zugegriffen: 25. Sept. 2015
6. http://www.gesetze-im-internet.de/hgb/__3.html. Zugegriffen: 26. Sept. 2015
7. http://www.gesetze-im-internet.de/hgb/__5.html. Zugegriffen: 26. Sept. 2015
8. http://www.gesetze-im-internet.de/hgb/__6.html. Zugegriffen: 27. Sept. 2015
9. http://www.gesetze-im-internet.de/ao_1977/__140.html. Zugegriffen: 5. Okt. 2015
10. http://www.gesetze-im-internet.de/ao_1977/__141.html. Zugegriffen: 27. Sept. 2015
11. http://www.gesetze-im-internet.de/estg/__18.html. Zugegriffen: 5. Okt. 2015
12. http://www.gesetze-im-internet.de/ustg_1980/__22.html. Zugegriffen: 27. Sept. 2015
13. http://www.gesetze-im-internet.de/estg/__11.html. Zugegriffen: 29. Sept. 2015
14. http://www.gesetze-im-internet.de/estg/__4a.html. Zugegriffen: 5. Okt. 2015

4 Von der Buchführung zur Bilanz

> **Zusammenfassung**
>
> Carlo Sommerweizen (erfolgreicher Einzelunternehmer) möchte den kompletten Verlauf von der Buchführung bis zur Bilanz kennen und nachvollziehen können. Er beschäftigt sich mit den einzelnen Stufen von der Bestandskontoneröffnung zu Beginn des Jahres bis zum Abschluss derselben am Ende des Wirtschaftsjahres. Alle neuen und aufgefrischten Kenntnisse werden von Carlo Sommerweizen anhand zahlreicher Kontrollfragen und Übungen gefestigt.

Bevor in den nachfolgenden Kapiteln im Einzelnen erläutert wird, wie die Technik der Buchführung schon seit vielen hundert Jahren funktioniert, wird zunächst der Weg von der Buchführung zur Bilanz in einfachen und zunächst groben Schritten erklärt.

Die detaillierte Vorgehensweise erfolgt zu einem späteren Zeitpunkt, nämlich vor Erstellung einer „Komplettaufgabe", bei der innerhalb eines Wirtschaftsjahres vom Eröffnungsbilanzkonto bis zum Schlussbilanzkonto gebucht und Konten abgeschlossen werden. Dazu später mehr.

Zunächst erfolgt die Darstellung einiger wichtiger Definitionen, damit die nachfolgenden Abschnitte besser verstanden werden können.

4.1 Wichtige Definitionen

Anlagevermögen
Zum Anlagevermögen gehören alle Vermögensgegenstände, die dazu bestimmt sind, dem Betrieb dauerhaft (länger als ein Jahr) zu dienen. Beispiele: Grund und Boden, Fuhrpark, Patente.

Bilanz

Die Bilanz ist eine Komponente des Jahresabschlusses. Sie besteht aus Aktiv- und Passivseite und stellt eine nicht veränderbare Auswertung dar. Die Konten in der Bilanz bezeichnet man als Bestandskonten.

▶ Merke: Bilanzen sind Auswertungen und können nicht bebucht werden!!

Buchungssatz

Anweisung zur Erfassung eines betrieblichen Geschäftsvorfalls, bestehend aus mindestens zwei Konten.

Eigenkapital

Das *Eigenkapital* (auch Reinvermögen) ist Kapital, welches vom Unternehmer und den Gesellschaftern dem Unternehmen in der Regel langfristig oder sogar unbefristet zur Verfügung gestellt wird. Es wird ermittelt, indem vom Gesamtvermögen das Fremdkapital subtrahiert (abgezogen) wird.

Fremdkapital

Zum *Fremdkapital* gehören Verbindlichkeiten, die von fremden Dritten gegen Entgelt (Zinsen) zur Verfügung gestellt werden und die nach einem bestimmten – meist im Voraus vereinbarten Zeitablauf – zurückgezahlt werden müssen.

Geschäftsvorfall

Unter einem *Geschäftsvorfall* versteht man einen betrieblichen Vorgang, der das Vermögen und/oder das Kapital eines Unternehmens verändert.

Gewinn- und Verlustrechnung (GuV)

Die *Gewinn- und Verlustrechnung* ist ein Unterkonto des Eigenkapitals. Sie besteht aus Erfolgskonten und wird am Ende des Wirtschaftsjahres über das Eigenkapital abgeschlossen.

Jahresabschluss

Der *Jahresabschluss* ist das Ergebnis der Buchführung. Er besteht mindestens aus Bilanz und Gewinn- und Verlustrechnung (GuV) und wird nach Beendigung eines jeden Wirtschaftsjahres erstellt.

Kapital

Das *Kapital* in der Bilanz wird unterteilt in Eigen- und Fremdkapital. Beide Positionen addiert ergeben das Gesamtkapital unter der Voraussetzung, dass sich das Eigenkapital auf der rechten Seite der Bilanz (Passiva) befindet.

Umlaufvermögen

Das *Umlaufvermögen* beinhaltet Vermögen, welches nicht zum Anlagevermögen zählt und dem Betrieb nur zur vorübergehenden Verwendung (weniger als ein Jahr) zur Verfügung stehen soll. Beispiele: Warenvorräte, Vorräte an Roh-, Hilfs- und Betriebsstoffen, Forderungen.

Vermögen

Das *Vermögen* in der Bilanz wird unterteilt in Anlage- und Umlaufvermögen. Anlage- und Umlaufvermögen addiert ergeben das Gesamtvermögen. Dieses wird auf der linken Seite der Bilanz (Aktiva) ausgewiesen.

Wirtschaftsjahr

Das Wirtschaftsjahr ist der Gewinnermittlungszeitraum, für den der Steuerpflichtige regelmäßig seinen Jahresabschluss erstellt. Dieses kann vom Kalenderjahr bei im Handelsregister eingetragenen Kaufleuten abweichen.

4.2 Abfolge von der Buchführung zum Jahresabschluss

Sommerweizen weiß: ein Unternehmer hat die gesetzliche Verpflichtung, sofern er zu den buchführungspflichtigen Unternehmern zählt, im Rahmen seiner Buchführung jeden betrieblichen *Geschäftsvorfall* einzeln zu erfassen und hieraus im Anschluss einen *Jahresabschluss* zu erstellen.

Die Gesamtheit der erfassten Geschäftsvorfälle, die das *Vermögen* und das *Kapital* eines Unternehmens verändern, bezeichnet man als *Buchführung*. Diese wird in der Regel elektronisch mit Hilfe der modernen *EDV* (Elektronische Datenverarbeitung) erstellt; eine manuelle Buchführung ist seit dem Zeitalter des Computers eher selten.

Obwohl solche Arbeitsmittel wie zum Beispiel T-Konten veraltet erscheinen, werden diese zu Erläuterungszwecken in diesem Lehrbuch eingesetzt, um optisch besser zu verdeutlichen, wie ein Buchungssatz – auch unter Beachtung von z. B. umsatzsteuerlichen Aspekten – zu erstellen ist.

Nach Erstellung der Buchführung auf der Basis der Grundsätze der ordnungsgemäßen Buchführung (GoB) Abschn. 2.3.1 *Grundsätze der ordnungsgemäßen Buchführung* wird parallel zur Buchführung oder am Ende eines *Wirtschaftsjahres* eine *Inventur* durchgeführt. Die Inventur selbst ist gesetzlich vorgeschrieben und dient zur Verifizierung (Bestätigung) der realistischen Bilanzwerte zum Bilanzstichtag (z. B. 31.12). Es handelt sich bei der Inventur um die körperliche oder buchmäßige Erfassung aller Vermögensgegenstände und Schulden eines Unternehmens zum Bilanzstichtag.

Das Ergebnis der Inventur wird im sogenannten *Inventar* (Protokollliste) erfasst.

§ 240 HGB – Inventar

(1) Jeder Kaufmann hat zu Beginn seines Handelsgewerbes seine Grundstücke, seine Forderungen und Schulden, den Betrag seines baren Geldes sowie seine sonstigen Vermögensgegenstände genau zu verzeichnen und dabei den Wert der einzelnen Vermögensgegenstände und Schulden anzugeben.

(2) Er hat demnächst für den Schluß eines jeden Geschäftsjahrs ein solches Inventar aufzustellen. Die Dauer des Geschäftsjahrs darf zwölf Monate nicht überschreiten. Die Aufstellung des Inventars ist innerhalb der einem ordnungsmäßigen Geschäftsgang entsprechenden Zeit zu bewirken. [...] [1]

Im Anschluss werden die erzielten und realistischen Inventurergebnisse in die Buchführung eingepflegt, sodass die Buchführung realistische Ergebnisse liefert.

Nach Zusammenführung von Buchführung und Inventurwerten erhält man – stark vereinfacht dargestellt- im Endergebnis die sogenannte *Bilanz* und *Gewinn- und Verlustrechnung (GuV)*, die das Ergebnis eines Wirtschaftsjahres (Gewinn oder Verlust) widerspiegeln.

Der Jahresabschluss wird zum Beispiel für Zwecke der Besteuerung oder der Jahresabschlussanalyse zu unternehmensinternen Zwecken benötigt.

Hier nochmal in der Zusammenfassung die Schrittabfolge:

1. Erstellung der Buchführung
2. Durchführung der Inventur
3. Abbildung der Inventurergebnisse im Inventar
4. Anpassung der Buchführung zum Bilanzstichtag an das Inventar
5. Erstellung von Bilanz/Gewinn- und Verlustrechnung (Jahresabschluss)
6. Jahresabschlussanalyse (Abb. 4.1)

Sommerweizen weiß nach Durchsicht des vorliegenden Lehrbuches, dass in den nachfolgenden Kapiteln die Technik zur Erstellung der Buchführung anhand von T-Konten und Buchungssätzen detailliert dargestellt wird. Ziel ist, dass er nach Beendigung dieser

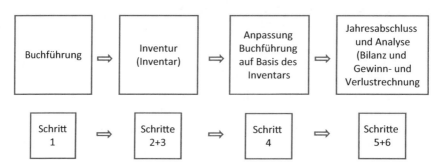

Abb. 4.1 Von der Buchführung zur Jahresabschlussanalyse

Lektüre in der Lage sein soll, eine einfache Buchführung vom Eröffnungsbilanzkonto bis zum Schlussbilanzkonto mit Hilfe der nachfolgend dargestellten Technik, zu erstellen.
Zunächst widmet er sich den Übungsaufgaben…

4.3 Zusammenfassende Lernkontrolle

Die nachfolgenden Kontrollfragen und Übungen sollen das neu erworbene oder aufgefrischte Fachwissen dieses Kapitels vertiefen beziehungsweise festigen.

4.3.1 Kontrollfragen

1. Was ist ein Buchungssatz?
2. Was passiert innerhalb der Buchführung?
3. Was versteht man unter dem Begriff Wirtschaftsjahr?
4. Worin mündet die Buchführung am Ende eines Wirtschaftsjahres?
5. Wie kann bzw. muss der buchführungspflichtige Unternehmer die Richtigkeit seiner Ansätze in der Bilanz zum Bilanzstichtag beweisen (verifizieren)?
6. Wofür wird zum Beispiel der Jahresabschluss benötigt? Nennen Sie bitte drei Beispiele.

4.3.2 Lösungen zu den Kontrollfragen

1. Der Buchungssatz ist eine Anweisung, einen betrieblichen Geschäftsvorfall auf korrekt ausgewählten Konten durchzuführen.
2. Es werden betriebliche Geschäftsvorfälle nach den Grundsätzen der ordnungsgemäßen Buchführung (GoB) mit Hilfe von Buchungssätzen erfasst.
3. Das Wirtschaftsjahr ist der (Gewinnermittlungs-)Zeitraum, für den die buchführungspflichtigen Unternehmer regelmäßig Abschlüsse erstellen. Es kann vom Kalenderjahr abweichen, sofern der eingetragene Kaufmann sich für ein vom Kalenderjahr abweichendes Wirtschaftsjahr entscheidet (siehe auch § 4a EStG [3]) und dies beim zuständigen Finanzamt beantragt.
4. Die Buchführung mündet am Ende des Wirtschaftsjahres in den Jahresabschluss bestehend mindestens aus Bilanz und Gewinn- und Verlustrechnung (GuV). Bei Kapitalgesellschaften ist auch noch der Anhang beizufügen.
5. Der buchführungspflichtige Unternehmer muss eine Inventur durchführen, bei der alle Vermögensgegenstände und Schulden zum Bilanzstichtag erfasst und im Anschluss im Inventar (Protokollliste) ausgewiesen werden.
6. Besteuerung durch das Finanzamt, Veröffentlichung, Jahresabschlussanalyse, Rechenschaftslegung gegenüber Gläubiger etc.

4.3.3 Übungen

1. Überlegen Sie sich bitte drei betriebliche Geschäftsvorfälle, die das Vermögen und/oder das Kapital eines Unternehmens verändern.
2. Wo liegt der Unterschied zwischen dem Begriff *Buchführung* und *Buchhaltung?*
3. Wo liegt der Unterschied zwischen der Einnahmen-Überschuss-Rechnung nach § 4 (3) EStG [2] und der Gewinn- und Verlustrechnung?
4. Richtig oder Falsch? Bitte wählen Sie die korrekte Antwort und kreuzen Sie diese in der nachfolgenden Tabelle an (siehe Tab. 4.1 *Richtig oder Falsch? Kap. 4*):

Tab. 4.1 Richtig oder Falsch? (Kap. 4)

Nr.	Aussage	Richtig	Falsch
1.	Die Buchführung ist eine geordnete Zusammenstellung aller betrieblichen Geschäftsvorfälle		
2.	Ein betrieblicher Geschäftsvorfall ist jeder Vorgang innerhalb eines Unternehmens, welcher das Vermögen und/oder das Kapital desselben verändert		
3.	Die Bilanz ist das Ergebnis der Buchführung und kommt ohne die Gewinn- und Verlustrechnung (GuV) aus, wenn eine Inventur durchgeführt wird		
4.	Die Freiberufler müssen auch Bücher führen, wenn diese Inventurmaßnahmen innerhalb ihres Betriebs ergreifen		
5.	Der Freiberufler muss nur eine Einnahmen-Überschuss-Rechnung nach § 4 (3) EStG [3] erstellen. Dieses erfordert eine lückenlose Buchführung		
6.	Die Inventur muss immer bei buchführungspflichtigen Kaufleuten durchgeführt werden. Wichtig ist, dass die Bestände innerhalb der Bilanz bestätigt (verifiziert) werden		
7.	Das Inventar ist gleichzusetzen mit der Bilanz. Es beinhaltet, da dieses fast zeitgleich erstellt wird, stets die gleichen Positionen wie die Bilanz		
8.	Das Inventar ist ein Ergebnis der Inventur und muss neben der Bilanz und der Gewinn- und Verlustrechnung sämtlichen Finanzbehörden ohne Aufforderung vorgelegt werden		
9.	Der buchführungspflichtige Unternehmer kann sich überlegen, ob er eine Inventur durchführt oder nicht. Er muss die Kosten und den Nutzen gegeneinander abwägen		
10.	Der buchführungspflichtige Unternehmer ist gesetzlich verpflichtet, vor Erstellung von Bilanz und Gewinn- und Verlustrechnung eine Inventur durchzuführen		
11.	Freiberufler müssen sich nicht an die Vorgaben des Handelsgesetzbuches halten. Sie sind nicht verpflichtet, eine Bilanz zu erstellen und im Nachhinein eine Jahresabschlussanalyse durchzuführen		

(Fortsetzung)

4.3 Zusammenfassende Lernkontrolle

Tab. 4.1 (Fortsetzung)

Nr.	Aussage	Richtig	Falsch
12.	Die Finanzbehörden fordern stets eine ausführliche Jahresabschlussanalyse nach Erstellung von Bilanz und Gewinn- und Verlustrechnung		
13.	Bilanz und Gewinn- und Verlustrechnung werden stets für ein Kalenderjahr erstellt. Abweichungen von dieser Regelung gibt es nicht		
14.	Bilanz und Gewinn- und Verlustrechnung werden stets für ein Wirtschaftsjahr, welches nicht dem Kalenderjahr entspricht, erstellt. Abweichungen von dieser Regelung gibt es nicht		
15.	Vorgaben zu Gewinnermittlungszeiträumen für Gewerbetreibende finden sich im § 4a EStG [4]		
16.	Die Buchführung kann auch für ein Rumpfwirtschaftsjahr erstellt werden		
17.	Das Wirtschaftsjahr eines Freiberuflers entspricht stets dem Kalenderjahr		
18.	Für die Einnahmen-Überschuss-Rechnung muss ebenfalls beachtet werden, dass der Unternehmer eine Inventur zu erstellen hat		
19.	Die Bilanz wird als Ergebnis der Buchführung erstellt. Sie beinhaltet alle Positionen des Inventars ohne Ausnahme		
20.	Die Bilanz wird als Ergebnis der Buchführung erstellt. Sie beinhaltet evtl. noch zusätzliche Positionen, die im Inventar nicht aufgeführt sind. Hierzu zählt z. B. der Aktive Rechnungsabgrenzungsposten		

4.3.4 Lösungen zu den Übungen

1. Beispiele: Kauf einer Maschine auf Rechnung, Bareinzahlung auf das betriebliche Bankkonto, Verkauf eines Grundstücks
2. Bei der *Buchführung* handelt es sich um die Zusammenstellung aller betrieblichen Geschäftsvorfälle nach den Grundsätzen der ordnungsgemäßen Buchführung (Finanzbuchführung). Unter der *Buchhaltung* versteht man den organisatorischen Bereich innerhalb eines Betriebs, in dem die Finanzbuchführung erstellt wird.
3. Die *Einnahmen-Überschuss-Rechnung* nach § 4 (3) EStG [2] ist das Ergebnis der Aufzeichnungspflicht eines nicht buchführungspflichtigen Unternehmers. Erfasst werden alle *zahlungsrelevanten Vorgänge* nach dem Zufluss-/Abflussprinzip i. S. d. § 11 EStG [3]. Bei der *Gewinn- und Verlustrechnung* handelt es sich hingegen um ein Unterkonto des Eigenkapitals und eine Komponente des Jahresabschlusses, die der buchführungspflichtige Unternehmer zu erstellen hat. Hier werden sowohl *zahlungsrelevante* als auch *nicht zahlungsrelevante* Vorgänge (Erträge und Aufwendungen) gegenübergestellt.
4. Folgende Antworten sind korrekt (siehe Tab. 4.2 *Richtig oder Falsch? (Lösung Kap. 4)*:

Tab. 4.2 Richtig oder Falsch? (Lösung Kap. 4)

Nr.	Aussage	Richtig	Falsch
1.	Die Buchführung ist eine geordnete Zusammenstellung aller betrieblichen Geschäftsvorfälle	×	
2.	Ein betrieblicher Geschäftsvorfall ist jeder Vorgang innerhalb eines Unternehmens, welcher das Vermögen und/oder das Kapital desselben verändert	×	
3.	Die Bilanz ist das Ergebnis der Buchführung und kommt ohne die Gewinn- und Verlustrechnung (GuV) aus, wenn eine Inventur durchgeführt wird		×
4.	Die Freiberufler müssen auch Bücher führen, wenn diese Inventurmaßnahmen innerhalb ihres Betriebs ergreifen		×
5.	Der Freiberufler muss nur eine Einnahmen-Überschuss-Rechnung nach § 4 (3) EStG [2] erstellen. Dieses erfordert ebenfalls eine lückenlose Buchführung		×
6.	Die Inventur muss immer bei buchführungspflichtigen Kaufleuten durchgeführt werden. Wichtig ist, dass die Bestände innerhalb der Bilanz bestätigt (verifiziert) werden	×	
7.	Das Inventar ist gleichzusetzen mit der Bilanz. Es beinhaltet, da dieses fast zeitgleich erstellt wird, stets die gleichen Positionen wie die Bilanz		×
8.	Das Inventar ist ein Ergebnis der Inventur und muss neben der Bilanz und der Gewinn- und Verlustrechnung sämtlichen Finanzbehörden ohne Aufforderung vorgelegt werden		×
9.	Der buchführungspflichtige Unternehmer kann sich überlegen, ob er eine Inventur durchführt oder nicht. Er muss die Kosten und den Nutzen gegeneinander abwägen		×
10.	Der buchführungspflichtige Unternehmer ist gesetzlich verpflichtet, vor Erstellung von Bilanz und Gewinn- und Verlustrechnung eine Inventur durchzuführen	×	
11.	Freiberufler müssen sich nicht an die Vorgaben des Handelsgesetzbuches halten. Sie sind nicht verpflichtet, eine Bilanz zu erstellen und im Nachhinein eine Jahresabschlussanalyse durchzuführen	×	
12.	Die Finanzbehörden fordern stets eine ausführliche Jahresabschlussanalyse nach Erstellung von Bilanz und Gewinn- und Verlustrechnung		×
13.	Bilanz und Gewinn- und Verlustrechnung werden stets für ein Kalenderjahr erstellt. Abweichungen von dieser Regelung gibt es nicht		×
14.	Bilanz und Gewinn- und Verlustrechnung werden stets für ein Wirtschaftsjahr, welches nicht dem Kalenderjahr entspricht, erstellt. Abweichungen von dieser Regelung gibt es nicht		×
15.	Vorgaben zu Gewinnermittlungszeiträumen für Gewerbetreibende finden sich im § 4a EStG [4]	×	
16.	Die Buchführung kann auch für ein Rumpfwirtschaftsjahr erstellt werden	×	

(Fortsetzung)

Tab. 4.2 (Fortsetzung)

Nr.	Aussage	Richtig	Falsch
17.	Das Wirtschaftsjahr eines Freiberuflers entspricht stets dem Kalenderjahr	×	
18.	Für die Einnahmen-Überschuss-Rechnung muss ebenfalls beachtet werden, dass der Unternehmer eine Inventur zu erstellen hat		×
19.	Die Bilanz wird als Ergebnis der Buchführung erstellt. Sie beinhaltet alle Positionen des Inventars ohne Ausnahme	×	
20.	Die Bilanz wird als Ergebnis der Buchführung erstellt. Sie beinhaltet evtl. noch zusätzliche Positionen, die im Inventar nicht aufgeführt sind. Hierzu zählt z. B. der Aktive Rechnungsabgrenzungsposten	×	

Literatur

1. http://www.gesetze-im-internet.de/hgb/__240.html. Zugegriffen: 2. Okt. 2015
2. http://www.gesetze-im-internet.de/estg/__4.html. Zugegriffen: 5. Okt. 2015
3. http://www.gesetze-im-internet.de/estg/__11.html. Zugegriffen: 6. Nov. 2015
4. http://www.gesetze-im-internet.de/estg/__4a.html. Zugegriffen: 6. Nov. 2015

Buchungssätze, Kontenrahmen und Kontenplan 5

> **Zusammenfassung**
>
> Nachdem sich der erfolgreiche Einzelunternehmer Carlo Sommerweizen (Autohändler) einen Überblick hinsichtlich Aufgaben, Adressaten, rechtlichen Grundlagen und der stufenweise Abfolge von der Buchführung zur Bilanzierung verschafft hat, möchte er sich nun endlich mit der Buchführungstechnik auseinandersetzen. Hier eignet er sich zunächst das klassische Arbeiten mit T-Konten an. Mit einfachen oder zusammengesetzten Buchungssätzen kann er später z. B. grundlegende Sachverhalte seines Unternehmens in Büchern abbilden bzw. Buchungssätze deuten. Auch die Umsatzsteuer lässt er hierbei nicht außen vor. Kontenrahmen und Kontenpläne helfen ihm unterstützend bei der Auswahl von Kontennummern, die er für die praktische Umsetzung der Buchführung über das EDV-System benötigt. Alle neu erworbenen oder aufgefrischten Kenntnisse werden anhand zahlreicher Beispiele und Übungen gefestigt.

Nachdem im Kap. 4 die grundlegenden Schritte von der Buchführung zur Bilanzierung erläutert wurden, steht im Mittelpunkt dieses Kapitels die Darstellung der „Arbeitsmittel" zur Erstellung einer Buchführung.

Um alle betrieblichen Geschäftsvorfälle, wie zum Beispiel den Kauf einer Maschine oder den Verkauf von Waren buchhalterisch korrekt darstellen zu können, benötigen wir mindestens pro Geschäftsvorfall zwei (T-)*Konten*, eine Buchungsanweisung (genannt *Buchungssatz*), einen Betrag in Euro, der den Wert des Vorganges wiedergibt und die Regel „*Soll an Haben*".

Um die vorgenannten Punkte in eine sinnvolle und nachvollziehbare Reihenfolge zu bringen, werden sie zunächst im Einzelnen erläutert.

Doch zunächst wieder die wichtigsten Definitionen…

5.1 Wichtige Definitionen

Bilanz	Auswertung der Buchführung und Komponente des Jahresabschlusses auf den Bilanzstichtag
Buchungsliste	Zusammenfassung aller Buchungssätze in einer tabellarischen Aufstellung, die in das EDV-System eingepflegt werden
Buchungssatz	Anweisung zur Erfassung eines betrieblichen Geschäftsvorfalls
Doppik	Doppelte Buchführung in Konten (Kunstwort)
Einfacher Buchungssatz	Buchungssatz, welcher durch zwei Konten dargestellt werden kann
Einnahmen-Überschuss-Rechnung (EÜR)	Ergebnis der Aufzeichnungspflicht; Erstellung erfolgt nach § 11 EStG (Zufluss-/Abflussprinzip) [4]
Gewinn- und Verlustrechnung (GuV)	Unterkonto des Eigenkapitals und Komponente des Jahresabschlusses, die den betrieblichen Gewinn beziehungsweise Verlust ausweist
Haben	Bezeichnung der rechten Seite eines Kontos
Kontenplan	Auszug aus dem Kontenrahmen = individuell ausgewählte Konten für ein Unternehmen
Kontenrahmen	Summe aller möglichen (Standard-)Konten für einen Wirtschaftszweig; Beispiel SKR 03 und SKR 04
Kontensaldo	Differenz bei Abschluss eines Kontos
Kontensumme	jeweilige Summe auf der Soll- und auf der Habenseite eines Kontos, die auf beiden Seiten gleich hoch sein muss
Konto	Ort, auf dem ein Buchungssatz zur Darstellung eines betrieblichen Geschäftsvorfalls erfasst wird
Soll	Bezeichnung der linken Seite eines Kontos
Zusammengesetzter Buchungssatz	Buchungssatz, welcher durch mehr als 2 Konten abgebildet wird

5.2 T-Konten

Um einen Geschäftsvorfall buchhalterisch erfassen zu können, benötigt man Konten. Die Durchführung der Buchführungstechnik soll in diesem Lehrbuch mit Hilfe von T-Konten aufgezeigt werden.

5.2 T-Konten

Zunächst ist zu klären, warum ein Konto als „T-Konto" bezeichnet wird. Die Antwort hierauf ist recht einfach: das Konto heißt T-Konto, da es wie der Buchstabe „T" aus dem deutschen Alphabet aussieht.

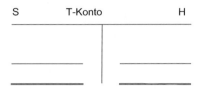

Die beiden Seiten des Kontos werden nicht mit *rechts* oder *links* bezeichnet, sondern mit *Soll* (linke Seite) und *Haben* (rechte Seite). Abgekürzt wird im Folgenden die Sollseite mit einem großen *S*, die Habenseite mit einem großen *H*.

▶ Merke: Die Bezeichnungen *Soll* und *Haben* sind historisch und wurden willkürlich gewählt. Sie haben nichts mit den Verben *sollen* oder *haben* zu tun!!

Auf jeder Seite eines Kontos werden unterhalb der erfassten Beträge sowohl auf der Soll- als auch auf der Habenseite *Kontensalden* ermittelt. Diese sind für Zwecke der Kontrolle bei Abschluss von Konten relevant. Die genaue Erläuterung hierzu erfolgt zu einem späteren Zeitpunkt Kap. 8 *Bestands-, Erfolgs- und Hilfskonten*.

Es gibt unterschiedliche Arten von Konten, die auch noch in den nachfolgenden Kapiteln näher erläutert werden.

Hier ein kurzer Überblick:

Es finden sich in der *Bilanz,* einer Komponente des Jahresabschlusses, sogenannte *Bestandskonten,* die wiederum in *Aktiv-* und *Passivkonten* unterteilt werden (siehe auch Abschn. 8.2 *Bestandskonten in der Bilanz*).

In der *Gewinn- und Verlustrechnung* werden hingegen *Erfolgskonten* ausgewiesen, die in *Aufwands-* und *Ertragskonten* unterschieden werden (siehe auch Abschn. 8.3 *Erfolgskonten in der Gewinn- und Verlustrechnung*).

Bei den *Hilfskonten* handelt es sich um solche Konten, die einen für die Buchführung unterstützenden Charakter haben. Sie dienen z. B. zur Erstellung eines Eröffnungs- und Schlussbuchungssatzes.

Um einen Buchungssatz buchhalterisch zu erfassen, benötigt man in der *Doppik* (Doppelte Buchführung in Konten) mindestens zwei Konten. Bei einem der beiden Konten wird der Buchungsbetrag auf der Sollseite erfasst, bei dem anderen auf der Habenseite (siehe auch Abschn. 5.3 *Buchungssätze*).

▶ Es gilt: **Sollkonto an Habenkonto** oder kurz gefasst: **Soll an Haben!!!**

5.3 Buchungssätze

Wie bereits im vorigen Abschnitt kurz dargestellt, werden betriebliche Geschäftsvorfälle in Form von Buchungssätzen in der betrieblichen Buchführung erfasst.

Jeder Buchungssatz benötigt mindestens zwei Konten; es können jedoch – zum Beispiel bei Berücksichtigung von Geschäftsvorfällen mit Umsatzsteuerpflicht – weitere Konten hinzukommen.

Der Buchungssatz selbst stellt eine Anweisung an einen sachverständigen Buchhalter dar, einen betrieblichen Geschäftsvorfall auf korrekte Konten zu erfassen. Diese werden aus dem individuellen Kontenplan entnommen (siehe auch Abschn. 5.4 *Kontenrahmen und Kontenplan*).

In der Praxis werden diese Konten von der jeweiligen Buchhaltungssoftware – je nach vorher erfolgter Festlegung in den Stammdaten – automatisch vorgeschlagen oder vom Nutzer der Software individuell ausgewählt und genutzt.

Man kann Buchungssätze in *einfache* oder *zusammengesetzte* Buchungssätze unterscheiden. Diese beiden Varianten werden in den nachfolgenden Kapiteln vorgestellt.

5.3.1 Der einfache Buchungssatz

Sommerweizen kann sich noch an seine Berufsschulzeit erinnern. Er nimmt seine damaligen Bücher zur Hand und überlegt sich zusätzlich Beispiele, die auch sein Unternehmen betreffen, um die Technik der Buchführung besser nachvollziehen zu können. Hinsichtlich des einfachen Buchungssatzes recherchiert er Folgendes:

Der *einfache Buchungssatz* ist dadurch geprägt, dass für die Erfassung eines Geschäftsvorfalls Nr. 1 nur zwei (T-)Konten benötigt werden. Der Betrag (z. B. 10.000,00 €) wird auf dem T-Konto A auf der Sollseite und auf dem T-Konto B auf der Habenseite gebucht. Um zu kennzeichnen, dass es sich um den Geschäftsvorfall Nr. 1 handelt, setzt man die Ordnungsnummer stets *links* vor den Buchungsbetrag im jeweiligen Konto.

▶ Merke: Bei der Bildung eines Buchungssatzes bucht man stets **SOLL an HABEN!!!**

Dies wird auf T-Konten wie folgt dargestellt:

S	Konto A	H	S	Konto B	H
1.	10.000,00€			1.	10.000,00€

Eine Buchungsliste (häufig vor Eingabe eines Geschäftsvorfalles in das EDV-System erstellt) beinhaltet zum Beispiel folgende Darstellung des vorgenannten Buchungssatzes:

Nr.	Soll	Haben	Betrag/€	Text
1	Konto A	Konto B	10.000,00	Geschäftsvorfall

Sommerweizen überträgt den Vorgang auf sein Unternehmen und überlegt sich, wie er zum Beispiel den Kauf eines Grundstücks per Banküberweisung buchhalterisch erfassen würde.

> **Beispiel: Der einfache Buchungssatz**
>
> 1. Geschäftsvorfall: Carlo Sommerweizen kauft ein (betriebliches) unbebautes Grundstück und zahlt per Banküberweisung (betriebliches Girokonto) 10.000,00 €.

Er stellt sich vor, dass Konto A bezeichnet man als Unbebautes „Grundstück", Konto B als „Bank". So ergibt sich bei einem Kaufpreis von 10.000,00 € folgende Darstellung:

S	Unbebautes Grundstück	H	S	Bank	H
1.	10.000,00 €			1.	10.000,00 €

Für die Buchungsliste ergäbe sich folgender Buchungssatz:

Nr.	Soll	Haben	Betrag/€	Text
1	Unb. Grundstück	Bank	10.000,00	Kauf Grundstück

Sommerweizen weiß, dass in das Buchführungssystem (EDV)-Kontennummern eingepflegt werden und keine Verbalbezeichnungen. Diese Kontennummern werden im Anschluss im Abschn. 5.4 *Kontenrahmen und Kontenplan* eingeführt.

5.3.2 Der zusammengesetzte Buchungssatz

Carlo Sommerweizen erinnert sich an seinen Schulunterricht, dass nicht jede Buchung nur aus zwei Konten bestehen muss. Für den Fall, dass er das Grundstück (Beispiel aus Abschn. 5.3.1 *Der einfache Buchungssatz*), mit 1000,00 € bar bezahlt und den Rest per Bank überweist, ergibt sich eine andere Darstellungsmöglichkeit des Buchungssatzes.

> **Beispiel: Der zusammengesetzte Buchungssatz**
>
> 1. Geschäftsvorfall (abgewandelt): Carlo Sommerweizen kauft ein (betriebliches) Grundstück und zahlt 1000,00 € bar (aus der betrieblichen Kasse) und den Restbetrag (9000,00 €) per Banküberweisung (betriebliches Girokonto).

Die Buchung auf T-Konten sieht wie folgt aus:

S	Unbebaute Grundstücke	H
1. 10.000,00 €		

S	Kasse	H
1. 1.000,00 €		

S	Bank	H
1. 9.000,00 €		

Die Buchungsanweisung in der Buchungsliste sieht hiernach wie folgt aus:

Nr.	Soll	Haben	Betrag/€	Text
1	Unb. Grundstücke		10.000,00	Kauf unbebautes Grundstück
		Kasse	1000,00	Baranteil Kauf Grundstück
		Bank	9000,00	Überweisung Kauf Grundstück

Natürlich kann man vorgenannten Sachverhalt auch in einfachen Buchungssätzen darstellen. Dieses ist in der Regel aber mit einem *höheren Arbeitsaufwand* verbunden und eher *praxisfern*. Daher entscheidet sich Sommerweizen, im Folgenden die praxisnahe Darstellung zu verwenden und mit zusammengesetzten Buchungssätzen zu arbeiten.

5.4 Kontenrahmen und Kontenplan

Sommerweizen liest sich auch kurz das Kapitel zu Kontenrahmen und Kontenplan durch, da er weiß, dass man auch hierin grundlegende Kenntnisse für die Zwecke der Buchführung benötigt.

5.4.1 Kontenrahmen

Carlo Sommerweizen kann sich noch an seinen Lehrer in der Berufsschule erinnern, welcher eine Unterscheidung zwischen Kontenrahmen und Kontenplan vornahm.

Der Kontenrahmen – so recherchiert der Unternehmer nochmal in seinen Unterlagen – ist ein Verzeichnis *aller Konten für einen Wirtschaftszweig*. Er beinhaltet in der Regel eine Vielzahl von Standardkonten, die das jeweilige Unternehmen im Rahmen seiner Buchführung nutzen kann.

Zum Beispiel können folgende Kontenrahmen unterschieden werden:

- Industriekontenrahmen (IKR)
- Gemeinschaftskontenrahmen der Industrie
- Spezialkontenrahmen (SKR 03)

5.4 Kontenrahmen und Kontenplan

- Spezialkontenrahmen (SKR 04)
- Kontenrahmen für Arztpraxen (SKR 81)
- Spezialkontenrahmen Kfz-Branche (SKR 51) und viele mehr

Der Kontenrahmen selbst, so recherchiert Sommerweizen weiter, kann nach zwei Prinzipien gegliedert werden. Entweder ist der Kontenrahmen nach dem *Prozessgliederungsprinzip* oder nach dem *Abschlussgliederungsprinzip* aufgebaut.

Für den Fall, dass der Kontenrahmen nach dem *Prozessgliederungsprinzip* aufgestellt ist, erfolgt die Gliederung desselben nach den Stufen des betrieblichen Leistungserstellungsprozesses: Beschaffung, Produktion und Absatz.

Beim *Abschlussgliederungsprinzip* orientiert sich die Darstellung am Aufbau von Bilanz (§ 266 HGB) bzw. von Gewinn- und Verlustrechnung (§ 275 HGB) [2].

Die nachfolgenden Darstellungen von Buchungssätzen basieren auf dem Spezialkontenrahmen SKR 03 (Aufbau nach Prozessgliederungsprinzip) [3]. Auf den Kontenrahmen des Groß- und Außenhandels bzw. dem Industriekontenrahmen wird hier nicht weiter eingegangen.

Aufbau eines Standardkontos

Bevor Sommerweizen sich mit den Ausführungen zum Kontenplan beschäftigt, schaut er sich zunächst den *Aufbau eines Standardkontos* an, die in einer sehr hohen Anzahl im jeweiligen Kontenrahmen zu finden sind.

Er weiß, dass jedes Standardkonto nach einem bestimmten System zusammengesetzt ist. Da er selbst im Rahmen seiner Buchführung den SKR 03 anwendet, widmet er sich im Folgenden auch nur einem Standardkonto aus diesem Kontenrahmen. Er wählt als Beispiel ein Konto aus dem Bereich des Anlagevermögens. Er weiß: hier werden alle Güter erfasst, die dazu bestimmt sind, dem Betrieb dauerhaft, das heißt länger als ein Jahr, für betriebliche Zwecke zur Verfügung zu stehen.

Da er als Autohändler auch Vorführwagen für den Kunden vor Ort hat, die er länger als ein Jahr in seinem Unternehmen behält, wählt er in diesem Zusammenhang das Konto „Pkw", welches im SKR 03 mit der Kontonummer 0320 ausgewiesen wird.

Sommerweizen recherchiert nun, was die vierstellige Ziffer im Kontenrahmen aussagt. Er kommt zu folgendem Ergebnis, nachdem er die Sachkontennummer 0320 wie folgt zerlegt:

0 (1. Ziffer)
Die erste Ziffer (0) gibt die *Kontenklasse* (Anlage- oder Kapitalkonto) an. Im vorliegenden Fall handelt es sich um ein Anlagenkonto, da der Pkw ja zum Anlagevermögen gehören soll.

3 (2. Ziffer)
Die zweite Ziffer (3) gibt Auskunft zur *Kontengruppe* (hier: Andere Anlagen- Betriebs- und Geschäftsausstattung).

2 (3. Ziffer)
Die dritte Ziffer (2) bezeichnet die *Kontenuntergruppe:* Pkw

0 (4. Ziffer)
Die vierte Ziffer (0) informiert über die *Kontenunterart.* So ist es beispielsweise üblich, jedem Pkw im Anlagevermögen ein eigenes Konto zuzuordnen.

Für Sommerweizen wäre es somit empfehlenswert, für das erste Fahrzeug seines Anlagevermögens das Konto 0321 zu wählen, beim zweiten Fahrzeug des Anlagevermögens das Konto 0322 usw., um bei nachfolgenden Fahrzeugen die von den *GoB* geforderte Übersicht innerhalb der Buchführung zu gewährleisten.

5.4.2 Kontenplan

Der *Kontenplan* stellt einen für das Unternehmen *individuellen Auszug* aus dem Kontenrahmen dar.

Sommerweizen wird aufgrund der Vielzahl und der Standardisierung nicht alle Konten des Kontenrahmens verwenden können und wollen. Vielmehr hat er auch die Absicht, bestimmte Konten individuell auf sein Unternehmen anzupassen. Dies geschieht zum Beispiel, indem er den Vorführwagen im Anlagevermögen einzelne Kontennummern zuordnet (0321, 0322, ...). Im SKR 03 findet er lediglich das Standardkonto 0320.

▶ Individuelle Konten dürfen nichts an der Aussagekraft der Buchführung verfälschen. Sie müssen weiterhin die Übersichtlichkeit und die sonstigen Grundsätze der ordnungsgemäßen Buchführung gewährleisten.

5.5 Buchungssatz mit Kontennummern

Wie bereits im vorigen Abschnitt erwähnt (Abschn. 5.3 *Buchungssätze*), können Buchungssätze *zu theoretischen Zwecken* verbal dargestellt werden. In der Praxis arbeitet man üblicherweise mit Kontennummern, die die Verbalbezeichnung ersetzen. Denn die Elektronischen Datenverarbeitungssysteme (EDV) sind nicht in der Lage, verbale Kontenbezeichnungen zu Auswertungen zu verarbeiten. Hierzu braucht es Ziffern: die Kontennummern.

Sommerweizen überlegt sich ein Praxisbeispiel zu einem Geschäftsvorfall, welches er im Anschluss auf T-Konten und in der Buchungsliste (verbal und mit jeweiliger Kontonummer) ausweisen möchte.

Er verwendet für die Auswahl der Konten den Spezialkontenrahmen 03 (kurz: SKR 03 [1]).

Nun zum Geschäftsvorfall:

5.5 Buchungssatz mit Kontennummern

Beispiel – 1. Geschäftsvorfall

Carlo Sommerweizen kauft ein (betriebliches) unbebautes Grundstück und zahlt 1000,00 € bar (aus der betrieblichen Kasse) und den Restbetrag (9000,00 €) per Banküberweisung (betriebliches Girokonto). Er übernimmt die Konten aus dem SKR 03.

Buchung nach SKR 03 Die Buchung auf T-Konten nach *SKR 03* sieht wie folgt aus:

S	Unb. Grundstücke (0065)	H		S	Kasse (1000)	H
1.	10.000,00 €			1.	1.000,00 €	

S	Bank (1200)	H
		1. 9.000,00 €

Die Buchungsanweisung in der Buchungsliste nach *SKR 03* wird wie folgt dargestellt:

Nr.	Soll	Haben	Betrag/€	Text
1	Unb. Grundstücke (0065)		10.000,00	Kauf eines unbebauten Grundstücks
		Kasse (1000)	1000,00	Baranteil Kauf Grundstück
		Bank (1200)	9000,00	Banküberweisung Kauf Grundstück

Sach- und Personenkonten

Carlo kann sich noch erinnern, dass zwischen Sach- und Personenkonten unterschieden werden muss. Er recherchiert in seinen Lehrbüchern und findet heraus.

▶ *Sachkonten* sind Bestands- und Erfolgskonten, also solche, die direkt in die Bilanz bzw. in die Gewinn- und Verlustrechnung eingehen. Diese bestehen (ohne Steuer- oder sonstige Schlüssel) in der Regel aus vier Ziffern (z. B. Pkw: 0320)

Hinsichtlich der Personenkonten trifft er auf folgende Definition:

▶ *Personenkonten* sind Konten, die die Kunden (Debitoren) bzw. die Lieferanten (Kreditoren) betreffen. Diese Konten werden auch als *Kontokorrentkonten* bezeichnet. Sie in der Regel bestehen aus fünf Ziffern (z. B. Kunde ABC: 11001).

Carlo Sommerweizen widmet sich nun weiteren Geschäftsvorfällen, die in der nachfolgenden Lernkontrolle behandelt werden. Denn er möchte in Kürze in der Lage sein, seine Buchführung selbst zu erstellen und auszuwerten.

5.6 Zusammenfassende Lernkontrolle

Im Folgenden werden zunächst mit Hilfe von Kontrollfragen die Inhalte des bisherigen Kapitels wiederholt. Hieran schließen sich Übungsaufgaben an, die das erworbene oder aufgefrischte Wissen vertiefen sollen.

5.6.1 Kontrollfragen

1. Wie viele Konten benötigt man im Rahmen der doppelten Buchführung mindestens, um einen betrieblichen Geschäftsvorfall in der Buchführung abzubilden?
2. Was bedeutet der Begriff *Doppik?*
3. Darf auch nach der Regel *Haben an Soll* gebucht werden?
4. Wodurch unterscheidet sich der zusammengesetzte Buchungssatz von der einfachen Buchungsanweisung?
5. Was ist ein Kontenrahmen? Nennen Sie zwei Beispiele.
6. Was versteht man unter einem Kontenplan?
7. Warum verwendet man in der (praxisnahen) Buchführung nicht die Verbalbezeichnung von Konten, sondern Kontennummern?

5.6.2 Lösungen zu den Kontrollfragen

1. Es werden mindestens zwei Konten zur Bildung eines Buchungssatzes benötigt.
2. Doppik steht für doppelte Buchführung in Konten.
3. Nein, es gilt stets die Buchungsregel *Soll an Haben*.
4. Beim zusammengesetzten Buchungssatz werden regelmäßig mehr als zwei Konten benötigt.
5. Der Kontenrahmen beinhaltet mögliche Standardkonten für einen speziellen Wirtschaftszweig. Beispiele: Industriekontenrahmen (IKR), Spezialkontenrahmen 03 (SKR 03)
6. Der Kontenplan ist unternehmensindividuell und stellt einen Auszug aus dem Kontenrahmen des entsprechenden Wirtschaftszweiges dar.
7. EDV-Systeme können keine Verbalbezeichnungen von Konten verarbeiten. Zur Eingabe von Buchungssätzen sind Kontennummern erforderlich.

5.6.3 Übungen

1. Nennen Sie (verbal) acht (Sach-)Konten, die Sie innerhalb einer Buchführung finden können. Schauen Sie hierzu auch in die Ihnen bekannten Kontenrahmen.

5.6 Zusammenfassende Lernkontrolle

2. Nennen Sie zu den Konten aus Nr. 1 die zugehörigen Kontennummern aus dem SKR 03.
3. Nennen Sie drei Geschäftsvorfälle, die man mit den vorgenannten Konten (Nr. 1 + 2) buchen kann.
4. Bilden Sie verbal die Buchungssätze für die Geschäftsvorfälle (ohne Beträge) für die von Ihnen gefundenen drei Beispiele aus Nr. 3. Verwenden Sie hierbei die Buchungsregel: Soll an Haben.
5. Bilden Sie die Buchungssätze aus Nr. 3+4 mit den Kontennummern aus dem SKR 03. Verwenden Sie auch hierbei die Buchungsregel: Soll an Haben.
6. Bilden Sie bitte zu nachfolgenden Geschäftsvorfällen die Buchungssätze und tragen Sie diese in die nachfolgende Buchungsliste ein.
   a) Kauf eines Pkw auf Ziel (30.000,00 €, ohne USt)
   b) Barkauf eines unbebauten Grundstückes in Höhe von 10.000,00 €
   c) Kunde zahlt Rechnung per Banküberweisung in Höhe von 1500,00 €
   d) Aufnahme eines Bankdarlehens in Höhe von 20.000,00 €
   e) Tilgung eines Darlehen (bar) in Höhe von 1000,00 €
   f) Bareinzahlung der Tageskasse auf das betriebliche Girokonto in Höhe von 50,00 €
   g) Unternehmer kauft ein Fachbuch und zahlt bar 119,00 € (ohne USt)

Nr..	Soll	Haben	Betrag/€	Text

7. Deuten Sie bitte die nachfolgenden (Teil-) Buchungssätze:
   a) Bank an Kasse
   b) Verb. aLuL an Bank
   c) Postbank an Ford.aLuL
   d) Kasse an Bank
   e) Warenbestand an Verb.aLuL
   f) Darlehen an Bank
   g) Darlehen an Kasse
8. Vervollständigen Sie bitte ausschließlich das vorgegebene Kassenkonto aufgrund der nachfolgenden Buchungssätze und ermitteln Sie den Endbestand, der in das Schlussbilanzkonto (SBK) übertragen werden soll. Der Anfangsbestand soll 13.000,00 € betragen.
   a) Kauf eines Pkw auf Ziel 30.000,00 € zzgl. 19 % USt
   b) Kauf eines unbebauten Grundstücks/Zahlung erfolgt in bar (10.000,00 €)
   c) Kunde zahlt Rechnung bar 1500,00 €
   d) Aufnahme eines Bankdarlehens in Höhe von 20.000,00 €
   e) Tilgung eines Darlehens bar 1000,00 €
   f) Bareinzahlung auf das betriebliche Girokonto 500,00 €
   g) Wir kaufen ein Fachbuch und zahlen bar 119,00 € (inkl. 7 % USt)

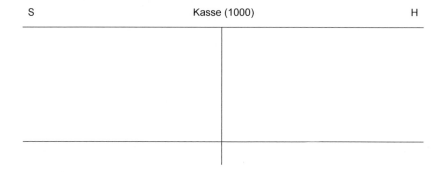

9. Richtig oder Falsch? Bitte kreuzen Sie korrekt an (siehe Tab. 5.1 *Richtig oder Falsch?* Kap. 5)

5.6.4 Lösungen zu den Übungen

1. Bank, Kasse, Pkw, Maschine, unbebaute Grundstücke, Geschäftsbauten, Forderungen u. v. m.
2. Bank (1200), Kasse (1000), Pkw (0320), Maschine (0210), unbebaute Grundstücke (0065), Geschäftsbauten (0090), Forderungen (1400) u. v. m.

5.6 Zusammenfassende Lernkontrolle

Tab. 5.1 Richtig oder Falsch? (Kap. 5)

Nr.	Aussage	Richtig	Falsch
1.	Ein T-Konto heißt so, weil es aussieht, wie der Buchstabe T aus dem deutschen Alphabet		
2.	Das T-Konto hat stets eine Aktiv- und Passivseite; die Bilanz unterscheidet zwischen Soll- und Habenseite		
3.	Der Buchungssatz ist eine Anweisung, einen betrieblichen Geschäftsvorfall ordnungsgemäß in der Buchführung zu erfassen		
4.	Ein Buchungssatz wird nach der Vorgabe „Soll an Haben" gebildet. In Ausnahmefällen (z. B. Stornobuchungen) ist auch „Haben an Soll" möglich		
5.	In der modernen EDV (Elektronische Datenverarbeitung) kann ein Buchungssatz nur mittels Kontennummern eingegeben werden		
6.	Die für die Praxis erforderlichen Kontennummern zur Eingabe von Buchungssätzen sind den Kontenplänen zu entnehmen. Diese sind für jedes Unternehmen gleich		
7.	Kontenrahmen sind branchenspezifische Zusammenstellungen von Kontennummern, die auch Freiräume für individuelle Konten beinhalten		
8.	Kontenpläne sind Extrakte (Auszüge) aus den branchenspezifischen Kontenrahmen. Jedes Unternehmen hat einen individuellen Kontenplan		
9.	Kontenpläne beinhalten sowohl Automatikkonten, als auch solche, denen keine automatische Berechnung von z. B. Umsatzsteuerbeträgen möglich ist		
10.	Der Kontenrahmen ist nach einem bestimmten System aufgebaut. Entweder nach dem Prozessgliederungsprinzip oder nach dem Abschlussgliederungsprinzip werden die Kontenrahmen gegliedert		
11.	Wenn man (auch nur geringfügig) von den Vorgaben des Kontenrahmens abweicht, obwohl das korrekte Ergebnis in GuV und Bilanz ausgewiesen wird, hat man mit hohen Geldstrafen zu rechnen		
12.	Ein zusammengesetzter Buchungssatz beinhaltet mindestens fünf Konten		
13.	Jeder Unternehmer, welcher Bücher führt, darf wählen, ob er einfache Buchungssätze erstellt oder zusammengesetzte Anweisungen		
14.	T-Konten benötigt man ausschließlich zur theoretischen Darstellung von Buchungsanweisungen. Die moderne Datenverarbeitungsanlage kann mit diesen Darstellungen nicht arbeiten		
15.	Zusammengesetzte Buchungssätze vermeiden, dass die Buchführung aufgrund zahlreicher einfachen Buchungssätze aufgebläht wird		
16.	Bei Einsatz einer elektronischen Datenverarbeitungsanlage (PC) ist der Buchungssatz immer nur per Kontennummer einzupflegen		
17.	Jeder Unternehmer ist verpflichtet, eine EDV-Anlage für Zwecke der Buchführung einzusetzen. Eine manuelle Erfassung aller betrieblichen Geschäftsvorfälle ist nicht erlaubt		

(Fortsetzung)

Tab. 5.1 (Fortsetzung)

Nr.	Aussage	Richtig	Falsch
18.	Das Anlegen von individuellen Konten ist in der Buchführung erlaubt, sofern die allgemeine Aussagekraft hierdurch nicht beeinträchtigt wird		
19.	Wenn der Buchhalter keine Ahnung von Buchungssätzen hat, kann er auch die Geschäftsvorfälle verbal in Form eines Berichtes darstellen		
20.	Der Gesetzgeber schreibt vor, dass ein buchführungspflichtiger Unternehmer stets zusammengesetzte Buchungssätze zu erstellen hat		

3. Beispiele: Kauf einer Maschine gegen Barzahlung, Kunde bezahlt die noch ausstehende Forderung auf unser Bankkonto, Verkauf eines unbebauten Grundstücks gegen Banküberweisung
4. Beispiele aus Nr. 3: Kauf einer Maschine gegen Barzahlung (Maschine an Kasse), Kunde bezahlt die noch ausstehende Forderung auf unser Bankkonto (Bank an Forderung), Verkauf eines unbebauten Grundstücks (Anlagevermögen) gegen Banküberweisung (Bank an unbebaute Grundstücke)
5. Beispiele aus Nr. 3+4: Kauf einer Maschine gegen Barzahlung (0210 an 1000), Kunde bezahlt die noch ausstehende Forderung auf unser Bankkonto (1200 an 1400), Verkauf eines unbebauten Grundstücks (Anlagevermögen) gegen Banküberweisung (1200 an 0065)
6. Folgende Buchungssätze können gebildet werden:

Nr.	Soll	Haben	Betrag/€	Text
a)	Pkw (0320)	Kreditor (70000)	30.000,00	Kauf eines Pkw
b)	Unb. Grundstück (0065)	Kasse (1000)	10.000,00	Barkauf Grundstück
c)	Bank (1200)	Ford.aLuL (10000)	1500,00	Ausgleich Rg. durch Kunden
d)	Bank (1200)	Darlehen (0640)	20.000,00	Darlehensaufnahme
e)	Darlehen (0640)	Kasse (1000)	1000,00	Bartilgung Darlehen
f)	Bank (1200)	Kasse (1000)	50,00	Bankeinzahlung
g)	Fachliteratur (4940)	Kasse (1000)	111,22	Fachbuch

7. Folgende Deutungen sind möglich:
   a) Bareinzahlung auf das betriebliche Bankkonto
   b) Ausgleich Eingangsrechnung per Banküberweisung
   c) Kunde gleicht Forderung per Postbankeinzahlung aus
   d) Bareinzahlung in die Kasse nach Abhebung vom betrieblichen Bankkonto
   e) Kauf von Waren auf Ziel (auf Rechnung)
   f) Darlehenstilgung per Banküberweisung
   g) Darlehenstilgung bar

5.6 Zusammenfassende Lernkontrolle

8. So sieht das Konto aus:

S	Kasse (1000)		H
AB	13.000,00€	b)	10.000,00€
c)	1.500,00€	e)	1.000,00€
		f)	500,00€
		g)	119,00€
		SBK	2.881,00€
	14.500,00€		14.500,00€

9. Folgende Antworten sind korrekt (siehe):

Tab. 5.2 Richtig oder Falsch? (Lösung Kap. 5, Tab. 5.2)

Nr.	Aussage	Richtig	Falsch
1.	Ein T-Konto heißt so, weil es aussieht, wie der Buchstabe T aus dem deutschen Alphabet	×	
2.	Das T-Konto hat stets eine Aktiv- und Passivseite; die Bilanz unterscheidet zwischen Soll- und Habenseite		×
3.	Der Buchungssatz ist eine Anweisung, einen betrieblichen Geschäftsvorfall ordnungsgemäß in der Buchführung zu erfassen	×	
4.	Ein Buchungssatz wird nach der Vorgabe „Soll an Haben" gebildet. In Ausnahmefällen (z. B. Stornobuchungen) ist auch „Haben an Soll" möglich		×
5.	In der modernen EDV (Elektronische Datenverarbeitung) kann ein Buchungssatz nur mittels Kontennummern eingegeben werden	×	
6.	Die für die Praxis erforderlichen Kontennummern zur Eingabe von Buchungssätzen sind den Kontenplänen zu entnehmen. Diese sind für jedes Unternehmen gleich		×
7.	Kontenrahmen sind branchenspezifische Zusammenstellungen von Kontennummern, die auch Freiräume für individuelle Konten beinhalten	×	
8.	Kontenpläne sind Extrakte (Auszüge) aus den branchenspezifischen Kontenrahmen. Jedes Unternehmen hat einen individuellen Kontenplan	×	
9.	Kontenpläne beinhalten sowohl Automatikkonten, als auch solche, denen keine automatische Berechnung von z. B. Umsatzsteuerbeträgen möglich ist	×	
10.	Der Kontenrahmen ist nach einem bestimmten System aufgebaut; entweder nach dem Prozessgliederungsprinzip oder nach dem Abschlussgliederungsprinzip werden die Kontenrahmen gegliedert	×	

(Fortsetzung)

Tab. 5.2 (Fortsetzung)

Nr.	Aussage	Richtig	Falsch
11.	Wenn man (auch nur geringfügig) von den Vorgaben des Kontenrahmens abweicht, obwohl das korrekte Ergebnis in GuV und Bilanz ausgewiesen wird, hat man mit hohen Geldstrafen zu rechnen		×
12.	Ein zusammengesetzter Buchungssatz beinhaltet mindestens fünf Konten		×
13.	Jeder Unternehmer, welcher Bücher führt, darf wählen, ob er einfache Buchungssätze erstellt oder zusammengesetzte Anweisungen	×	
14.	T-Konten benötigt man ausschließlich zur theoretischen Darstellung von Buchungsanweisungen. Die moderne Datenverarbeitungsanlage kann mit diesen Darstellungen nicht arbeiten	×	
15.	Zusammengesetzte Buchungssätze vermeiden, dass die Buchführung aufgrund zahlreicher einfacher Buchungssätze aufgebläht wird	×	
16.	Bei Einsatz einer elektronischen Datenverarbeitungsanlage (PC) ist der Buchungssatz immer nur per Kontennummer einzupflegen	×	
17.	Jeder Unternehmer ist verpflichtet, eine EDV-Anlage für Zwecke der Buchführung einzusetzen. Eine manuelle Erfassung aller betrieblichen Geschäftsvorfälle ist nicht erlaubt		×
18.	Das Anlegen von individuellen Konten ist in der Buchführung erlaubt, sofern die allgemeine Aussagekraft hierdurch nicht beeinträchtigt wird	×	
19.	Wenn der Buchhalter keine Ahnung von Buchungssätzen hat, kann er auch die Geschäftsvorfälle verbal in Form eines Berichtes darstellen		×
20.	Der Gesetzgeber schreibt vor, dass ein buchführungspflichtiger Unternehmer stets zusammengesetzte Buchungssätze zu erstellen hat		×

Literatur

1. http://www.gesetze-im-internet.de/hgb/__266.html. Zugegriffen: 4. Okt. 2015
2. http://www.gesetze-im-internet.de/hgb/__275.html. Zugegriffen: 4. Okt. 2015
3. http://www.datev.de/portal/ShowContent.do?pid=dpi&cid=73613. Zugegriffen: 4. Okt. 2015
4. http://www.gesetze-im-internet.de/estg/__11.html. Zugegriffen: 5. Okt. 2015

Inventur, Inventar und Bilanz

> **Zusammenfassung**
> Carlo Sommerweizen (Einzelunternehmer und erfolgreicher Autohändler) schaut sich nun die Zusammenhänge zwischen Inventur, Inventar und Bilanz an, nachdem er sich im letzten Kapitel mit der Technik der Buchführung auf theoretischer und teilweise praktischer Ebene vertraut gemacht hat. Neben relevanten Definitionen zu diesem komplexen Themenbereich studiert er einige mögliche Inventurarten, den Aufbau eines Inventars und schlussendlich die Zusammensetzung der Bilanz. Sein neu erworbenes bzw. aufgefrischtes Wissen festigt er durch zahlreiche Kontrollfragen und Übungen.

Im aktuellen Kapitel werden nochmal kurz die Zusammenhänge zwischen Inventur, Inventar und Bilanz dargestellt. Sommerweizen möchte hiermit einen besseren Einblick in die komplexe Materie erhalten, ohne sich hierbei zu sehr in die Details zu verlieren.

6.1 Wichtige Definitionen

Bilanzstichtag
Der Bilanzstichtag (auch Abschlussstichtag) ist der letzte Tag eines Wirtschaftsjahres, auf den die Bilanz als Stichtagsauswertung aufgestellt wird. In den meisten Fällen ist der 31.12. der Abschlussstichtag.

Inventar	Protokollliste und Ergebnis der Inventur (siehe auch § 240 HGB).
Inventur	Methode zur wert- und mengenmäßigen Erfassung aller Vermögensgegenstände und Schulden eines Unternehmens auf den Bilanzstichtag.

Jahresabschluss	Ergebnis der Buchhaltung bestehend mindestens aus Bilanz und Gewinn- und Verlustrechnung (GuV).
Reinvermögen (auch: Eigenkapital)	Differenz aus Vermögen abzüglich Schulden.
Rumpfwirtschaftsjahr	Das Rumpfwirtschaftsjahr beinhaltet einen Zeitraum von weniger als zwölf Monaten, für den der Unternehmer einen Jahresabschluss erstellt (z. B. 01.10.–31.12.). Dies ist u. a. dann gegeben, wenn der buchführungspflichtige Unternehmer seine selbständige Tätigkeit unterjährig aufnimmt und auf den 31.12. bilanziert.
Wirtschaftsjahr (auch: Geschäftsjahr)	Als Wirtschaftsjahr bezeichnet man den Zeitraum im Umfang von zwölf Monaten, für den der buchführungspflichtige Unternehmer regelmäßig einen Abschluss erstellt. In der Regel entspricht das Wirtschaftsjahr dem Kalenderjahr; bei im Handelsregister eingetragenen Kaufleuten ist ein abweichendes Wirtschaftsjahr im Sinne des § 4a EStG [5] möglich.

6.2 Inventur

Im aktuellen Kapitel werden einige grundlegende Informationen zur *Inventur* und einigen möglichen *Inventurarten* vorgestellt.

6.2.1 Allgemeine Anmerkungen

Die *Inventur* ist eine Methode zur Erfassung aller Vermögensgegenstände und Schulden zum Bilanzstichtag (zum Beispiel auf den 31.12.). Hierbei werden wert- und mengenmäßig alle Positionen innerhalb des Unternehmens erfasst und in einem Inventar (Protokollliste) ausgewiesen Abschn. 6.3 *Inventar*.

Die *Inventur* selbst bildet die (gesetzlich vorgegebene) Grundlage für die Erstellung eines Jahresabschlusses und verifiziert (bestätigt) die Bestände innerhalb des Unternehmens auf den Bilanzstichtag. Sie kann auf unterschiedliche Art und Weise vorgenommen werden Abschn. 6.2.2 *Inventurmethoden*.

6.2.2 Inventurmethoden

Bei den Inventurarten muss zunächst zwischen der *Vorgehensweise* und den möglichen *Methoden der Inventur* unterschieden werden[1].

6.2.2.1 Vorgehensweise bei der Inventur
Grundsätzlich kann man bei der gesetzlich vorgeschriebenen Inventur zwischen zwei unterschiedlichen Vorgehensweisen unterscheiden:

- Buchmäßige Bestandsaufnahme (auch: Buchinventur) und
- Körperliche Bestandsaufnahme (auch: körperliche Inventur)

Bei einer *Buchinventur* werden zum Beispiel die Endbestände von Forderungen (Ansprüche gegenüber Kunden) oder auch Verbindlichkeiten (Schulden bei Gläubigern) zum Bilanzstichtag per Beleg ermittelt. Eine körperliche Bestandsaufnahme ist hierbei in der Regel nicht möglich, da es sich nicht um körperlich greifbare (also materielle) Güter handelt.

> **Beispiel – Buchinventur**
> Carlo Sommerweizen benötigt für seinen Jahresabschluss den Endbestand seines Darlehens zur Finanzierung des Betriebsgebäudes zum 31.12.02. Diese Information hat sein Steuerberater Glaube angefordert. Sommerweizen bittet daraufhin seine Hausbank um Zusendung des Darlehen-Kontoauszuges per 31.12.02, aus dem der Endbestand seiner Schuld hervorgeht. Eine körperliche Bestandsaufnahme der Schuld ist nicht möglich.

Die *körperliche Bestandsaufnahme* beinhaltet die wert- und mengenmäßige Erfassung von materiellen Vermögensgegenständen. Durch Zählen, Messen oder Wiegen ermittelt man die erforderlichen Bestände, um diese im Anschluss im Inventar (Protokollliste) auszuweisen und in die Buchführung zu integrieren.

Die *körperliche Inventur* kann entweder vollständig durch Einzelbewertung oder stichprobenartig erfolgen. Die Einzelbewertung liefert sinnvolle und realitätsnahe Ergebnisse. So ist die Bewertung von materiellen Gütern wie Fuhrpark, Gebäude und Maschinen (alles Anlagevermögen) stets eine Einzelbewertung.

Die stichprobenartige Erfassung hingegen erfolgt zum Beispiel bei Massegütern, bei denen die Einzelbewertung entweder unmöglich oder unwirtschaftlich wäre. Beispiele für Massegüter wären Sand, Kies, Bims und ähnliches.

---

[1] In Anlehnung an: K. von Sicherer, *Bilanzierung im Handels- und Steuerrecht,* doi 10.1007/978-3-658-01105-5_2, Seite 27, Springer Fachmedien Wiesbaden 2013; Abruf am 09.10. 2015.

> **Beispiel – Vollständige körperliche Bestandsaufnahme von Vorratsvermögen**
> Carlo Sommerweizen lässt jedes Jahr an Silvester eine kleine Gruppe von Studierenden sein Vorratsvermögen in Form von verkäuflichen Handelswaren wie z. B. Motorenöl, Kühlmittel und Verbandskästen im Auto-Shop zählen. Die Bewertung der Güter und die Erfassung der Werte im Inventar erfolgt durch eine Mitarbeiterin in der Buchhaltung.

Sommerweizen überlegt und erkennt, dass auch er stichprobenartig Werte zum Bilanzstichtag ermittelt:

> **Beispiel – Stichprobenartige körperliche Bestandsaufnahme von Betriebsbedarf**
> Sommerweizen weiß, dass innerhalb seiner Werkstatt bestimmte Schraubensorten vorgehalten werden müssen, um spezielle Reparaturmaßnahmen an defekten Fahrzeugen durchführen zu können. Diese Schrauben sind in so großer Anzahl vorhanden, dass eine Einzelzählung und -bewertung absolut unwirtschaftlich wäre. So nimmt er die Möglichkeit in Anspruch, eine Stichprobe aus dem gesamten Schraubenbestand zu ziehen und diese Stichprobe auf den gesamten vorhandenen Bestand mathematisch korrekt hochzurechnen. Wichtig ist, dass der Wert, der am Ende im Inventar ausgewiesen und in der Buchhaltung erfasst wird, möglichst realistisch ist.

6.2.2.2 Methoden der Inventur
Nun schaut sich Carlo einige unterschiedliche Inventurmethoden an:

- Stichtagsinventur
- Zeitnahe Stichtagsinventur
- Permanente Inventur
- Zeitverschobene Inventur

Diese vorgenannten Verfahren dienen stets dazu, die Vermögengegenstände und Schulden zum Bilanzstichtag mengen- und wertmäßig zu ermitteln und sie im Anschluss im Inventar auszuweisen.

Die vorgenannten Inventurmethoden werden im Folgenden kurz dargestellt.

Stichtagsinventur
Die Stichtagsinventur findet ihre gesetzliche Regelung im § 240 (2) HGB, wie Sommerweizen im Internet recherchiert:

> **§ 240 HGB – Inventar**
>
> […]
> (2) Er hat demnächst für den Schluß eines jeden Geschäftsjahrs ein solches Inventar aufzustellen. Die Dauer des Geschäftsjahrs darf zwölf Monate nicht überschreiten.

6.2 Inventur

Die Aufstellung des Inventars ist innerhalb der einem ordnungsmäßigen Geschäftsgang entsprechenden Zeit zu bewirken. […] [1]

Hiernach müssen in der Regel zum *Bilanzstichtag* (z. B. 31.12.) die Werte aller Vermögensgegenstände und Schulden erfasst werden. Häufig wird das Geschäft oder der Betrieb am 31.12. geschlossen, damit potentielle Bestandsveränderungen in Kasse oder Lager unterbleiben, um die Inventurergebnisse nicht zu verzerren.

Beispiel – Stichtagsinventur
Sommerweizens Nachbar Horst Nelke ist Obsthändler mit einem kleinen Verkaufsladen. Da Herr Nelke seinen Betrieb als (buchführungspflichtiger) Istkaufmann führt, ist er auch verpflichtet, eine Inventur durchzuführen. Sein Geschäftsjahr entspricht dem Kalenderjahr. Er hat sich für die *Stichtagsinventur* entschieden und schließt an Silvester – also stets am 31.12. – seinen Laden, um in Ruhe die notwendigen Inventurarbeiten durchführen zu können.

Zeitnahe Stichtagsinventur
Carlo Sommerweizen hätte nun auch gerne gewusst, inwiefern die *zeitnahe Inventur* von der ursprünglichen Stichtagsinventur abweicht. Er findet bei der Internetrecherche heraus, dass die zeitnahe Stichtagsinventur eine Bestandsaufnahme darstellt, die bis zu *zehn Tage vor* beziehungsweise bis zu *zehn Tagen nach* dem eigentlichen Bilanzstichtag erfolgt.

▶ Bei Inventuren ist stets der Wert zum Bilanzstichtag maßgebend!

Das bedeutet, dass Zu- oder Abgänge zwischen Inventur- und Bilanzstichtag entsprechend hinzu- oder auf den Bilanzstichtag zurückgerechnet werden müssen. Das erklärt sich der wissbegierige Unternehmer nochmal anhand eines nachvollziehbaren Beispiels:

Beispiel – Zeitnahe Stichtagsinventur
Carlo Sommerweizen hat es in einem Jahr nicht geschafft, pünktlich auf den 31.12.02 eine Stichtagsinventur durchzuführen. Aufgrund der Weihnachtsferien fand er erst am 07.01.03 Zeit für diese Tätigkeit. Alle Zu- und Abgänge von Vermögensgegenständen und Schulden, welche zwischen dem 31.12.02 und dem 07.01.03 stattgefunden haben, mussten von Sommerweizen bzw. seinen Mitarbeitern in der Buchhaltung auf den 31.12.02 ab- oder hinzugerechnet werden.

Permanente Inventur
Bei der *permanenten Inventur* handelt es sich um eine Methode, bei der der Unternehmer zu jeder Zeit einen aktuellen Bestand abfragen kann, vorausgesetzt, die Daten werden entsprechend gepflegt.

> **Beispiel – Permanente Inventur**

Carlo Sommerweizen verfügt in seinem Betrieb über ein Warenwirtschaftssystem. Diese recht kostenintensive EDV-Lösung muss von den verantwortlichen Mitarbeitern seines Teams ständig gepflegt werden, damit die Zubehörteile in der Werkstatt zu dem Zeitpunkt verfügbar sind, zu dem sie für Reparaturzwecke benötigt werden. Sommerweizen kann zu jeder Zeit den aktuellen Lagerbestand abrufen. Dies ist für sinnvolle unternehmerische kaufmännische Entscheidungen unabdingbar.

Sommerweizen liest bei seinen Recherchen aber auch, dass die *permanente Inventur* nicht nur Vorteile (zum Beispiel tagesaktueller Abruf) mit sich bringt, sondern auch den Nachteil, dass einmal im Jahr eine körperliche Kontrolle der mit dieser Methode erfassten Güter durchgeführt und protokolliert werden muss.

▶ Bei einer *permanenten Inventur* ist einmal pro Jahr (an einem beliebigen Tag) eine körperliche Bestandsaufnahme durchzuführen und zu protokollieren.

Geregelt ist diese Inventurmethode, welche im Rahmen der *Inventurvereinfachungsverfahren* gesetzlich zulässig ist, in § 241 (2) HGB:

§ 241 HGB – Inventurvereinfachungsverfahren

[…]
(2) Bei der Aufstellung des Inventars für den Schluß eines Geschäftsjahrs bedarf es einer körperlichen Bestandsaufnahme der Vermögensgegenstände für diesen Zeitpunkt nicht, soweit durch Anwendung eines den Grundsätzen ordnungsmäßiger Buchführung entsprechenden anderen Verfahrens gesichert ist, daß der Bestand der Vermögensgegenstände nach Art, Menge und Wert auch ohne die körperliche Bestandsaufnahme für diesen Zeitpunkt festgestellt werden kann. […] [2]

Zeitverschobene Inventur

Die *zeitverschobene Inventur* kann *bis zu drei Monaten vor* dem Bilanzstichtag beziehungsweise *bis zu zwei Monate nach* dem Bilanzstichtag erfolgen. Auch hier besteht – wie bei der zeitnahen Stichtagsinventur – die Notwendigkeit der Hinzu- oder Rückrechnung auf den Bilanzstichtag im Falle von Zu- oder Abgängen von Vermögensgegenständen und Schulden.

Gesetzlich geregelt findet sich diese Inventurmethode in § 241 (3) HGB:

§ 241 HGB – Inventurvereinfachungsverfahren

[…]
(3) In dem Inventar für den Schluß eines Geschäftsjahrs brauchen Vermögensgegenstände nicht verzeichnet zu werden, wenn

1. der Kaufmann ihren Bestand auf Grund einer körperlichen Bestandsaufnahme oder auf Grund eines nach Absatz. 2 zulässigen anderen Verfahrens nach Art, Menge und Wert in einem besonderen Inventar verzeichnet hat, das für einen Tag innerhalb der letzten drei Monate vor oder der ersten beiden Monate nach dem Schluß des Geschäftsjahrs aufgestellt ist, und
2. auf Grund des besonderen Inventars durch Anwendung eines den Grundsätzen ordnungsmäßiger Buchführung entsprechenden Fortschreibungs- oder Rückrechnungsverfahrens gesichert ist, daß der am Schluß des Geschäftsjahrs vorhandene Bestand der Vermögensgegenstände für diesen Zeitpunkt ordnungsgemäß bewertet werden kann [2].

Sommerweizen denkt an seinen Nachbarn Horst Nelke, welcher im letzten Jahr – seinen Erzählungen zufolge – wohl auch eine *zeitverschobene Inventur* durchgeführt hat. Er erzählte ihm, dass er aus betrieblichen Gründen die Inventur auf das neue Jahr verschoben hat.

Aufgrund seiner Recherche weiß Sommerweizen, dass im geschilderten Fall eine Rückrechnung auf den Bilanzstichtag erforderlich ist, da es sich bei Nelkes Bestandsaufnahme um eine sogenannte *nachgelagerte Inventur* handelt. Folgende allgemeine Berechnung ist somit auf den Bilanzstichtag nach Tab. 6.1 *Nachgelagerte Inventur* erforderlich:

Beispiel – Zeitverschobene Inventur in Form der nachgelagerten Inventur
Horst Nelke (buchführungspflichtiger Einzelunternehmer) führt seine Inventur am 15.01.03 durch. Erstellt werden soll das Inventar zum 31.12.02. Nelke hat am 15.01.03 einen Wert im Vorratsbestand von 20.000,00 € ermittelt. Der Zugangswert zwischen Bilanzstichtag und Inventurstichtag beträgt 5000,00 €, der Abgangswert 2000,00 €. Nach vorgenannter allgemeiner Berechnung Tab. 6.1 *Nachgelagerte Inventur* ergibt sich der Wert zum Bilanzstichtag (31.12.02) in Höhe von 20.000,00 €./. 5000,00 € + 2000,00 € = 17.000,00 €. Nelke bestätigt Sommerweizen, dass er seinen Vorratsbestand in seinem Inventar und somit auch in seiner Schlussbilanz mit 17.000,00 € ausgewiesen hat.

Bei einer *vorgelagerten Inventur*, also einer Inventur vor dem Bilanzstichtag wäre folgende Berechnung erforderlich (siehe Tab. 6.2 *Vorgelagerte Inventur*):

Tab. 6.1 Nachgelagerte Inventur

	Wert am Stichtag der Inventur
./.	Zugang zwischen Bilanzstichtag und Inventurstichtag
+	Abgang zwischen Bilanzstichtag und Inventurstichtag
=	*Wert am Bilanzstichtag*

Tab. 6.2 Vorgelagerte Inventur

	Wert am Stichtag der Inventur
+	Zugang zwischen Inventurstichtag und Bilanzstichtag
./.	Abgang zwischen Inventurstichtag und Bilanzstichtag
=	*Wert am Bilanzstichtag*

Beispiel – Zeitverschobene Inventur in Form der vorgelagerten Inventur

Sommerweizen fragt im Rahmen seiner Recherche Uwe Meister (Motorradhändler und Carlos Freund). Er kann sich erinnern, dass dieser schon einmal die Inventur vor dem Bilanzstichtag durchgeführt hat. Meister wählte zum Inventurtag den 15.11.02. Die hier ermittelten Werte mussten im Anschluss auf den Endbestand zum Bilanzstichtag 31.12.02 hochgerechnet werden.

Folgende Daten hatte seinerzeit Freund Uwe in Bezug auf sein Vorratsvermögen (Zubehörteile) ermittelt: Wert zum 15.11.02 in Höhe von 230.000,00 €, Zugänge zwischen Inventurstichtag (15.11.02) und Bilanzstichtag (31.12.02) mit einem Wert von 20.000,00 € und Abgänge zwischen Inventur- und Bilanzstichtag in Höhe von 21.500,00 €.

Zu Übungszwecken errechnet Sommerweizen den Endbestand zum Bilanzstichtag aufgrund der Formel (siehe Tab. 6.2 *Vorgelagerte Inventur*): 230.000,00 € (Wert zum 15.11.02) zuzüglich Zugangswert im Zeitraum 15.11.02 bis 31.12.02 in Höhe von 20.000,00 € abzüglich Abgangswert in Höhe von insgesamt 21.500,00 € = **228.500,00 € (Bilanzstichtagswert zum 31.12.02).**

Dieser Wert bestätigt Uwe Meister und er erläutert ihm auch einige wichtige Dinge zum Thema Inventar, die im Folgenden nachgelesen werden können Abschn. 6.3 *Inventar*.

Carlo Sommerweizen hat nun – aus seiner Sicht – genügend Informationen zum Thema *Inventurarten* erworben und widmet sich nun dem Inventar als Ergebnis der Inventur.

6.3 Inventar

Uwe Meister, Carlos Freund und Einzelunternehmer gehört zur Gruppe der sehr genauen Unternehmer. Er erläutert ihm, dass er jedes Jahr eine Inventur durchführt, da er hierzu auch gesetzlich verpflichtet ist und die Ergebnisse im Anschluss in ein *Inventar* überträgt. Dieses *Inventar* ist eine Protokollliste, welche in Staffelform erstellt wird und alle Werte von Vermögensgegenständen und Schulden ausweist, die ein buchführungspflichtiger Unternehmer zum Bilanzstichtag hat.

Carlo kann mit dem Begriff *Staffelform* nichts anfangen. Er hat sich bisher um solche Dinge nie gekümmert; dies war stets Aufgabe von Buchhalter Milber, welcher aber nun leider einer anderen Beschäftigung nachgeht. Uwe Meister erklärt ihm, dass die Staffelform beim *Inventar* eine besondere Form der Darstellung ist. Es werden hierbei alle einzelnen Posten detailliert untereinander aufgeführt. Uwe Meister zeigt ihm ein Beispiel aus einem

6.3 Inventar

Lehrbuch (seine eigenen Daten möchte er auch nicht seinem Freund Carlo insgesamt preisgeben) und erklärt ihm vorab den Aufbau der sogenannten *Vorbilanz (Inventar):*

▶ Das *Inventar* – als Ergebnis der Inventur – besteht aus drei großen Teilbereichen, die untereinander aufgeführt werden:
   a) Vermögen (unterteilt in Anlage- und Umlaufvermögen)
   b) Schulden
   c) Reinvermögen (Ergebnis aus Vermögen abzüglich Schulden)

Nun schauen sich beide das Beispiel eines *Inventars* an, das wie folgt aussieht:

Tab. 6.3 Beispiel eines Inventars auf den 31.12.02 (Verkauf von Spezialschrauben)

				EUR	EUR
A.		**Vermögen**			
	I	**Anlagevermögen**			
		1.	Grundstücke unbebaut		50.000,00
		2.	Technische Anlagen und Maschine lt. Liste		120.000,00
		3	Fuhrpark		35.200,00
	II.	**Umlaufvermögen**			
		1.	Vorräte Handelswaren lt. Liste		21.320,00
		2.	Forderungen aus Lieferungen und Leistungen lt. Liste		3.870,00
		3.	Banken		
			a. Sparkasse Oberdümpeln	2.320,00	
			b. Deutsche Bank (Oberdümpeln)	23.500,00	25.820,00
		4.	Kasse		560,00
		Gesamtvermögen			**256.770,00**
B.		**Schulden**			
	I.	**Langfristige Schulden**			
		1.	Darlehen Sparkasse Oberdümpeln	25.300,00	
		2	Darlehen Volksbank Oberdümpeln	10.200,00	35.500,00
	II.	**Kurzfristige Schulden**			
		1.	Verbindlichkeiten aus Lieferungen und sonstigen Leistungen lt. Liste	5.620,00	
		2.	Verbindlichkeiten aus Lohn und Gehalt lt. Liste	3.870,00	9.490,00
		Gesamtschulden			**44.990,00**
C.		**Berechnung des Reinvermögens(Eigenkapital)**			
		Gesamtvermögen (A)			256.770,00
		./. Gesamtschulden (B)			44.990,00
		= Reinvermögen bzw. Eigenkapital (C)			**211.780,00**

Uwe Meister erläutert seinem Freund Carlo, dass innerhalb des *Inventars* Positionen sehr detailliert ausgewiesen werden. In der Bilanz – Endauswertung der Finanzbuchhaltung – werden die Inventurwerte dann im Anschluss zu Bilanzpositionen zusammengefasst Abschn. 6.4 *Bilanz*.

Des Weiteren weist Uwe Meister seinen Freund Carlo darauf hin, dass das Inventar stets vom Unternehmer (und nicht vom Auszubildenden!) nach Fertigstellung zu unterzeichnen und gemäß § 257 (1) i. V. m. § 257 (4) HGB zehn Jahre aufzubewahren ist:

§ 257 HGB – Aufbewahrung von Unterlagen. Aufbewahrungsfristen

(1) Jeder Kaufmann ist verpflichtet, die folgenden Unterlagen geordnet aufzubewahren:

1. Handelsbücher, Inventare, Eröffnungsbilanzen, [...]
(4) Die in Absatz. 1 Nr. 1 und 4 aufgeführten Unterlagen sind zehn Jahre [...] aufzubewahren. [...] [3]

Für die Erläuterung der einzelnen Fachbegriffe innerhalb des Inventars bittet Uwe seinen Freund Carlo um eigene Recherche, da er sich ja noch um sein Motorradgeschäft kümmern muss. Er drückt ihm das Lehrbuch „Grundlagen zur Buchführung" in die Hand und bittet ihn, sich die Definitionen durchzulesen. Derweil kümmert er sich um den nächsten Kaufinteressenten. Carlo ist natürlich sehr interessiert, da er weiß, dass dies auch für sein Unternehmen interessant und wichtig ist.

6.4 Bilanz

Nachdem unterschiedliche Inventurarten und auch das Inventar durch Carlo Sommerweizen thematisch aufgearbeitet wurde, konzentriert er sich nun auf die Endauswertung der Buchführung, der *Bilanz*.

6.4.1 Allgemeine Darstellung der Bilanz [4]

Der Begriff Bilanz (italienisch „bilancia" = Waage) ist neben der Gewinn- und Verlustrechnung eine Komponente des Jahresabschlusses, welche von buchführungspflichtigen Unternehmern jedes Jahr erstellt werden muss. Die Bilanz selbst ist hinsichtlich ihrer Gliederung im § 266 HGB kodifiziert, also im HGB erfasst.

Die Bilanz, welche in T-Konten-Form dargestellt wird, besteht aus zwei Seiten, der Vermögensseite (Aktiva) und der Kapitalseite (Passiva). Während die Vermögensseite Aufschluss darüber gibt, in welche Bereiche finanzielle Mittel investiert wurden (Investitionsseite), klärt die Kapitalseite darüber auf, woher die finanziellen Mittel stammen (Mittelherkunftsseite).

Stark vereinfacht kann die Bilanz in Anlehnung an die vorgenannte Gliederungsvorschrift des § 266 HGB [4] bzw. § 247 HGB [3] wie folgt dargestellt werden:

Aktiva		Bilanz zum 31.12.xx		Passiva
A.	Anlagevermögen		A.	Eigenkapital
	I. Immaterielle Vermögensgegenstände			
	II. Sachanlagen			
	III. Finanzanlagen		B.	Rückstellungen
B.	Umlaufvermögen			
	I. Vorräte			
	II. Forderungen und sonst. Vermögensgegenstände		C.	Verbindlichkeiten
	III. Wertpapiere			
	IV. Kasse, Bankguthaben, Schecks			
C.	Rechnungsabgrenzungsposten		D.	Rechnungsabgrenzungsposten
	Bilanzsumme			Bilanzsumme

▶ Die Bilanzsumme ist auf beiden Seiten immer gleich. Die Bilanz ist vergleichbar mit einer Waage.

Uwe Meister erklärt Carlo, dass die Bilanz eine sogenannte *Stichtagsauswertung* darstellt, die in T-Konten-Form zum Bilanzstichtag (z. B. 31.12.xx) aufgestellt wird.

▶ Die Bilanz muss stets vom buchführungspflichtigen Unternehmer bzw. von den persönlich haftenden Gesellschaftern unter Angabe des Datums unterzeichnet werden!

Meister zeigt Sommerweizen hierzu die vollständige gesetzliche Vorschrift im § 245 HGB:

§ 245 HGB – Unterzeichnung

Der Jahresabschluß ist vom Kaufmann unter Angabe des Datums zu unterzeichnen. Sind mehrere persönlich haftende Gesellschafter vorhanden, so haben sie alle zu unterzeichnen [6].

Sommerweizen hat sich bereits beim Thema Inventar einige wesentliche Definitionen von Fachbegriffen Abschn. 6.1 *Wichtige Definitionen* angeschaut. Damit er aber alles richtig versteht, lässt er sich diese nochmals ausführlich erklären.

Uwe Meister erklärt die Fachbegriffe nach Aufbau der Bilanz. Er startet auf der Aktivseite und erläutert im Anschluss die Positionen auf der Passivseite.

Im Vorfeld wiederholt er nochmal, dass die Aktivseite, die Vermögensseite der Bilanz, stets die Frage nach dem „Wohin?" beantwortet (also: Wohin gehen die finanziellen Mittel?). Die Passivseite beantwortet die Frage nach dem „Woher?" (also: Woher stammen die finanziellen Mittel zur Finanzierung des Vermögens?).

Nach diesen Vorabausführungen erklärt Uwe Meister seinem Freund Carlo nun kurz die einzelnen Positionen der Bilanz. Auf Details der Bilanzierung verzichtet der informierte Unternehmer Meister, da dieses ein komplexes Thema darstellt. Dieses möchte er Freund Carlo später erklären, wenn dieser die Grundlagen der Buchführung verinnerlicht hat.

Anlagevermögen

Zum *Anlagevermögen* gehören alle *Vermögensgegenstände,* das heißt Güter, die dazu bestimmt sind, dem Betrieb dauerhaft – also länger als ein Jahr – zu dienen. Diese Güter können materiell (körperlich greifbar und sichtbar) oder immateriell (also nicht körperlich und nicht sichtbar) sein. Das *Anlagevermögen* wird auf der Aktivseite der Bilanz oberhalb des Umlaufvermögens ausgewiesen.

> **Beispiele – Anlagevermögen**
> - materielle Güter: Maschinen, Fuhrpark, Gebäude, Betriebs- und Geschäftsausstattung
> - immaterielle Güter: Konzessionen, Geschäfts- oder Firmenwert

Umlaufvermögen

Zum *Umlaufvermögen* gehören alle Vermögensgegenstände, die dazu bestimmt sind, dem Betrieb nur vorübergehend, das heißt weniger als ein Jahr zur Verfügung stehen. Man könnte diesen Bereich auch wie folgt definieren: *Umlaufvermögen* ist im Rahmen des Vermögens alles, was nicht Anlagevermögen darstellt. Abgebildet wird das Umlaufvermögen ebenfalls auf der Aktivseite der Bilanz unterhalb des Anlagevermögens.

> **Beispiele – Umlaufvermögen**
> Vorräte an Handelswaren, Vorräte an Roh-, Hilfs- und Betriebsstoffen, Bank, Kasse

Rechnungsabgrenzungsposten

Die *Rechnungsabgrenzungsposten* sind auf der Aktiv- und Passivseite der Bilanz zu finden und dienen der periodengerechten Abgrenzung von Aufwendungen und Erträgen.

6.4 Bilanz

Je nachdem, wo diese Position zu finden ist, spricht man vom *Aktiven Rechnungsabgrenzungsposten (ARAP)* beziehungsweise vom *Passiven Rechnungsabgrenzungsposten (PRAP)*. Hierbei handelt es sich jeweils um eine Position innerhalb der Bilanz, die ausgewiesen werden muss, wenn Erträge beziehungsweise Aufwendungen zum nachfolgenden Wirtschaftsjahr gehören, die Zahlungen/Einnahmen hierfür aber im aktuellen Wirtschaftsjahr im Voraus geleistet wurden.

> **Beispiel – Rechnungsabgrenzungsposten**
>
> Auch hier gibt Uwe Meister ein Beispiel. Er wählt eines zum *Aktiven Rechnungsabgrenzungsposten* (ARAP): Die Zahlung der betrieblichen Kfz-Versicherung in Höhe von 1200,00 € erfolgt vom Unternehmer für einen Zeitraum von zwölf Monaten am 01.12.01 per Banküberweisung. Da aber für das laufende Geschäftsjahr (01.01.– 31.12.01) nur der Aufwand für den Dezember 01 (=100,00 €) berücksichtigt werden kann, müssen die restlichen 1100,00 € für die verbleibenden elf Monate (Januar bis November 02) aktiv abgegrenzt werden. Im neuen Jahr wird dieser Bilanzposten wieder aufgelöst und der Aufwand im neuen Jahr erfolgswirksam berücksichtigt.

Eigenkapital

Unter *Eigenkapital* (auch Reinvermögen genannt) ist das Kapital zu verstehen, welches von den Eigentümern eines Unternehmens diesem meist unbefristet zur Verfügung gestellt wird. Bei einem Einzelunternehmer und bei Personengesellschaften handelt es sich um ein variables Konto. Das Eigenkapital ergibt sich rechnerisch aus der Formel Vermögen abzüglich Schulden.

Es steht üblicherweise (sofern es dem Unternehmen wirtschaftlich gut geht) auf der Passivseite der Bilanz. Im Überschuldungsfall (Insolvenz) findet man diese Position auf der Aktivseite am unteren Ende. In dieser Situation übersteigt das Fremdkapital die Höhe des vorhandenen Vermögens. Auf stille Reserven geht Uwe Meister an dieser Stelle nicht weiter ein.

> **Beispiel – Eigenkapital**
>
> Uwe Meister möchte zu Übungszwecken von seinem Freund Carlo wissen, wie hoch das Eigenkapital in der Bilanz ausgewiesen wird, wenn das Umlaufvermögen 10.000,00 € und das Anlagevermögen 80.000,00 € beträgt. Die Summe des Fremdkapitals beläuft sich im vorliegenden Beispiel auf 20.000,00 €. Carlo rechnet nach und kommt zu folgendem Ergebnis: 80.000,00 € (Anlagevermögen) + 10.000,00 € (Umlaufvermögen)./. 20.000,00 € (Fremdkapital) = 70.000,00 € (Eigenkapital). Uwe bestätigt Carlo, dass er das Prinzip verstanden habe.

Rückstellungen

Zu den *Rückstellungen* gehören zukünftige Verbindlichkeiten, die aktuell zum Zeitpunkt des Bilanzstichtages nur dem Grunde nach, aber noch nicht nach Höhe und Fälligkeit bekannt sind. *Rückstellungen* sind nicht zu verwechseln mit den Rücklagen (Unterposition des Eigenkapitals bei Kapitalgesellschaften). Sie stehen auf der Passivseite der Bilanz unterhalb des Eigenkapitals, aber oberhalb der Verbindlichkeiten.

Beispiel – Rückstellung

Carlo überlegt, dass sein Steuerberater Glaube in den letzten beiden Jahren für die Erstellung des Jahresabschlusses (Autohaus) stets 3000,00 € zuzüglich 19 % Umsatzsteuer als Honorar erhalten hat. Hierfür bildete der Steuerberater in Sommerweizens Bilanz jedes Jahr eine sogenannte *Rückstellung,* die einem informierten Leser mitteilten, das Reiner Glaube für seine Dienstleistung in Bezug auf die Erstellung des Jahresabschlusses im Folgejahr voraussichtlich 3000,00 € netto fakturieren (also in Rechnung stellen) wird. Diese Rückstellungsbildung führte jeweils zu einem Aufwand im Berichtsjahr in Höhe von 3000,00 €, die den Gewinn schmälerten. Der Vorsteuerabzug hingegen war bei Rückstellungsbildung zum 31.12. jeweils noch nicht erlaubt, da die Rechnung nicht vorlag und die Leistung (Erstellung des Jahresabschlusses durch den Steuerberater) noch nicht erbracht worden war. Sobald im neuen Jahr Steuerberater Glaube den Jahresabschluss fertiggestellt hatte, schickte er Carlo eine Rechnung mit dem tatsächlichen Rechnungsbetrag (nun zuzüglich der Umsatzsteuer). Die Rückstellung wurde bei Rechnungseingang aufgelöst. Auf die detaillierte Vorgehensweise der Rückstellungsbildung und Auflösung geht Uwe Meister nicht ein, da dies seines Erachtens den Rahmen seiner Erläuterungen sprengen würde.

Verbindlichkeiten (Fremdkapital)

Sommerweizen möchte nun noch – um einen groben Überblick in Bezug auf die Bilanzgliederung zu erhalten – wissen, was es mit der Position *Verbindlichkeiten* innerhalb der Bilanz (Passivseite) auf sich hat. Uwe erklärt ihm geduldig, dass das Fremdkapital im Gegensatz zum Eigenkapital von Gläubigern (also fremden Dritten), wie zum Beispiel der Bank, aufgebracht wird. Für die Inanspruchnahme des Kapitals muss der Kapitalnehmer (also zum Beispiel Carlo) ein Entgelt – genannt Darlehenszins – an den Gläubiger (Bank) zahlen. Dieser Zins stellt in seiner Gewinn- und Verlustrechnung einen wertverzehrenden Aufwand dar und führt zu einer Erhöhung des Verlustes. Das Fremdkapital steht dem Unternehmer – ebenfalls anders als beim Eigenkapital – nur zeitlich befristet zur Verfügung. Es muss zwangsläufig an den Kreditgeber (zum Beispiel Bank) zurückgezahlt werden.

Beispiel – Fremdkapital

Carlo überlegt, dass er seinem Buchhalter Milber noch 1200,00 € Gehalt aus dem letzten Monat schuldet. Da Milber nicht mehr für ihn arbeitet, hat Carlo vergessen,

6.4 Bilanz

ihm dieses zu überweisen. Eine Rückfrage diesbezüglich, wann denn nun endlich das Restgehalt auf sein privates Konto überwiesen würde, kam vom Ex-Buchhalter Milber in den letzten zwei Wochen fast täglich. Leider hatte Carlo dies immer wieder vergessen. Heute überweist er ihm endlich die noch offenstehende Verbindlichkeit per Banküberweisung und bittet ihn telefonisch um Entschuldigung. Dies nimmt Milber gerne an.

Auf weitere Positionen der Bilanz geht Carlo Sommerweizen nicht weiter ein. Aber Uwe Meister hat noch einen wichtigen Hinweis für Freund Carlo:

▶ Besteht ein Buchungssatz ausschließlich aus Bestandskonten (Konten der Bilanz), findet *keine Ergebnisveränderung* statt.

6.4.2 Bilanzveränderungen

Carlo Sommerweizen kann sich noch daran erinnern, dass er in der Berufsschule zwischen unterschiedlichen Bilanzveränderungen unterscheiden sollte. Er recherchiert der Vollständigkeit halber nochmal in seinen Unterlagen aus Zeiten seiner Ausbildung.

Es gibt – damals wie heute – vier unterschiedliche Formen der Bilanzveränderungen:

- Aktiv-Tausch
- Passiv-Tausch
- Aktiv-Passiv-Mehrung
- Aktiv-Passiv-Minderung

Er wiederholt hierzu nochmal einige Beispiele, um die etwas angestaubten Kenntnisse wieder aufzufrischen.

Aktiv-Tausch
Bei einem *Aktiv-Tausch* werden aufgrund eines betrieblichen Geschäftsvorfalls mindestens zwei Positionen auf der Aktivseite (Vermögensseite) der Bilanz verändert. Mindestens eine Position wird betragsmäßig vermindert, mindestens eine andere wird erhöht. Das betriebliche Ergebnis wird hierdurch nicht beeinflusst.

> **Beispiel – Aktiv-Tausch**
> Sommerweizen kauft bar ein betriebliches Grundstück, welches zukünftig als Abstellplatz für alte Fahrzeuge genutzt werden soll. Es handelt sich bei diesem Geschäftsvorfall um einen Aktiv-Tausch. Das Konto „Grundstücke unbebaut" wird erhöht, das Konto „Kasse" wird reduziert. Die Bilanzsumme erfährt keine Änderung.

Passiv-Tausch

Im Rahmen eines *Passiv-Tausches* werden mindestens zwei Positionen auf der Passivseite (Kapitalseite) der Bilanz verändert. Auch hier wird mindestens eine Bilanzposition betragsmäßig erhöht, mindestens eine andere wird reduziert.

Beispiel – Passiv-Tausch

Sommerweizen nimmt zum Ausgleich einer Lieferantenverbindlichkeit (Lieferant Florian Gütlich) einen Kleinkredit in Höhe von 2380,00 € bei seiner Volksbank in Neustadt auf. Dieser Betrag wird umgehend auf das Konto des Lieferanten überwiesen.

Der Wert des Lieferantenkontos „Kreditor Florian Gütlich, Neustadt" wird betragsmäßig reduziert. Das Passivkonto „Darlehen Volksbank Neustadt" wird betragsmäßig erhöht.

Aktiv-Passiv-Mehrung (Bilanzverlängerung)

Bei einer *Aktiv-Passiv-Mehrung* wird sich betragsmäßig mindestens ein Aktivposten auf der Aktivseite der Bilanz verändern, auf der Passivseite mindestens ein Passivposten. Durch diese Veränderung der Bilanzpositionen, die auf jeder der beiden Bilanzseiten in gleicher Höhe erfolgen muss, wird die Bilanzsumme erhöht. Dieser Vorgang wird auch als *Bilanzverlängerung* bezeichnet.

Beispiel – Aktiv-Passiv-Mehrung

Sommerweizen nimmt bei seiner Hausbank (Volksbank Neustadt) einen weiteren Kleinkredit zur Überbrückung eines Liquiditätsengpasses auf. Das Konto „Bank" (hier: Girokonto Volksbank Neustadt) wird durch die Valutierung (Wertstellung) erhöht, das Passivkonto „Darlehen Volksbank Neustadt" wird betragsmäßig ebenfalls aufgestockt. Hier liegt eine *Aktiv-Passiv-Mehrung (Bilanzverlängerung)* vor.

Uwe Meister weist seinen Freund Carlo noch auf eine begriffliche Besonderheit hin:

▶ Es gibt keinen Aktiv-Passiv-Tausch!!

Nun schauen sich beide noch die letzte erfolgsneutrale Bilanzveränderung an: die Aktiv-Passiv-Minderung.

Aktiv-Passiv-Minderung (Bilanzverkürzung)

Bei einer *Aktiv-Passiv-Minderung* werden mindestens ein Posten auf der Aktivseite und ein Posten auf der Passivseite der Bilanz betragsmäßig reduziert. Es findet eine *Bilanzverkürzung* statt, das heißt, die Bilanzsumme wird auf beiden Seiten um den gleichen Betrag gemindert.

> **Beispiel – Aktiv-Passiv-Minderung**
>
> Sommerweizen überweist von seinem betrieblichen Girokonto den monatlichen Tilgungsbetrag für das Bankdarlehen bei der Sparkasse Neustadt. Das Girokonto weist ein Guthaben aus und befindet sich somit auf der Aktivseite der Bilanz.
> Im Rahmen der *Aktiv-Passiv-Minderung* wird das Konto „Bank (Volksbank Neustadt)" betragsmäßig reduziert. Ebenfalls wird das Passivkonto „Darlehen Sparkasse Neustadt" betragsmäßig gemindert.

Sommerweizen fühlt sich nun fit genug, um sich nach durchgearbeiteter Lernkontrolle kurz mit den Gewinnermittlungsmethoden zu beschäftigen.

6.5 Zusammenfassende Lernkontrolle

Im Folgenden werden zunächst mit Hilfe von Kontrollfragen die Inhalte des bisherigen Kapitels wiederholt. Die Lösungen hierzu dienen als Vorschläge zur Lösung dieser Fragen.
Hieran schließen sich Übungsaufgaben an, die das erworbene oder aufgefrischte Wissen vertiefen sollen.

6.5.1 Kontrollfragen

1. Was ist der Unterschied zwischen einer *Inventur* und einem *Inventar?*
2. Wird das Inventar in *Staffel-* oder *Kontenform* aufgestellt?
3. Nennen Sie bitte zwei mögliche *Inventurmethoden.*
4. Was ist das Besondere an der *permanenten Inventur?*
5. Was versteht man unter dem Begriff *Bilanz?*
6. Nennen Sie bitte die vier möglichen *Bilanzveränderungen.*
7. Was versteht man unter einer *Bilanzverkürzung?*
8. Nennen Sie bitte ein Beispiel zur *Aktiv-Passiv-Mehrung.*
9. Was passiert bei einer *Umschuldung?*
10. Ist das Konto „Bank" ausschließlich auf der Aktivseite der Bilanz zu finden oder besteht auch die Möglichkeit, dass es auf der Passivseite ausgewiesen wird?

6.5.2 Lösungen zu den Kontrollfragen

1. Bei einer *Inventur* handelt es sich um die Methode zur Erfassung aller Vermögensgegenstände und Schulden zum Bilanzstichtag. Das *Inventar* hingegen ist die Ergebnis-/Protokollliste der Inventur und beinhaltet alle Vermögensgegenstände und Schulden zum Bilanzstichtag.

2. Das Inventar wird in Staffelform aufgestellt.
3. Stichtagsinventur, permanente Inventur, zeitlich verlegte Inventur u. a.
4. Bei einer permanenten Inventur muss mindestens einmal im Jahr eine körperliche Bestandsaufnahme durchgeführt und protokolliert werden. Dieses dient der Bestätigung des tatsächlichen Bestandes (z. B. Vorratslager).
5. Die *Bilanz* (ital. bilancia = Waage) ist eine Gegenüberstellung von Vermögen und Schulden zum Bilanzstichtag. Neben der Gewinn- und Verlustrechnung (kurz: GuV) gehört sie zu den wesentlichen Komponenten eines Jahresabschlusses.
6. Aktiv-Tausch, Passiv-Tausch, Aktiv-Passiv-Mehrung, Aktiv-Passiv-Minderung
7. Die *Bilanzverkürzung* ist gleichzusetzen mit einer Aktiv-Passiv-Minderung.
8. Bsp.: Aufnahme eines Bankdarlehen bei gleichzeitiger Gutschrift (Valutierung) auf einem Bankkonto (Guthaben)
9. Bei einer *Umschuldung* wird ein Passivposten in der Bilanz betragsmäßig reduziert bei gleichzeitiger Erhöhung einer anderen passiven Bilanzposition. Es handelt sich hierbei um einen Passiv-Tausch ohne Ergebnisveränderung. Beispiel: Darlehen wird aufgenommen, um einen kurzfristigen Kontokorrentkredit auszugleichen.
10. Im Gegensatz zum Konto „Kasse" kann das Konto „Bank" sowohl Aktiv- als auch Passivkonto sein. Im Falle eines Guthabens (positiver Bankbestand) wird das Bankkonto auf der Aktivseite im Umlaufvermögen (unterhalb des Anlagevermögens) ausgewiesen. Weist das Konto jedoch einen negativen Bestand (Verbindlichkeit gegenüber dem Kreditinstitut) aus, so befindet es sich auf der Passivseite der Bilanz.

6.5.3 Übungen

1. Nennen Sie bitte *drei Unterschiede* zwischen Inventar und Bilanz.
2. Nennen Sie bitte *drei Gemeinsamkeiten* zwischen Inventar und Bilanz.
3. Welche *Bilanzveränderungen* erkennen Sie in den nachfolgenden Geschäftsvorfällen?
   – Tilgung eines betrieblichen Bankdarlehens aus der Geschäftskasse: 500,00 €
   – Tageseinnahmen aus der Kasse werden auf das betriebliche Girokonto (Guthaben) eingezahlt: 3000,00 €
   – Tageseinnahmen aus der Kasse werden auf das betriebliche Girokonto (negativer Kontenstand) eingezahlt: 3000,00 €
   – Kauf eines betrieblichen Grundstücks (Anlagevermögen) auf Ziel: 30.000,00 €
4. Bitte erstellen Sie zu jeder der vier *Bilanzveränderungen* je ein Beispiel
5. Bilden Sie die Buchungssätze zu den Geschäftsvorfällen aus Übung Nr. 3. Es sind keine Kontennummern zu verwenden, sondern lediglich die Verbalbezeichnungen der Konten.
6. Um welche Bilanzveränderungen handelt es sich im Folgenden? Unterscheiden Sie bitte zwischen Passiv-Tausch, Aktiv-Tausch, Aktiv-Passiv-Mehrung und Aktiv-Passiv-Minderung:

6.5 Zusammenfassende Lernkontrolle

a) Kauf einer Maschine in Höhe von netto 50.000,00 € auf Ziel
b) Zahlung einer Lieferantenverbindlichkeit durch Aufnahme eines (neuen) Bankdarlehens
c) Tausch eines Pkw gegen einen Lkw
d) Bareinzahlung in die Kasse von einem betrieblichen Girokonto bei der Sparkasse Neustadt

7. Richtig oder Falsch? Bitte entscheiden Sie sich für die korrekte Antwort durch Ankreuzen (siehe Tab. 6.4 *Richtig oder Falsch? (Kap. 6)*)

Tab. 6.4 Richtig oder Falsch? (Kap. 6)

Nr	Aussage	Richtig	Falsch
1.	Eine Inventur muss nicht durchgeführt werden, wenn der Unternehmer dies nicht möchte oder der Zeitplan dieses nicht zulässt		
2.	Die Inventur gibt es in verschiedenen Arten: z. B. permanente Inventuren, Stichproben-Inventuren und äquivalente Inventuren		
3.	Die Durchführung der Inventur ist gesetzlich vorgeschrieben, die Aufstellung und Aufbewahrung des Inventars ist jedoch freiwillig		
4.	Die Durchführung der Inventur muss protokolliert werden. Auch die Unterschrift des verantwortlichen Unternehmers/Gesellschafters gehört auf das Inventar		
5.	Das Inventar ist eine detaillierte Auflistung aller Vermögensgegenstände und Schulden zum Bilanzstichtag		
6.	Die Stichprobeninventur wird häufig angewandt bei Schüttgütern wie Kies oder Sand		
7.	Zu den Bilanzveränderungen gehören Aktiv-Tausch, Aktiv-Passiv-Tausch, Passiv-Tausch, Passiv-Aktiv-Tausch		
8.	Kauf eines privaten Grundstücks auf Ziel ist eine Aktiv-Passiv-Mehrung		
9.	Kauf einer betrieblichen Maschine auf Rechnung ist eine Aktiv-Passiv-Minderung		
10.	Kauf einer betrieblichen Maschine auf Rechnung ist eine Bilanzverlängerung (Aktiv-Passiv-Mehrung)		
11.	Die Umschuldung von kurzfristigen Verbindlichkeiten in ein mittelfristiges Darlehen ist ein Passiv-Tausch		
12.	Wenn eine Bareinzahlung vom Geschäftsbankkonto (negativer Bestand) erfolgt, liegt eine Aktiv-Passiv-Mehrung vor		
13.	Wenn eine Bareinzahlung vom Geschäftsbankkonto (positiver Bestand) erfolgt, liegt ein Aktiv-Tausch vor		
14.	Die Tilgung eines Bankdarlehens erfolgt bar. Es handelt sich um eine Aktiv-Passiv-Minderung (Bilanzverlängerung)		
15.	Die Darlehensvalutierung (Gutschrift) auf dem laufenden betrieblichen Girokonto ist eine Aktiv-Passiv-Mehrung		

(Fortsetzung)

Tab. 6.4 (Fortsetzung)

Nr	Aussage	Richtig	Falsch
16.	Eine Aktiv-Passiv-Mehrung hat keine Auswirkung auf die Bilanzsumme		
17.	Eine Aktiv-Passiv-Minderung ist gebunden an eine Erhöhung des Anlagevermögens		
18.	Bei einer zeitverschobenen Inventur dürfen die Bestände in der Bilanz auch noch nach zwei Jahren ermittelt werden		
19.	Bei einer äquivalenten Inventur darf die Erfassung der Endbestände von Vermögen und Schulden so erfolgen, wie der Unternehmer dies möchte. Alle Verfahren sind zugelassen		
20.	Inventuren müssen nicht erstellt werden, wenn die Finanzbehörde hierzu nicht auffordert		

6.5.4 Lösungen zu den Übungsaufgaben

1. Es können nachfolgende oder andere Lösungen gegeben werden:
   – Die Bilanz ist eine Komponente des Jahresabschlusses, das Inventar nicht.
   – Die Bilanz wird in Kontenform aufgestellt, das Inventar in Staffelform.
   – Die Bilanz enthält z. B. Rechnungsabgrenzungsposten und Rückstellungen, das Inventar nicht.
2. Es können nachfolgende oder andere Lösungen gegeben werden:
   – Beide werden auf den Bilanzstichtag (z. B. 31.12.xx) erstellt.
   – Beides ist gesetzlich vorgeschrieben.
   – Bilanz und Inventar müssten stets vom Unternehmer oder vom verantwortlichen Gesellschafter unterschrieben werden.
3. Nachfolgende Bilanzveränderungen sind festzustellen:
   – Aktiv-Passiv-Minderung (Bilanzverkürzung)
   – Aktiv-Tausch
   – Aktiv-Passiv-Minderung (Bilanzverkürzung)
   – Aktiv-Passiv-Mehrung
4. Keine Lösungsvorschläge, da individuelle Lösung gefragt ist
5. Buchungssätze zu den Geschäftsvorfällen der Übung Nr. 3:
   – Tilgung eines betrieblichen Bankdarlehens aus der Geschäftskasse: 500,00 €

Nr	Soll	Haben	Betrag/€	Text
1	Darlehen	Kasse	500,00	Tilgung Darlehen bar

   – Tageseinnahmen aus der Kasse werden auf das betriebliche Girokonto (Guthaben) eingezahlt: 3000,00 €

6.5 Zusammenfassende Lernkontrolle

Nr	Soll	Haben	Betrag/€	Text
2	Bank	Kasse	3000,00	Bareinzahlung auf Girokonto

– Tagesseinnahmen aus der Kasse werden auf das betriebliche Girokonto (negativer Kontenstand) eingezahlt: 3000,00 €

Nr	Soll	Haben	Betrag/€	Text
3	Bank	Kasse	3000,00	Bareinzahlung auf Girokonto

– Kauf eines betrieblichen Grundstücks (Anlagevermögen) auf Ziel: 30.000,00 €

Nr	Soll	Haben	Betrag/€	Text
4	Grund und Boden	Verb.aLuL	30.000,00	Kauf Grundstück auf Ziel

6. Folgende Lösungen zu den Bilanzveränderungen sind denkbar:
   a) Aktiv-Passiv-Mehrung (Bilanzverlängerung)
   b) Passiv-Tausch
   c) Aktiv-Tausch
   d) Aktiv-Tausch (bei einem Bankguthaben) und eine Aktiv-Passiv-Mehrung bei negativem Kontenstand
7. Folgende Antworten sind korrekt (siehe Tab. 6.5 *Richtig oder Falsch?* (*Lösung Kap. 6*)):

Tab. 6.5 Richtig oder Falsch? (Lösung Kap. 6)

Nr	Aussage	Richtig	Falsch
1.	Eine Inventur muss nicht durchgeführt werden, wenn der Unternehmer dies nicht möchte oder der Zeitplan dieses nicht zulässt		x
2.	Die Inventur gibt es in verschiedenen Arten: z. B. permanente Inventuren, Stichproben-Inventuren und äquivalente Inventuren		x
3.	Die Durchführung der Inventur ist gesetzlich vorgeschrieben, die Aufstellung und Aufbewahrung des Inventars ist jedoch freiwillig		x
4.	Die Durchführung der Inventur muss protokolliert werden. Auch die Unterschrift des verantwortlichen Unternehmers/Gesellschafters gehört auf das Inventar	x	
5.	Das Inventar ist eine detaillierte Auflistung aller Vermögensgegenstände und Schulden zum Bilanzstichtag	x	
6.	Die Stichprobeninventur wird häufig angewandt bei Schüttgütern wie Kies oder Sand	x	
7.	Zu den Bilanzveränderungen gehören Aktiv-Tausch, Aktiv-Passiv-Tausch, Passiv-Tausch, Passiv-Aktiv-Tausch		x

(Fortsetzung)

Tab. 6.5 (Fortsetzung)

Nr	Aussage	Richtig	Falsch
8.	Kauf eines privaten Grundstücks auf Ziel ist eine Aktiv-Passiv-Mehrung		x
9.	Kauf einer betrieblichen Maschine auf Rechnung ist eine Aktiv-Passiv-Minderung		x
10.	Kauf einer betrieblichen Maschine auf Rechnung ist eine Bilanzverlängerung (Aktiv-Passiv-Mehrung)	x	
11.	Die Umschuldung von kurzfristigen Verbindlichkeiten in ein mittelfristiges Darlehen ist ein Passiv-Tausch	x	
12.	Wenn eine Bareinzahlung in die Kasse vom Geschäftsbankkonto (negativer Bestand) erfolgt, liegt eine Aktiv-Passiv-Mehrung vor	x	
13.	Wenn eine Bareinzahlung vom Geschäftsbankkonto (positiver Bestand) erfolgt, liegt ein Aktiv-Tausch vor	x	
14.	Die Tilgung eines Bankdarlehens erfolgt bar. Es handelt sich um eine Aktiv-Passiv-Minderung (Bilanzverlängerung)		x
15.	Die Darlehensvalutierung (Gutschrift) auf dem laufenden betrieblichen Girokonto ist eine Aktiv-Passiv-Mehrung	x	
16.	Eine Aktiv-Passiv-Mehrung hat keine Auswirkung auf die Bilanzsumme		x
17.	Eine Aktiv-Passiv-Minderung ist gebunden an eine Erhöhung des Anlagevermögens		x
18.	Bei einer zeitverschobenen Inventur dürfen die Bestände in der Bilanz auch noch nach zwei Jahren ermittelt werden		x
19.	Bei einer äquivalenten Inventur darf die Erfassung der Endbestände von Vermögen und Schulden so erfolgen, wie der Unternehmer dies möchte. Alle Verfahren sind zugelassen		x
20.	Inventuren müssen nicht erstellt werden, wenn die Finanzbehörde hierzu nicht auffordert		x

Literatur

1. http://www.gesetze-im-internet.de/hgb/__240.html. Zugegriffen: 9. Okt. 2015
2. http://www.gesetze-im-internet.de/hgb/__241.html. Zugegriffen: 10. Okt. 2015
3. http://www.gesetze-im-internet.de/hgb/__257.html. Zugegriffen: 15. Okt. 2015
4. http://www.gesetze-im-internet.de/hgb/__266.html. Zugegriffen: 15. Okt. 2015
5. http://www.gesetze-im-internet.de/estg/__4a.html. Zugegriffen: 23. Okt. 2015
6. http://www.gesetze-im-internet.de/hgb/__245.html. Zugegriffen: 6. Nov. 2015

Gewinnermittlungsmethoden 7

> **Zusammenfassung**
>
> Im aktuellen Kapitel macht sich Carlo Sommerweizen (erfolgreicher Unternehmer) mit drei ausgewählten möglichen Gewinnermittlungsmethoden vertraut. Diese schaut er sich genau an, da er weiß, dass Unternehmer, die buchführungs- oder aufzeichnungspflichtig sind, mit Hilfe dieser Berechnungen das unternehmerische Ergebnis ermitteln, welches nicht nur zu Informationszwecken dient, sondern auch der Finanzbehörde als Besteuerungsgrundlage zur Verfügung gestellt wird. Sein neu erworbenes und auch das aufgefrischte Fachwissen festigt Carlo Sommerweizen anhand von zahlreichen Kontrollfragen und Übungen.

Carlo Sommerweizen weiß, dass er sich auch mit einigen Gewinnermittlungsmethoden auseinandersetzen muss, wenn er das externe Rechnungswesen verstehen möchte. Er hat gelernt, dass Unternehmen u. a. aufgrund ihrer betrieblichen Ergebnisse zur Steuer veranlagt werden. Betriebliche Ergebnisse sind Gewinne und Verluste, die ja bei Unternehmern unterschiedlich ermittelt werden können.

Da Sommerweizen zur Gruppe der buchführungspflichtigen Kaufleute zählt, die am Ende eines Wirtschaftsjahres eine Bilanz und eine Gewinn- und Verlustrechnung bei der Finanzbehörde abliefern müssen, ist für ihn der *Betriebsvermögensvergleich* relevant. In der Berufsschule hat er aber auch schon einmal etwas über die *Einnahmen-Überschuss-Rechnung* und auch über die *Schätzung* gehört. Über diese Gewinnermittlungsmethoden möchte er sich im Folgenden näher informieren. Er weiß, dass es noch weitere Möglichkeiten gibt, aber er beschränkt sich bei seinem Selbststudium auf die wesentlichen Methoden.

Zunächst stellt er, wie bei den übrigen Themen auch, die wichtigsten Definitionen zusammen. Im Anschluss beschäftigt er sich kurz mit den vier wesentlichen Begriffspaaren, die man zwingend kennen sollte, wenn man sich mit der komplexen Materie des Rechnungswesens auseinandersetzt. Abschließend wird sich Carlo Sommerweizen dann endlich den relevanten Gewinnermittlungsmethoden widmen.

7.1 Wichtige Definitionen

Aufwand	Werteverzehr des Unternehmens; Abbildung erfolgt in der Gewinn- und Verlustrechnung
Ausgaben	Minderung des Geldvermögens
Auszahlung	Minderung des Zahlungsmittelbestandes
Betriebsvermögensvergleich	auch: Eigenkapitalvergleich; Ergebnis der Buchführungspflicht
Einnahmen	Erhöhung des Geldvermögens
Einnahmen-Überschuss-Rechnung	auch: 4/3er-Rechnung; Ergebnis der Aufzeichnungspflicht
Einzahlungen	Erhöhung des Zahlungsmittelbestandes
Ertrag	Wertzuwachs des Unternehmens; Abbildung erfolgt in der Gewinn- und Verlustrechnung
Geldvermögen	Summe aus der Änderung des Zahlungsmittelbestandes zuzüglich Forderungen abzüglich Verbindlichkeiten
Gewinn- und Verlustrechnung (kurz: GuV)	Die Gewinn- und Verlustrechnung ist ein Unterkonto des Eigenkapitals. Erträge und Aufwendungen werden zur Ermittlung des Ergebnisses gegenübergestellt.
Gesamtvermögen	Summe aus der Änderung des Zahlungsmittelbestandes zuzüglich Forderungen abzüglich Verbindlichkeiten zuzüglich Änderung des Sachvermögens
Kosten	bewerteter Verbrauch an Produktionsfaktoren für den betrieblichen Leistungserstellungs- und verwertungsprozess; Begriff aus der Kosten- und Leistungsrechnung (internes Rechnungswesen)
Leistung	bewertete Wertzuwächse, die aus der Leistungserstellung und -verwertung resultieren; Begriff aus der Kosten- und Leistungsrechnung (internes Rechnungswesen)
Zahlungsmittelbestand	Bestand an Zahlungsmitteln in Kasse und Bank

7.2 Exkurs: Vier Begriffspaare des Rechnungswesens

Um das komplexe Gebiet des internen und externen Rechnungswesens besser zu verstehen und die relevanten Fachbegriffe auch im richtigen Kontext einsetzen zu können, beschäftigt sich der Autohausinhaber Sommerweizen mit den nachfolgenden vier relevanten Begriffspaaren des Rechnungswesens:

- Einzahlungen und Auszahlungen
- Einnahmen und Ausgaben
- Aufwand und Erträge
- Kosten und Leistungen

Diese Begriffspaare werden im Folgenden kurz dargestellt.

Einzahlungen und Auszahlungen
Bei den *Einzahlungen* und *Auszahlungen* handelt es sich um Veränderungen des Zahlungsmittelbestandes in Kasse und Bank.
 Es gilt folgende Gleichung:

▶ Einzahlungen ./. Auszahlungen = Veränderung des Zahlungsmittelbestandes (Änd. ZMB)

Hierzu überlegt sich Sommerweizen ein Beispiel:

Beispiele: Einzahlungen und Auszahlungen

a) Sommerweizen zahlt eine Tankrechnung bar in Höhe von 50,00 €.
Ergebnis:
 Hierbei handelt es sich um eine Auszahlung, da sich der Kassenbestand um 50,00 € vermindert.

Einz.	./.	Ausz.	=	Änd. ZMB
0,00 €	./.	50,00 €	=	./. 50,00 €

b) Ein Kunde des Autohauses Sommerweizen gleicht seine Forderung in Höhe von 100,00 € per Banküberweisung aus.
Ergebnis:
 Der Bankbestand von Sommerweizen wird erhöht. Es handelt sich um eine *Einzahlung*.

Einz.	./.	Ausz.	=	Änd. ZMB
100,00 €	./.	0,00 €	=	+100,00 €

Einnahmen und Ausgaben

Bei den Einnahmen und Ausgaben werden zusätzlich zur Veränderung des Zahlungsmittelbestandes auch die Veränderung von Forderungen und Verbindlichkeiten eines Unternehmens betrachtet. Insgesamt betrachtet man hier, so recherchiert Sommerweizen, die Veränderung des sogenannten Geldvermögens.

▶ (Einzahlungen./. Auszahlungen) + (Forderungen./. Verbindlichkeiten) = Änderung Geldvermögen (= Einnahme oder Ausgabe)

Beispiele: Einnahmen und Ausgaben

a) Sommerweizen zahlt eine Tankrechnung bar in Höhe von 50,00 €.
Ergebnis:
    Es handelt sich um eine *Auszahlung*, da der Kassenbestand um 50,00 € reduziert wird. Auch ist dieser Vorgang gleichzeitig eine *Ausgabe*, da insgesamt betrachtet, eine Veränderung des Geldvermögens erfolgt.

Einz.	./.	Ausz.	+	Ford.	./.	Verb.	=	Änd. GV
0,00 €	./.	50,00 €	+	0,00 €	./.	0,00 €	=	./. 50,00 €

b) Ein Kunde des Autohauses Sommerweizen gleicht seine Forderung in Höhe von 100,00 € per Banküberweisung aus.
Ergebnis:
    Es handelt sich, wie Sommerweizen schnell feststellt, um eine *Einzahlung* da eine Erhöhung des Bankbestandes erfolgt. Es liegt jedoch keine *Einnahme* vor, da durch den Ausgleich der Forderung keine Veränderung des Geldvermögens stattfindet.

Einz.	./.	Ausz.	+	Ford.	./.	Verb.	=	Änd. GV
100,00 €	./.	0,00 €	+	(− 100,00 €)	./.	0,00 €	=	0,00 €

Erträge und Aufwendungen

Dieses Begriffspaar findet Sommerweizen im Zusammenhang mit der Gewinn- und Verlustrechnung. Er liest, dass die *Erträge* (zum Beispiel die Erlöse eines Unternehmens) zum Wertzuwachs beitragen, die *Aufwendungen* (z. B. die Abschreibungen auf das Anlagevermögen) zur Wertminderung.

Zur Ermittlung des Reinvermögens ist hier folgende Formel anzuwenden:

▶ (Einzahlungen./. Auszahlungen) + (Forderungen./. Verbindlichkeiten) + SachV = Änd. Reinvermögen

Nun schaut sich Sommerweizen ein Beispiel hierzu an:

7.2 Exkurs: Vier Begriffspaare des Rechnungswesens

Beispiele: Erträge und Aufwendungen

Sommerweizen schaut sich seine beiden ausgewählten Beispiele aus den beiden vorigen Begriffspaaren an und versucht, die beiden Geschäftsvorfälle in die neue Gleichung zu übertragen und festzustellen, ob bei diesen beiden Vorgängen auch ein *Ertrag* bzw. ein *Aufwand* gegeben ist.

a) Sommerweizen zahlt eine Tankrechnung bar in Höhe von 50,00 €.
Ergebnis:
   Es handelt sich um eine *Auszahlung*, da der Zahlungsmittelbestand um 50,00 € reduziert wird. Gleichzeitig liegt eine *Ausgabe* vor, da auch das Geldvermögen (also Summe aus Zahlungsmittelbestand zuzüglich Forderungen und abzüglich Verbindlichkeiten) verändert wird. Schlussendlich liegt auch eine Änderung des Reinvermögens, also ein *Aufwand*, vor, wie die nachfolgende Gleichung zeigt:

Einz.	./.	Ausz.	+	Ford.	./.	Verb.	+	SachV	=	GesV
0,00 €	./.	50,00 €	+	0,00 €	./.	0,00 €	+	0,00 €	=	./. 50,00 €

Jetzt schaut sich Sommerweizen noch das zweite Beispiel hierzu an:
b) Ein Kunde des Autohauses Sommerweizen gleicht seine Forderung in Höhe von 100,00 € per Banküberweisung aus.
Ergebnis:
   Es handelt sich, wie Sommerweizen schnell feststellt, um eine *Einzahlung* da eine Erhöhung des Bankbestandes erfolgt. Es liegt jedoch keine *Einnahme* vor, da durch den Ausgleich der Forderung keine Veränderung des Geldvermögens stattfindet. Auch das Reinvermögen bleibt durch diesen Vorgang unverändert, daher liegt auch kein Ertrag vor.

Einz.	./.	Ausz.	+	Ford.	./.	Verb.	+	SachV	=	GesV
100,00 €	./.	0,00 €	+	(−100,00 €)	./.	0,00 €	+	0,00 €	=	0,00 €

Eigentlich ganz einfach, denkt Sommerweizen. Man muss sich nur die Formel merken.

Jetzt schaut sich der motivierte Autohausinhaber noch das letzte Begriffspaar, die Kosten und Leistungen an.

Kosten und Leistungen

Bei den *Kosten* und *Leistungen* handelt es sich im Gegensatz zu den Größen, die der Kosten- und Leistungsrechnung zuzurechnen sind. Diese spielen für Sommerweizen momentan keine wesentliche Rolle. Der Vollständigkeit halber liest er sich aber auch diese Definition noch durch. Er findet im ehemaligen Lehrbuch aus seiner Berufsschulzeit folgende Erläuterung:

Kosten stellen einen in Geld bewerteten Verbrauch an Produktionsfaktoren dar, die dem Betriebszweck dienen.

Leistungen hingegen sind in Geld bewertete Wertzuwächse, die aus der Leistungserstellung und –verwertung (also auch hier aus dem Betriebszweck heraus) resultieren.

Sommerweizen hält sich nicht allzu lange bei diesem Thema auf. Er ergänzt die Formel lt. Lehrbuchrecherche wie folgt:

▶   Änd. ZMB + Ford./. Verb. + SachV./. Vermögen neutral + Vermögen betriebsnotwendig

Gleichzeitig recherchiert er noch die Definition des neutralen und betriebsnotwendigen Vermögens.

Er findet heraus, dass das *neutrale Vermögen* alle Positionen erfasst, welche z. B. *nicht betriebsnotwendig* sind.

Ein Beispiel hierfür sieht Carlo im Kauf von Wertpapieren (Anlagegut), welche er als Autohändler nicht zwingend benötigt, um seine gewerbliche Tätigkeit ausüben zu können.

Betriebsnotwendiges Vermögen ist für Sommerweizen z. B. die Hebebühne in der Werkstatt, die für die Montage von Winterrädern nicht wegzudenken wäre. Diese Bühne gehört gleichzeitig zur Gruppe der sogenannten Betriebsvorrichtungen, wie ihm sein Steuerberater Glaube vor kurzem erklärte.

Nun überlegt sich Sommerweizen noch abschließend ein Beispiel jeweils zum Thema *Kosten und Leistungen*:

Beispiele: Kosten und Leistungen

a) Sommerweizen zahlt für eine Fremdleistung (Leistung eines speziell ausgebildeten Mechatronikers) 500,00 € bar. Das Geld entnimmt er der betrieblichen Kasse.

Ergebnis:

Es handelt sich bei diesem Beispiel um eine *Auszahlung* (Änderung des Zahlungsmittelbestandes), eine *Ausgabe* (Änderung Geldvermögen), einen *Aufwand* (Änderung Gesamtvermögen) und Kosten.

Einz.	./.	Ausz.	+	Ford.	./.	Verb.	+	SachV	./.	neutr. Verm.	+	Betr. notw. Verm.	=	Ergebnis
0,00 €	./.	500,00 €	+	0,00 €	./.	0,00 €	+	0,00 €	./.	0,00 €	+	0,00 €	=	./. 500,00 €

b) Sommerweizen lässt in seiner Werkstatt ein Auto für einen Kunden reparieren. Der Wert beläuft sich auf 300,00 €, die er dem Kunden in Rechnung stellt.

Ergebnis:
Es handelt sich bei diesem Beispiel um *keine Einzahlung* (keine Änderung des Zahlungsmittelbestandes), aber eine *Einnahme* (Erhöhung Geldvermögen), einen *Ertrag* (Änderung Gesamtvermögen) und eine *Leistung* (betriebliche Leistungserstellung).

Einz.	./.	Ausz.	+	Ford.	./.	Verb.	+	SachV	./.	neutr. Verm.	+	Betr. notw. Verm.	=	Ergebnis
0,00 €	./.	0,00 €	+	300,00 €	./.	0,00 €	+	0,00 €	./.	0,00 €	+	0,00 €	=	300,00 €

Jetzt glaubt Carlo Sommerweizen hinsichtlich der zu verwendenden Begrifflichkeiten hinreichend für die Technik der Buchführung gewappnet zu sein.

Er führt jetzt seine Recherche fort, indem er einen Termin mit seinem Steuerberater – Reiner Glaube – vereinbart und ihn zu den wesentlichen Gewinnermittlungsmethoden befragt. Sommerweizen weiß, dass er sich auch hier einen grundlegenden Überblick verschaffen sollte, um zu verstehen, warum beispielsweise eine Gewinn- und Verlustrechnung in der Regel nicht das gleiche Ergebnis ausweist, wie eine Einnahmen-Überschuss-Rechnung.

Doch dies lässt er sich ausführlich von seinem Steuerberater erläutern.

7.3 Betriebsvermögensvergleich nach § 4 und § 5 EStG

Reiner Glaube freut sich sehr über die Motivation seines Mandanten Sommerweizen, der sich vor einiger Zeit schon sehr intensiv mit der steuerlichen Materie im Rahmen eines Eigenstudiums gewidmet hatte.

Nun erläutert Glaube ihm einige wesentliche Gewinnermittlungsmethoden anhand der gesetzlichen Vorschriften.

Zunächst einmal erklärt er ihm, dass Sommerweizen als buchführungspflichtiger Unternehmer, für den die Befreiungsmöglichkeit zur Buchführung nach § 241a HGB nicht greift, einen Betriebs- oder Eigenkapitalvergleich durchzuführen habe.

Hierzu verweist er zunächst auf die zentrale Buchführungsvorschrift des § 238 HGB:

§ 238 HGB – Buchführungspflicht

(1) Jeder Kaufmann ist verpflichtet, Bücher zu führen und in diesen seine Handelsgeschäfte und die Lage seines Vermögens nach den Grundsätzen ordnungsmäßiger Buchführung ersichtlich zu machen. Die Buchführung muß so beschaffen sein, daß sie einem sachverständigen Dritten innerhalb angemessener Zeit einen Überblick über die Geschäftsvorfälle und über die Lage des Unternehmens vermitteln kann. [...] [2]

Der Betriebsvermögensvergleich ist eine im Einkommensteuergesetz geregelte steuerliche Gewinnermittlungsart.

Reiner Glaube zeigt seinem Mandanten Sommerweizen die relevanten Vorschriften. Er beginnt mit § 4 (1) S. 1 EStG [5], in dem die Definition des Betriebsvermögensvergleiches zu finden ist:

§ 4 EStG – Gewinnbegriff im Allgemeinen

(1) [1]Gewinn ist der Unterschiedsbetrag zwischen dem Betriebsvermögen am Schluss des Wirtschaftsjahres und dem Betriebsvermögen am Schluss des vorangegangenen Wirtschaftsjahres, vermehrt um den Wert der Entnahmen und vermindert um den Wert der Einlagen […] [5]

Glaube erklärt seinem Mandanten, dass das Betriebsvermögen auch durch den Begriff Eigenkapital ersetzt werden kann. Wie Sommerweizen bereits gelernt hat, ist das Eigenkapital ja nichts anderes als die Differenz von Vermögen und Schulden.

Beide entwickeln aufgrund des vorgenannten Gesetzestextes folgende Formel mit fiktiven, also erfundenen, Zahlenwerten für einen buchführungspflichtigen Einzelunternehmer (siehe Tab. 7.1 *Betriebsvermögensvergleich*):

Sommerweizen stellt Glaube nach Darstellung des Zahlenmaterials direkt die Frage, warum denn bei vorgenannter Berechnung die Privatentnahmen hinzugerechnet und die Privateinlagen abgezogen werden müssen. Er weiß, dass es im Gesetz so steht, aber er sieht keinen Sinn in dieser Vorschrift.

Profi Reiner Glaube erklärt ihm daraufhin, dass alle Privatentnahmen unterjährig sein betriebliches Eigenkapital reduziert hätten. Die Einlagen aus dem privaten Bereich haben hingegen sein Eigenkapital erhöht, ohne dass diese Erhöhung betrieblich veranlasst gewesen wäre. Beide Konten – also sowohl die Privatentnahmen als auch die Privateinlagen – sind Unterkonten des Eigenkapitals.

Da am Ende nur das betrieblich erwirtschaftete Ergebnis steuerliche Relevanz hat, sind die privaten Entnahmen und Einlagen, so hinzuzurechnen bzw. abzuziehen, als wenn diese Vorgänge nicht stattgefunden hätten. Denn es soll schließlich nur das tatsächlich unternehmerisch erwirtschaftete Ergebnis bei der Besteuerung berücksichtigt werden.

Tab. 7.1 Betriebsvermögensvergleich

	EUR
Eigenkapital zum 31.12.02	50.000,00
./. Eigenkapital zum 01.01.02	35.000,00
= Zwischensumme	15.000,00
+ Privatentnahmen	12.000,00
./. Privateinlagen	2.500,00
= Gewinn	**24.500,00**

7.3 Betriebsvermögensvergleich nach § 4 und § 5 EStG

So langsam kann Sommerweizen den Gedanken des Steuerberaters nachvollziehen. In der Berufsschule waren ihm Berechnungen dieser Art eher fremd. Aber nun, wo er selbst Unternehmer ist, sieht er gewisse Sachverhalte völlig anders.

In Bezug auf das eben gemeinsam erstellte Beispiel (Tab. 7.1) überlegt Sommerweizen, dass er – sofern er die 2500,00 € Privateinlagen nicht subtrahiert hätte – einen Gewinn von 27.000,00 € hätte versteuern müssen. Aber mit der Vorschrift des § 4 (1) EStG [5] wird gewährleistet, dass alle Privatgeschäfte das tatsächlich betrieblich erwirtschaftete Ergebnis nicht beeinflussen.

Tolle Sache, denkt Sommerweizen und fragt nun seinen Lehrmeister noch nach der Vorschrift des § 5 EStG [4]. Diesen hat er mal in der Berufsschule gehört, konnte aber wenig mit dieser Vorschrift anfangen.

Reiner Glaube zitiert § 5 (1) S. 1 EStG:

§ 5 EStG – Gewinn bei Kaufleuten und bei bestimmten anderen Gewerbetreibenden

(1) [1]Bei Gewerbetreibenden, die auf Grund gesetzlicher Vorschriften verpflichtet sind, Bücher zu führen und regelmäßig Abschlüsse zu machen, oder die ohne eine solche Verpflichtung Bücher führen und regelmäßig Abschlüsse machen, ist für den Schluss des Wirtschaftsjahres das Betriebsvermögen anzusetzen (§ 4 Absatz 1 Satz 1), das nach den handelsrechtlichen Grundsätzen ordnungsmäßiger Buchführung auszuweisen ist, es sei denn, im Rahmen der Ausübung eines steuerlichen Wahlrechts wird oder wurde ein anderer Ansatz gewählt […] [4]

Reiner Glaube weist darauf hin, dass vorgenannte gesetzliche Vorschrift auch für diejenigen Unternehmer gedacht ist, die sich freiwillig für die Buchführungspflicht entscheiden. Die Berechnung des Gewinns erfolgt – wie oben dargestellt – nach § 4 (1) EStG [5].

Es greift das sogenannte Maßgeblichkeitsprinzip: die Steuerbilanz basiert auf der Handelsbilanz, welche nach den Grundsätzen der ordnungsgemäßen Buchführung erstellt wurde (§ 5 (1) EStG)).

Zum Abschluss dieses Themas gibt Reiner Glaube seinem Mandanten Sommerweizen eine kleine Übungsaufgabe:

Beispiel – Betriebsvermögensvergleich

Sommerweizen soll aufgrund der nachfolgenden Daten das Ergebnis zum 31.12.02 errechnen.

  Eigenkapital am 31.12.02: 220.000 €
  Privateinlagen 02: 40.000 €
  Privatentnahmen 02: 30.000 €
  Eigenkapital 01.01.02: 115.000 €
Sommerweizen rechnet nach und kommt zu folgendem Ergebnis:

	EUR
Eigenkapital zum 31.12.02	220.000,00
./. Eigenkapital zum 01.01.02	115.000,00
= Zwischensumme	105.000,00
+ Privatentnahmen	30.000,00
./. Privateinlagen	40.000,00
= Gewinn	**95.000,00**

Reiner Glaube bestätigt das vorgenannte Ergebnis und ist zufrieden. Nun geht er über zur Einnahmen-Überschuss-Rechnung, die er Carlo Sommerweizen ebenfalls ausführlich anhand des Gesetzes erklärt.

7.4 Einnahmen-Überschuss-Rechnung nach § 4 (3) EStG

Die *Einnahmen-Überschuss-Rechnung (kurz: EÜR)* ist Ergebnis der sogenannten Aufzeichnungspflicht. In Fachkreisen wird sie auch häufig als 4/3-Rechnung bezeichnet, da die gesetzlichen Vorgaben im § 4 (3) EStG [5] zu finden sind.

Sie betrifft diejenigen Unternehmer, welche nicht per Gesetz zur Buchführung verpflichtet sind, sondern aus steuerlichen Gründen Aufzeichnungen erstellen müssen. Hierzu zählen in der Regel die Freiberufler, die Kleingewerbetreibenden und diejenigen Istkaufleute, welche sich nach § 241a HGB [8] von der Buchführungspflicht befreien lassen.

Reiner Glaube erläutert seinem Mandanten die Vorschrift des § 4 (3) EStG [5]:

§ 4 EStG – Gewinnbegriff im Allgemeinen

[…] (3) 1Steuerpflichtige, die nicht auf Grund gesetzlicher Vorschriften verpflichtet sind, Bücher zu führen und regelmäßig Abschlüsse zu machen, und die auch keine Bücher führen und keine Abschlüsse machen, können als Gewinn den Überschuss der Betriebseinnahmen über die Betriebsausgaben ansetzen […] [5]

Sommerweizen fragt Glaube nach der Bedeutung der Begrifflichkeiten „Betriebseinnahmen" und „Betriebsausgaben". Der Steuerberater beweist stets fundierte Gesetzeskenntnis und nennt die Fundstelle für die *Betriebsausgaben,* den § 4 (4) EStG [5]. Hier heißt es:

§ 4 EStG – Gewinnbegriff im Allgemeinen

[…] (4) Betriebsausgaben sind die Aufwendungen, die durch den Betrieb veranlasst sind. […] [5]

Zu den betrieblichen Ausgaben zählen beispielsweise Ausgaben für Bürobedarf, Energie- und Kfz-Kosten u. v. m.

Hinsichtlich der *Betriebseinnahmen* gibt es im Einkommensteuergesetz keine Legaldefinition, so Glaube. Hier ist der Umkehrschluss erforderlich, indem man bei *Betriebseinnahmen* von Einnahmen ausgeht, die betrieblich veranlasst sind. Beispiele hierfür sind betriebliche Zinserträge, Einnahmen aus dem Verkauf von Handelswaren sowie Einnahmen aus Provisionen.

Sommerweizen erinnert sich indes an den § 11 EStG [3], eine Vorschrift, die das Zufluss-/Abflussprinzip beinhaltet. Dieses Prinzip ist stets auf die EÜR anwendbar, allerdings nicht auf die Gewinn- und Verlustrechnung.

Sommerweizen und Steuerberater Glaube gehen gemeinsam vorgenannte Vorschrift durch:

§ 11 EStG

(1) 1Einnahmen sind innerhalb des Kalenderjahres bezogen, in dem sie dem Steuerpflichtigen zugeflossen sind. 2Regelmäßig wiederkehrende Einnahmen, die dem Steuerpflichtigen kurze Zeit vor Beginn oder kurze Zeit nach Beendigung des Kalenderjahres, zu dem sie wirtschaftlich gehören, zugeflossen sind, gelten als in diesem Kalenderjahr bezogen [...]

(2) 1Ausgaben sind für das Kalenderjahr abzusetzen, in dem sie geleistet worden sind. 2Für regelmäßig wiederkehrende Ausgaben gilt Absatz 1 Satz 2 entsprechend. [...] [3]

Gemäß dieser Vorschrift werden in den Einnahmen-Überschuss-Rechnungen keine zeitlichen Abgrenzungen vorgenommen. Es werden nur zahlungsrelevante Vorgänge abgebildet. Forderungen und Verbindlichkeiten werden nicht separat gebucht.

Kurz gefasst kann man die Einnahmen-Überschuss-Rechnung wie folgt darstellen:

Betriebseinnahmen./. Betriebsausgaben = Gewinn/Verlust

In diesem Zusammenhang weist Reiner Glaube seinen Mandanten darauf hin, dass grundsätzlich bei einer Einnahmen-Überschuss-Rechnung auch ein standardisiertes Formular (vgl. BMF, Anlage EÜR 2018) [4] ausgefüllt und an die zuständige Finanzbehörde elektronisch übermittelt werden müsse.

Diese Informationen genügen Sommerweizen zunächst einmal. Er kümmert sich nun noch um eine weitere Gewinnermittlungsmethode: die Schätzung.

7.5 Schätzung nach § 162 AO

Die *Schätzung* kann nicht vom Unternehmer selbst durchgeführt werden. Es ist strittig, ob sie den klassischen Gewinnermittlungsmethoden zuzuordnen ist. Trotzdem sei sie an dieser Stelle erwähnt.

Eine *Schätzung* kommt grundsätzlich in den Fällen in Betracht, wo die Grundsätze der ordnungsgemäßen Buchführung nicht oder nur zum Teil beachtet wurden. Sind Teile einer Buchhaltung nicht für steuerliche Zwecke nutzbar, so kann eine sogenannte *Teilschätzung* durch den Vertreter der Finanzbehörde vorgenommen werden.

Wurden sämtliche Vorgaben missachtet, so kann die Buchhaltung von der Finanzbehörde verworfen werden. Dies hat zur Folge, dass die Bemessungsgrundlage für Zwecke der Besteuerung geschätzt werden muss. In der Regel ist diese Art der Gewinnermittlung die für den Unternehmer unangenehmste Form der Ergebnisermittlung.

Auch im Gesetz ist sie zu finden:

§ 162 AO – Schätzung von Besteuerungsgrundlagen

(1) Soweit die Finanzbehörde die Besteuerungsgrundlagen nicht ermitteln oder berechnen kann, hat sie sie zu schätzen. Dabei sind alle Umstände zu berücksichtigen, die für die Schätzung von Bedeutung sind.

(2) Zu schätzen ist insbesondere dann, wenn der Steuerpflichtige über seine Angaben keine ausreichenden Aufklärungen zu geben vermag oder weitere Auskunft oder eine Versicherung an Eides statt verweigert oder seine Mitwirkungspflicht nach § 90 Abs. 2 verletzt. Das Gleiche gilt, wenn der Steuerpflichtige Bücher oder Aufzeichnungen, die er nach den Steuergesetzen zu führen hat, nicht vorlegen kann, wenn die Buchführung oder die Aufzeichnungen der Besteuerung nicht nach § 158 zugrunde gelegt werden oder wenn tatsächliche Anhaltspunkte für die Unrichtigkeit oder Unvollständigkeit der vom Steuerpflichtigen gemachten Angaben zu steuerpflichtigen Einnahmen oder Betriebsvermögensmehrungen bestehen und der Steuerpflichtige die Zustimmung nach § 93 Abs. 7 Satz 1 Nr. 5 [10] nicht erteilt. [...] [7]

Sommerweizen hofft, dass er von dieser Gewinnermittlungsmethode verschont bleibt. Er festigt nun sein neu erworbenes Wissen durch die nachfolgende zusammenfassende Lernkontrolle und den Übungen.

7.6 Zusammenfassende Lernkontrolle

Im Folgenden werden zunächst mit Hilfe von Kontrollfragen die Inhalte des bisherigen Kapitels wiederholt. Hieran schließen sich Übungsaufgaben an, die das erworbene oder aufgefrischte Wissen vertiefen sollen.

7.6.1 Kontrollfragen

1. Nennen Sie die vier *Begriffspaare*, die das Rechnungswesen kennt.
2. Wo finden Sie das Begriffspaar *Erträge* und *Aufwendungen?*
3. Wo finden Sie im Gesetz den *Betriebsvermögensvergleich*?
4. Wie nennt man die Einnahmen-Überschuss-Rechnung noch?
5. In welchen Fällen wird eine Schätzung, z. B. in Form einer Teilschätzung, durchgeführt?
6. Wo findet man im Gesetz das Zufluss-/Abflussprinzip, nachdem die Einnahmen-Überschuss-Rechnung erstellt wird?

7.6 Zusammenfassende Lernkontrolle

7. Wie nennt man den Betriebsvermögensvergleich auch noch?
8. Welche Unternehmer können sich von der Buchführungspflicht nach § 241a HGB [8] befreien lassen?
9. Können sich auch Kapitalgesellschaften (z. B. AG) nach § 241a HGB [8] von der Buchführungspflicht befreien lassen?
10. Welche Unternehmer haben nichts mit dem HGB und der Buchführungspflicht zu tun?

7.6.2 Lösungen zu den Kontrollfragen

1. Einzahlungen/Auszahlungen, Einnahmen/Ausgaben, Erträge/Aufwendungen, Leistungen/Kosten
2. Gewinn- und Verlustrechnung
3. § 4 (1) [5] und § 5 (1) EStG [4]
4. 4/3er-Rechnung
5. Eine Teilschätzung wird vom Vertreter der Finanzbehörde dann durchgeführt, wenn Teilbereiche der Buchführung z. B. sachlich schwerwiegende Mängel aufweist, die dann somit für steuerliche Zwecke unbrauchbar ist.
6. § 11 EStG [3]
7. Eigenkapitalvergleich
8. Einzelkaufleute, welche die im § 241a HGB [8] genannten Grenzen nicht überschreiten.
9. Nein, § 241a HGB [8] gilt nur für Einzelkaufleute.
10. Freiberufler; diese Gruppe der Unternehmer sind aufzeichnungspflichtig.

7.6.3 Übungen

1. Bitte ordnen Sie die nachfolgenden Geschäftsvorfälle den jeweiligen Begriffspaaren (Einzahlungen/Auszahlungen, Einnahmen/Ausgaben, Erträge/Aufwendungen, Leistungen/Kosten) zu.
    a) Barzahlung Porto
    b) Eingangsrechnung Wartungsarbeiten für betriebliche Maschine
    c) Erbringung einer Reparaturleistung durch Sommerweizens Werkstatt gegen Barzahlung
2. Nennen Sie ein Beispiel für einen Aufwand, welcher weder Auszahlung noch Ausgabe ist.
3. Nennen Sie ein Beispiel für eine Einnahme, die auch Ertrag und Leistung ist.
4. Erstellen Sie ein Zahlenbeispiel für einen Betriebsvermögensvergleich nach § 4 (1) EStG [5].
5. Erstellen Sie ein Zahlenbeispiel für eine Einnahmen-Überschuss-Rechnung nach § 4 (3) EStG [5].
6. Richtig oder Falsch? Bitte kreuzen Sie korrekt an (siehe Tab. 7.2 *Richtig oder Falsch? (Kap. 7)*).

Tab. 7.2 Richtig oder Falsch? (Kap. 7)

Nr	Aussage	Richtig	Falsch
1.	Der Betriebsvermögensvergleich ist gleichzusetzen mit dem Eigenkapitalvergleich. Man findet die gesetzliche Regelung hierzu im § 4 (3) EStG		
2.	Alle Unternehmer, die einen Gewerbebetrieb führen, sind verpflichtet, einen Betriebsvermögensvergleich zu erstellen		
3.	Alle Unternehmer, die keinen Betriebsvermögensvergleich durchführen, sind verpflichtet zur Aufzeichnung aller steuerlich relevanten Vorgänge		
4.	Das Ergebnis der Aufzeichnungspflicht ist die Einnahmen-Überschuss-Rechnung. Diese Art der Gewinnermittlungsmethode ist geregelt im § 5 EStG		
5.	Das Ergebnis der Aufzeichnungspflicht ist die Einnahmen-Überschuss-Rechnung. Diese Art der Gewinnermittlungsmethode ist geregelt im § 4 (3) EStG		
6.	Die Schätzung im Sinne des § 162 AO ist ebenfalls eine Gewinnermittlungsmethode, die allerdings nicht durch den Unternehmer durchgeführt werden darf		
7.	Die Einnahmen-Überschuss-Rechnung ist auch als 4/3er-Rechnung bekannt		
8.	Die Einnahmen-Überschuss-Rechnung basiert auf dem Zufluss-/Abfluss-Prinzip nach § 11 UStG		
9.	Die Einnahmen-Überschuss-Rechnung basiert auf dem Zufluss-/Abfluss-Prinzip nach § 11 EStG		
10.	Ein Formkaufmann kann sich auch gegen die Buchführungspflicht entscheiden (§ 241a HGB)		
11.	Diejenigen Unternehmer, welche sich gegen die Buchführungspflicht entscheiden, haben die Pflicht zur Aufzeichnung		
12.	Beim Betriebsvermögensvergleich gilt das Zufluss-Abfluss-Prinzip nicht		
13.	Ein Freiberufler darf sich freiwillig für die Buchführungspflicht und somit für den Betriebsvermögensvergleich entscheiden		
14.	Ein Freiberufler darf sich freiwillig für die Schätzung und gegen die Aufzeichnung entscheiden. Die Schätzung des betrieblichen Ergebnisses erfolgt durch ihn selbst		
15.	Alle Gewinnermittlungsmethoden werden regelmäßig (alle zwei Jahre) von den Unternehmen gewechselt		
16.	Einzahlungen sind Erhöhungen von Bank und Kassenbeständen		
17.	Einzahlungen sind ausschließlich Erhöhungen von Forderungen		
18.	Auszahlungen finden immer mit der Wertminderung von Anlagegütern statt		
19.	Eine Abschreibung führt immer zu einer Ausgabe		
20.	Eine Abschreibung stellt einen Aufwand dar		

7.6.4 Lösungen zu den Übungsaufgaben

1. Die Geschäftsvorfälle werden wie folgt zugeordnet:
   a) Auszahlung, Ausgabe, Aufwand
   b) Ausgabe, Aufwand, Kosten
   c) Einzahlung, Einnahme, Ertrag, Leistung
2. Beispiel: Abschreibung auf Anlagevermögen
3. Beispiel: Ausstellen einer Ausgangsrechnung an Kunden für eine erbrachte Dienstleistung
4. Lösung nicht vorgegeben; zum Vergleich siehe Abschn. 7.3 *Betriebsvermögensvergleich nach § 4 und § 5 EStG*
5. Lösung nicht vorgegeben; zum Vergleich siehe Abschn. 7.4 *Einnahmen-Überschuss-Rechnung nach § 4 (3) EStG*
6. Folgende Lösungsmöglichkeiten sind denkbar (siehe Tab. 7.3 *Richtig oder Falsch? (Lösung Kap. 7))*:

Tab. 7.3 Richtig oder Falsch? (Lösung Kap. 7)

Nr	Aussage	Richtig	Falsch
1.	Der Betriebsvermögensvergleich ist gleichzusetzen mit dem Eigenkapitalvergleich. Man findet die gesetzliche Regelung hierzu im § 4 (3) EStG		×
2.	Alle Unternehmer, die einen Gewerbebetrieb führen, sind verpflichtet, einen Betriebsvermögensvergleich zu erstellen		×
3.	Alle Unternehmer, die keinen Betriebsvermögensvergleich durchführen, sind zur Aufzeichnung aller steuerlich relevanten Vorgänge verpflichtet	×	
4.	Das Ergebnis der Aufzeichnungspflicht ist die Einnahmen-Überschuss-Rechnung. Diese Art der Gewinnermittlungsmethode ist geregelt im § 5 EStG		×
5.	Das Ergebnis der Aufzeichnungspflicht ist die Einnahmen-Überschuss-Rechnung. Diese Art der Gewinnermittlungsmethode ist geregelt im § 4 (3) EStG	×	
6.	Die Schätzung im Sinne des § 162 AO ist ebenfalls eine Gewinnermittlungsmethode, die allerdings nicht durch den Unternehmer durchgeführt werden darf	×	
7.	Die Einnahmen-Überschuss-Rechnung ist auch als 4/3er-Rechnung bekannt	×	
8.	Die Einnahmen-Überschuss-Rechnung basiert auf dem Zufluss-/Abfluss-Prinzip nach § 11 UStG		×
9.	Die Einnahmen-Überschuss-Rechnung basiert auf dem Zufluss-/Abfluss-Prinzip nach § 11 EStG	×	

(Fortsetzung)

Tab. 7.3 (Fortsetzung)

Nr	Aussage	Richtig	Falsch
10.	Ein Formkaufmann kann sich auch gegen die Buchführungspflicht entscheiden (§ 241a HGB)		×
11.	Diejenigen Unternehmer, welche sich gegen die Buchführungspflicht entscheiden, haben die Pflicht zur Aufzeichnung	×	
12.	Beim Betriebsvermögensvergleich gilt das Zufluss-Abfluss-Prinzip nicht	×	
13.	Ein Freiberufler darf sich freiwillig für die Buchführungspflicht und somit für den Betriebsvermögensvergleich entscheiden	×	
14.	Ein Freiberufler darf sich freiwillig für die Schätzung und gegen die Aufzeichnung entscheiden. Die Schätzung des betrieblichen Ergebnisses erfolgt durch ihn selbst		×
15.	Alle Gewinnermittlungsmethoden werden regelmäßig (alle zwei Jahre) von den Unternehmen gewechselt		×
16.	Einzahlungen sind Erhöhungen von Bank und Kassenbeständen	×	
17.	Einzahlungen sind ausschließlich Erhöhungen von Forderungen		×
18.	Auszahlungen finden immer mit der Wertminderung von Anlagegütern statt		×
19.	Eine Abschreibung führt immer zu einer Ausgabe		×
20.	Eine Abschreibung stellt einen Aufwand dar	×	

Literatur

1. http://www.gesetze-im-internet.de/hgb/__245.html. Zugegriffen: 6. Nov. 2015
2. http://www.gesetze-im-internet.de/hgb/__238.html. Zugegriffen: 25. Okt. 2015
3. http://www.gesetze-im-internet.de/estg/__11.html. Zugegriffen: 25. Okt. 2015
4. http://www.gesetze-im-internet.de/estg/__5.html. Zugegriffen: 25. Okt. 2015
5. http://www.gesetze-im-internet.de/estg/__4.html. Zugegriffen: 25. Okt. 2015
6. BMF; Standardisierte Einnahmenüberschussrechnung nach § 60 Absatz 4 EStDV; Anlage EÜR 2018; Schreiben vom 17. Oktober 2018; https://www.bundesfinanzministerium.de/Content/DE/Downloads/BMF_Schreiben/Steuerarten/Einkommensteuer/2018-10-17-Anlage-EUER-2018.html. Zugegriffen: 14. Juli 2019
7. http://www.gesetze-im-internet.de/ao_1977/__162.html. Zugegriffen: 25. Okt. 2015
8. http://www.gesetze-im-internet.de/hgb/__241a.html. Zugegriffen: 25. Okt. 2015
9. http://www.gesetze-im-internet.de/ao_1977/__90.html. Zugegriffen: 9. Okt. 2015
10. http://www.gesetze-im-internet.de/ao_1977/__93.html. Zugegriffen: 9. Nov. 2015

8 Bestands-, Erfolgs- und Hilfskonten

> **Zusammenfassung**
>
> Im Rahmen dieses Lehrabschnitts schaut sich Carlo Sommerweizen (erfolgreicher Autohändler) die unterschiedlichen Kontenarten an, die in der Buchführung eine bedeutende Rolle spielen. Hierzu zählen die Bestandskonten in der Bilanz, die Erfolgskonten der Gewinn- und Verlustrechnung sowie die Hilfskonten (Eröffnungs- und Schlussbilanzkonten), die in der Praxis eher unsichtbar sind. Sie stellen bei der elektronischen Erfassung der Buchungsanweisungen ein Teil des internen Prozesses dar, der für den Buchhalter in der Regel nicht offensichtlich ist. Sowohl der Abschluss vorgenannter Konten als auch das übrige neu erworbene und aufgefrischte Fachwissen werden von Carlo Sommerweizen durch zahlreiche Kontrollfragen und Übungen gefestigt.

Nun möchte sich Sommerweizen endlich mit der Technik der Buchführung auseinandersetzen. Zuvor informiert er sich über die unterschiedlichen Kontenarten. Zu diesen zählen die Bestandskonten, die Konten in der Bilanz. Hiernach sieht er sich die Buchungsvorgänge auf den Erfolgskonten an und zuletzt wagt er noch einen Blick auf die Hilfskonten, die besonders in der Theorie eine wichtige Rolle spielen.

8.1 Wichtige Definitionen

Aktivkonten	Konten auf der (linken) Vermögensseite der Bilanz
Aufwandskonten	Konten in der Gewinn- und Verlustrechnung, welche den Wertezehr eines Unternehmens wiedergeben.
Bestandskonten	Konten in der Bilanz; Aufteilung in Aktiv- und Passivkonten

Eröffnungsbilanzkonto (EBK)	Hilfskonto zur Vervollständigung von Buchungssätzen bei Eröffnung von Bestandskonten zu Beginn eines Wirtschaftsjahres
Ertragskonten	Konten in der Gewinn- und Verlustrechnung, welche den Wertezuwachs eines Unternehmens wiedergeben
Hilfskonten	siehe Eröffnungsbilanzkonto (EBK) und Schlussbilanzkonto (SBK)
Passivkonten	Konten auf der (rechten) Kapitalseite der Bilanz
Schlussbilanzkonto (SBK)	Hilfskonto zu Vervollständigung von Buchungssätzen bei Abschluss der Bestandskonten am Ende eines Wirtschaftsjahres

8.2 Bestandskonten in der Bilanz

Wie Sommerweizen bereits gelernt hat (Abschn. 6.4 *Bilanz*) handelt es sich bei den Konten in der Bilanz um sogenannte *Bestandskonten*, die in Aktiv- und Bestandskonten zu unterteilen sind. Der motivierte Autohändler startet noch einmal ausführlich mit der Betrachtung der Aktivkonten.

8.2.1 Aktivkonten

Aktivkonten sind Konten auf der linken Seite der Bilanz. Diese Seite wird auch als Vermögens- oder Investitionsseite bezeichnet.

Ein Aktivkonto sieht wie folgt aus (Abb. 8.1):

Die linke Seite des T-Kontos wird – wie bereits von Sommerweizen im Vorfeld recherchiert – als Sollseite, die rechte Seite des T-Kontos als Habenseite ausgewiesen.

Bei einem *Aktivkonto* werden die Anfangsbestände (also die Endbestände der letzten Schlussbilanz als Ausgangsbasis für das neue Wirtschaftsjahr) auf der Sollseite gebucht. Auch die Zugänge werden ebenfalls bei *Aktivkonten* auf der Sollseite unterhalb des Anfangsbestandes erfasst.

Die *Habenseite* beinhaltet alle Abgänge bzw. Minderungen eines *Aktivkontos* sowie den Schlussbestand, welcher am Ende eines Wirtschaftsjahres auf das Schlussbilanzkonto

Abb. 8.1 Aufbau eines Aktivkontos

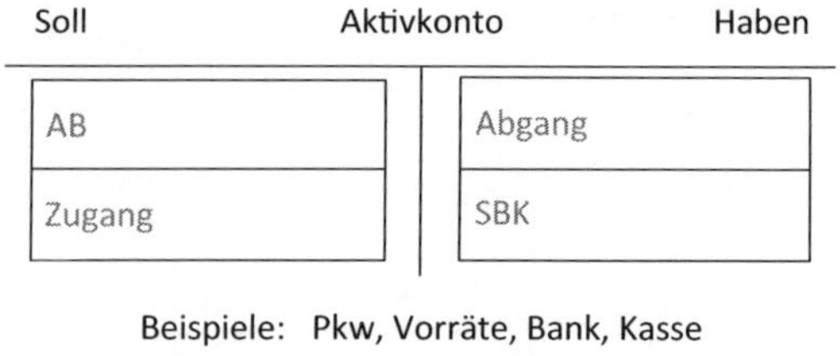

Soll	Aktivkonto		Haben
AB		Abgang	
Zugang		SBK	

Beispiele: Pkw, Vorräte, Bank, Kasse

(kurz: SBK) umgebucht wird. Beim SBK handelt es sich um ein Hilfskonto. Eine Erläuterung der Hilfskonten erfolgt weiter unten Abschn. 8.4 *Hilfskonten*.

Wie bereits erwähnt, gehören die Kasse, die Bank (mit Guthaben), das Vorratsvermögen, die Forderungen und Konten des Anlagevermögens (z. B. Maschinen) zur Gruppe der *Aktivkonten*.

8.2.2 Passivkonten

Sommerweizen schaut sich im Anschluss auch die ihm schon bekannten passiven Bestandskonten *(Passivkonten)* an. Diese findet er auf der Passivseite, also der Kapitalseite der Bilanz.

Dieses wird stets spiegelverkehrt zum Aktivkonto gebucht. Anfangsbestand und Zugänge werden somit auf der Habenseite, Abgänge und der Schlussbestand auf der Sollseite des Kontos ausgewiesen (Abb. 8.2).

Beispiele für *Passivkonten* sind Eigenkapital, Darlehen oder Sonstige Verbindlichkeiten.

Nachdem Carlo Sommerweizen sich nun den theoretischen Aufbau von Aktiv- und Passivkonten angeschaut hat, recherchiert er im Anschluss, wie und worüber er diese Konten „abschließt". Denn er weiß, dass in der Bilanz nur Endbestände von zum Teil zu Gruppen zusammengefassten Konten (z. B. Fuhrpark) ausgewiesen werden.

8.2.3 Abschluss von Bestandskonten

Florian Gütlich zeigt seinem Bekannten Carlo nochmal, wie das mit dem Abschluss der Konten funktioniert. Der erfolgreiche Lieferant hat sich in seiner Ausbildung ebenfalls mit der spannenden Materie der Buchführung beschäftigt und ist darin topfit.

Er erklärt Carlo Sommerweizen, dass er sich zunächst ein Konto aussuchen sollte, welches er über das Schlussbilanzkonto (SBK) abschließt. Nach Auswahl dieses Kontos muss er zunächst die betragsmäßig größere Seite addieren und die Kontensumme unterhalb der gebuchten Beträge schreiben. Diese Kontensumme überträgt er auf die andere Kontenseite und ermittelt im Anschluss die Differenz (zwischen den gebuchten Beträgen

Abb. 8.2 Aufbau eines Passivkontos

Soll	Passivkonto		Haben
Abgang		AB	
SBK		Zugang	

Beispiele: Eigenkapital, Darlehen, Verbindlichkeiten aLuL

und der Kontensumme), welche den Saldo ergibt, der ins SBK auf die gegenüberliegende Seite übertragen wird.

Carlos Sommerweizen ist erst einmal etwas überfordert. Er bittet Florian Gütlich um ein einfaches Beispiel, damit er dieses besser nachvollziehen kann. Diesem Wunsch kommt Gütlich gerne nach.

Zuvor schreibt er ihm aber stichpunktartig noch einmal die allgemeine Vorgehensweise bei Abschluss eines Bestandskontos auf:

▶ **Abschluss von Bestandskonten – Vorschlag Vorgehensweise**
- Ermittlung der betragsmäßig höheren Seite auf dem Bestandskonto
- Addition dieser Seite
- Hinzufügen der Kontensumme (addierter Betrag) unterhalb der gebuchten Positionen
- Übertrag der Kontensumme auf die gegenüberliegende Seite
- Ermittlung des Saldos aus Kontensumme und evtl. bereits gebuchter Positionen
- Buchung des Differenzbetrages auf die gegenüberliegende Seite des Schlussbilanzkontos

Das ist für Sommerweizen noch etwas abstrakt. Aber mit dem nachfolgenden Beispiel wird ihm die Vorgehensweise schon klarer. Florian gibt ihm nun endlich eine kleine Übungsaufgabe.

Beispiel – Abschluss Aktivkonto über Schlussbilanzkonto

Florian wählt die Kasse als aktives Bestandskonto aus, welches Carlo über das SBK am Ende des Wirtschaftsjahres abschließen solle. Sommerweizen erhält folgende Informationen: der Anfangsbestand des Kontos „Kasse" soll sich auf 1000,00 € belaufen, der Zugang auf 200,00 € und der Abgang auf 500,00 €. Florian möchte nun wissen, wie hoch der abzuschließende Betrag ist und wie Carlo diesen ermittelt. Florian malt zur Vereinfachung die T-Konten auf und Carlo trägt die vorgenannten Beträge ein:

S	Kasse			H	S	Schlussbilanzkonto (SBK)	H
AB	1.000,00€	Abg.	500,00€		Kasse	700,00€	...
Zug.	200,00€	SBK	700,00€			...	
	1.200,00€		1.200,00€				

Beispiel – Abschluss Aktivkonto über Schlussbilanzkonto (Fortsetzung)

Sommerweizen erklärt Florian Gütlich die Vorgehensweise, um sicherzustellen, dass er das so richtig gemacht hat. Zunächst hat er den Anfangsbestand und den Zugang

8.2 Bestandskonten in der Bilanz

auf der Sollseite des Kontos eingetragen. Auf der Habenseite hat er im Anschluss die 500,00 € Abgang erfasst. Nach Prüfung beider Kontenseiten stellte Carlo fest, dass die Sollseite die betragsmäßig höhere Seite ist. Diese summiert er und setzt die Kontensumme in Höhe von 1200,00 € unterhalb der Sollpositionen. Die Kontensumme überträgt er im Anschluss auch auf die Habenseite. Da hier bereits ein Abgang in Höhe von 500,00 € erfasst wurde und die Kontensumme 1200,00 € beträgt, muss der Schlussbestand, welcher auch am Bilanzstichtag in der Bilanz ausgewiesen werden wird, die Differenz aus 1200,00 € und dem Betrag in Höhe von 500,00 € gleich 700,00 € sein. Da dieser Saldo auf der Habenseite des T-Kontos Kasse steht, wird dieser Wert im Schlussbilanzkonto auf der Sollseite (also der gegenüberliegenden Seite) ausgewiesen.

Gütlich nickt nach Beendigung seiner Ausführungen und fragt Sommerweizen nach dem Buchungssatz, der noch – rein theoretisch – zu bilden wäre. Der glückliche Automobilhändler erinnert sich an sein ausführliches Selbststudium im Rahmen der einfachen und zusammengesetzten Buchungssätze und nennt folgenden Buchungssatz:

Nr.	Soll	Haben	Betrag/€	Text
1	Schlussbilanzkonto	Kasse	700,00	Abschluss Kasse

Carlo Sommerweizen ist hochmotiviert nach Florians Lob, da er so nach und nach versteht, was er in seiner Berufsschulzeit leider ziemlich vernachlässigt hat.

Wie der Abschluss der Bestandskonten insgesamt über das SBK aussieht, zeigt ihm Florian beim Thema „Hilfskonten" (s. a. Abschn. 8.4 *Hilfskonten*).

Florian Gütlich weist Carlo Sommerweizen aber noch einmal auf etwas Wichtiges im Zusammenhang mit Bestandskonten hin:

▶ Buchungssätze, welche ausschließlich Bestandskonten beinhalten, sind erfolgsneutral.

Das merkt sich Sommerweizen und widmet sich nun den Erfolgskonten, an die er sich auch noch ganz dunkel erinnern kann.

8.2.4 Erfolgskonten in der Gewinn- und Verlustrechnung

Carlo Sommerweizen weiß: die *Erfolgskonten* sind Konten der Gewinn- und Verlustrechnung. Sie werden in Ertrags- und Aufwandskonten unterteilt.

Die Sollseite der Gewinn- und Verlustrechnung bildet mittels Aufwandskonten den Aufwand ab, die Habenseite mittels Ertragskonten, den Ertrag.

Da Aufwand und Ertrag am Ende eines Wirtschaftsjahres betragsmäßig stets auseinanderfallen, ergibt sich eine Differenz: ein Gewinn oder einen Verlust.

Abb. 8.3 Aufbau GuV im Gewinnfall

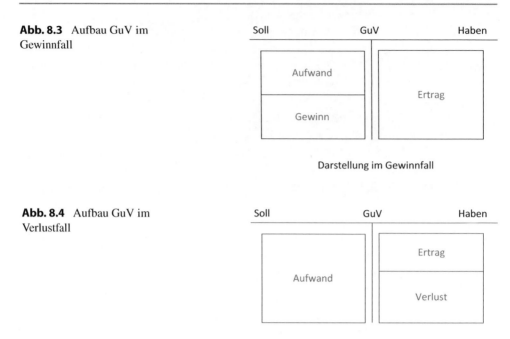

Darstellung im Gewinnfall

Abb. 8.4 Aufbau GuV im Verlustfall

Darstellung im Verlustfall

Ist der Ertrag höher als der Aufwand, wurde ein Gewinn erzielt. Der Saldo steht, wie Abb. 8.3 *Aufbau Gewinn- und Verlustrechnung im Gewinnfall* zeigt, auf der Sollseite.

Ist der Ertrag jedoch niedriger als der Aufwand, wurde ein Verlust erzielt. Die Differenz steht dann, wie Abb. 8.4 *Aufbau der Gewinn- und Verlustrechnung im Verlustfall* zeigt, auf der Habenseite.

Die Erfolgskonten unterscheiden sich von den Bestandskonten u. a. darin, dass sie keine Anfangsbestände haben und in jedem Wirtschaftsjahr mit einem Ausgangswert von „0" bebucht werden.

▶ Zur Erinnerung: Die Gewinn- und Verlustrechnung mit ihren Erfolgskonten ist neben der Bilanz eine wichtige Komponente des Jahresabschlusses.

8.2.5 Aufwandskonten

Sommerweizen schaut sich nun noch einmal genau den Aufbau eines Aufwandskontos an (Abb. 8.5 *Aufbau Aufwandskonto*):

Er erinnert sich an das, was er bereits erlernt hat, nämlich, dass das *Aufwandskonto* im Gegensatz zum Bestandskonto keinen Anfangsbestand hat und die einzelnen Zugänge grundsätzlich auf der Sollseite des Kontos erfasst werden. Gutschriften oder Rückgaben werden auf der Habenseite ausgewiesen.

Abb. 8.5 Aufbau Aufwandskonto

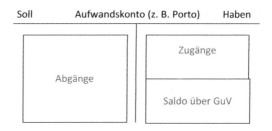

Wie das Konto über die Gewinn- und Verlustrechnung am Ende der Abrechnungsperiode abgeschlossen wird, erklärt ihm sein Freund Florian Gütlich später (Abschn. 8.2.7 *Abschluss von Erfolgskonten*).

Beispiele für Aufwandskonten hat sich Carlo bereits zuvor herausgesucht, als es um die Erstellung von Buchungssätzen ging. Er weiß, dass Konten wie z. B. Porto, Kfz-Betriebskosten, Versicherungen, Raumkosten, Energiekosten zur Gruppe der Aufwandskonten zählen.

8.2.6 Ertragskonten

Nun schaut er sich noch die Ertragskonten an, die ebenfalls in der Gewinn- und Verlustrechnung zu finden sind.

Den Aufbau kann er sich von der Logik her schon vorstellen, malt sich ein solches Konto aber nochmal auf (Abb. 8.6):

Auch hier gibt es keinen Anfangsbestand. Das *Ertragskonto* wird mit dem Saldo, wie Carlo bereits mehrfach nun gesehen hat, auf der Habenseite des Gewinn- und Verlustkontos ausgewiesen.

Beispiele fallen ihm ebenfalls sofort ein: Erlöse, Provisionserträge, erhaltene Skonti, Zinserträge u. v. m. Bei Bedarf kann er sich ja jederzeit diese Konten in seinem hauseigenen EDV-System abrufen oder einen Blick in den von ihm genutzten SKR03 (Kontenrahmen) werfen.

Nun, nachdem Sommerweizen sich jetzt ausführlich mit dieser trockenen, aber für ihn notwendigen Theorie beschäftigt hat, lässt er sich von Freund Florian erklären, wie ein Abschluss der Erfolgskonten über das Gewinn- und Verlustkonto funktioniert.

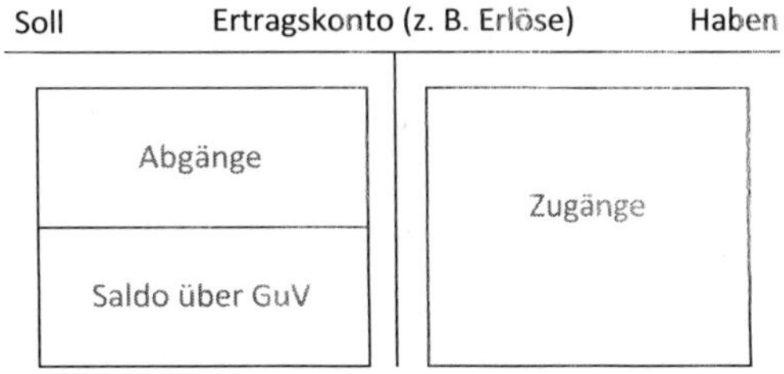

Abb. 8.6 Aufbau Ertragskonto

8.2.7 Abschluss von Erfolgskonten

Zunächst einmal stellt Florian Gütlich seinem Freund Carlo zeichnerisch dar, wie der Abschluss von Erfolgskonten über das Gewinn- und Verlustkonto im Allgemeinen erfolgt.

Hierbei hat er die Konten „Energieaufwand" (Aufwandskonto) und „Erlöse" (Ertragskonto) ausgewählt, die er mit fiktiven Zahlen versieht, um diese im Anschluss über das Gewinn- und Verlustkonto abzuschließen.

Sommerweizen schaut sich nachfolgende Abbildung erst einmal genau an (Abb. 8.7 *Abschluss Erfolgskonten über die GuV*).

Nun möchte Carlo Sommerweizen den Abschluss der Konten im Detail erklärt wissen. Freund Florian macht dies sehr gerne. Zunächst erklärt Florian seinem Freund Carlo, wie ein Abschluss des Aufwandskontos über die Gewinn- und Verlustrechnung erfolgt.

Auch hier ist nahezu die gleiche Vorgehensweise wie bei den Bestandskonten zu wählen.

▶ **Abschluss von Erfolgskonten – Vorschlag Vorgehensweise**
- Ermittlung der betragsmäßig höheren Seite auf dem Erfolgskonto
- Addition dieser Seite
- Hinzufügen der Kontensumme (addierter Betrag) unterhalb der gebuchten Positionen
- Übertrag der Kontensumme auf die gegenüberliegende Seite des Erfolgskontos

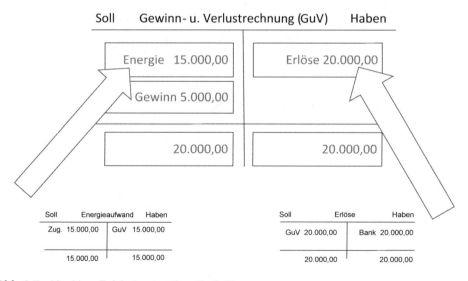

Abb. 8.7 Abschluss Erfolgskonten über die GuV

8.2 Bestandskonten in der Bilanz

- Ermittlung des Saldos aus Kontensumme und evtl. bereits gebuchter Positionen
- Buchung des Differenzbetrages auf die gegenüberliegende Seite des GuV-Kontos

Dies hat Sommerweizen nun seit Betrachtung der Bestandskonten verinnerlicht. Nun versucht er sich an einer Übung.

Beispiel – Abschluss Aufwandskonto über die Gewinn- und Verlustrechnung

Florian Gütlich gibt Carlo Sommerweizen die Aufgabe, das Konto „Porto" (Aufwandskonto) korrekt über das Gewinn- und Verlustkonto abzuschließen. Folgende Daten gibt er vor: es wurden in einer Abrechnungsperiode Briefmarken im Wert von 70,00 € gekauft. Eine Gutschrift erfolgte in Höhe von 5,00 €. Gegenbuchungen z. B. auf das Bankkonto erfolgen hier nicht, da es nur um den Abschluss des Aufwandskontos über das Gewinn- und Verlustkonto geht.

Carlo überlegt und zeichnet, so wie er es gelernt hat, die beiden relevanten Konten auf:

S	Porto		H		S	GuVK		H
Zug.	70,00€	Abg.	5,00€		Porto	65,00,00€		...
		GuV	65,00€					...
	70,00€		70,00€					

Beispiel – Abschluss Aufwandskonto über die Gewinn- und Verlustrechnung (Fortsetzung)

Auch hier erklärt Carlo Sommerweizen seinem Freund Florian nochmal die Vorgehensweise. Er wählt beim Aufwandskonto die betragsmäßig höhere Seite aus (in der Regel ist dies die Sollseite). Den Wert von 70,00 € lt. Aufgabenstellung setzt er als Kontensumme unter die Sollpositionen. Den Betrag überträgt er auf die Habenseite und subtrahiert die hier bereits erfassten 5,00 € Gutschrift. Der Saldo (auf der Habenseite des Kontos „Porto") in Höhe von 65,00 € ist der Wert, welcher dann in der Gewinn- und Verlustrechnung (auf der Sollseite) ausgewiesen wird.

Florian freut sich über die schnelle Auffassungsgabe seines Freundes Carlo und fragt auch hier nach dem (theoretischen) Buchungssatz. Carlo antwortet umgehend:

Nr.	Soll	Haben	Betrag/€	Text
1	GuVK	Porto	65,00	Abschluss Porto

> **Beispiel – Abschluss Aufwandskonto über die Gewinn- und Verlustrechnung (Fortsetzung)**
> Florian bestätigt die Richtigkeit der Buchungsanweisung und fragt nun noch, ob Carlo nun denn einen Gewinn oder einen Verlust erwirtschaftet habe. Carlo schaut sich das Gewinn- und Verlustkonto an und erkennt, da der Aufwand auf der Sollseite steht und die Habenseite keine Position beinhaltet, dass es sich hierbei um einen Verlust handeln müsse.

Florian sieht, dass Carlo das Prinzip verstanden hat. Abschließend erklärt er seinem Freund noch, dass das Ergebnis in der Gewinn – und Verlustrechnung (also Gewinn oder Verlust) stets die Differenz aus Aufwand und Ertrag ist. Das Gewinn- und Verlustkonto ist im Gegensatz zum SBK oder zur Bilanz niemals ausgeglichen.

Die Differenz, die auf dem Gewinn- und Verlustkonto ermittelt wurde, wird dann ins Eigenkapital übertragen, denn:

▶ Das Gewinn- und Verlustkonto ist ein Unterkonto des Eigenkapitals!

Im Gewinnfall wird der Saldo aus der GuV auf das Eigenkapitalkonto (auf die Habenseite) gebucht, wie nachfolgendes Schaubild zeigt (s. a. Abb. 8.8 *Abschluss GuV über EK bei Gewinn*):

Im Falle eines Verlustes wird der Saldo auf der Sollseite des Eigenkapital-Kontos ausgewiesen (s.a. Abb. 8.9 *Abschluss GuV über EK bei Verlust*):

Nachdem das Thema Erfolgskonten von beiden als erledigt angesehen wird, möchte Florian Gütlich gerne noch das Thema Hilfskonto ansprechen.

Abb. 8.8 Abschluss GuV über EK-Gewinn

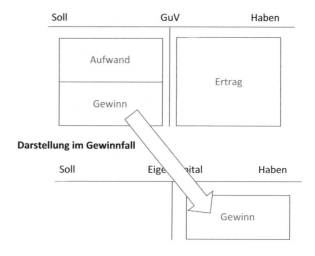

Abb. 8.9 Abschluss GuV über EK bei Verlust

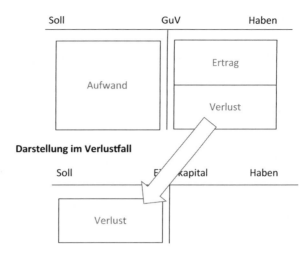

8.3 Hilfskonten

Hilfskonten, so Florian Gütlich, sind Konten, die man in der Regel benötigt, um einen Buchungssatz zu vervollständigen. Die klassischen Hilfskonten EBK (Eröffnungsbilanzkonto) und SBK (Schlussbilanzkonto) sind für einen Buchhalter in der Praxis nicht ersichtlich. Sie werden meist in der Theorie bzw. bei internen Prozessen innerhalb des Datenverarbeitungssystems benötigt.

Der Vollständigkeit halber möchte Florian seinem Freund Carlo aber die Vorgehensweise bei Hilfskonten erläutern, damit er am Ende seines Studiums der Buchführungstechnik in der Lage ist, eine komplette Buchhaltung inklusive Hilfskonten zu erstellen und abzuschließen.

8.3.1 Eröffnungsbilanzkonto (EBK)

Florian Gütlich möchte seinem Freund Carlo Sommerweizen der Vollständigkeit halber aufzeigen, wie das Eröffnungsbilanzkonto funktioniert.

Er wiederholt, dass Hilfskonten nur zur Vervollständigung von Buchungssätzen dienen. So auch das Eröffnungsbilanzkonto (kurz: EBK).

Da die Bilanzen ja Auswertungen darstellen, die man nicht mit Buchungssätzen verändern kann, müssen die Endbestände der Bilanz aus dem Vorjahr (z. B. 31.12.01) auf die neuen Bestandskonten zum 01.01.02 als Anfangsbestand (auch: EB-Wert = Eröffnungsbilanzwert) gebucht werden.

In der Praxis werden durch automatische Saldenvorträge innerhalb des EDV-Systems auf Anweisung eines Administrators die neuen Bestandskonten mit Anfangsbeständen eröffnet. In der Theorie werden hierzu jedoch Hilfskonten benötigt, wie Florian seinem Freund Carlo erläutert.

Wie Sommerweizen mittlerweile gelernt hat, benötigt man für einen Buchungssatz mindestens zwei Konten.

Das eine Konto entstammt der Bilanz aus dem Vorjahr und soll fortgeführt werden und das zweite Konto muss ein Hilfskonto sein, da es kein Konto gibt, gegen das man einen Anfangsbestand aus der letzten Bilanz buchen kann.

Florian zeigt Carlo, wie ein Eröffnungsbilanzkonto grundsätzlich geführt wird (s. a. Abb. 8.10 *Eröffnung Bestandskonten über EBK*)

Nachdem Carlo sich das Schaubild genau angesehen hat, bittet Florian ihn, die Buchungssätze hierzu zu erstellen. Freund Carlo Sommerweizen hat gut aufgepasst und schreibt sofort die hier anzuwendenden Buchungssätze (ohne Kontennummern) auf:

Nr.	Soll	Haben	Betrag/€	Text
1	Pkw	EBK	10.000,00	Vortrag Pkw
2	Bank	EBK	1000,00	Vortrag Bank
3	EBK	Eigenkapital	11.000,00	Vortrag Eigenkapital

Florian bestätigt wieder die Richtigkeit der Buchungssätze und weist Carlo auf folgendes hin:

▶ Das Eröffnungsbilanzkonto (EBK) ist ein Hilfskonto, welches zu Beginn des Jahres für die Eröffnungsbuchungen eingesetzt wird. Soll- und Habenseite des Kontos sind betragsmäßig stets gleich hoch.

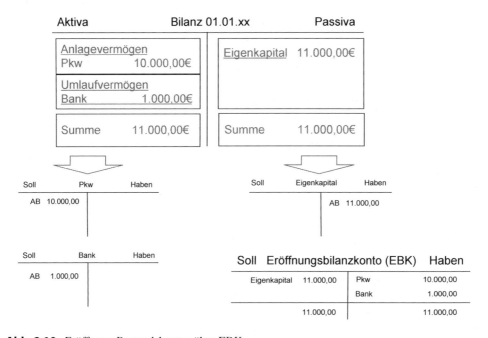

Abb. 8.10 Eröffnung Bestandskonten über EBK

8.3 Hilfskonten

Florian gibt Carlo für die Praxis nochmal den wichtigen Hinweis von vorhin, um spätere Irritationen im Tagesgeschäft zu vermeiden.

▶ Hinweis für die Praxis:

▶ Das EBK sieht man bei der elektronischen Buchführung mittels EDV-Anlage nicht. Hier werden die Saldenvorträge in internen Prozessen durchgeführt, sodass man nur die Anfangsbestände der Bestandskonten sieht, aber nicht die Gegenbuchung auf dem EBK.

8.3.2 Schlussbilanzkonto (SBK)

Zum Abschluss schauen sich Carlo Sommerweizen und Florian Gütlich nun noch das Schlussbilanzkonto an. Buchungen auf dieses Konto hat Carlo ja schon gemacht. Florian zeigt ihm aber nochmal, wie Aktiv- und Passivkonten hierüber abgeschlossen werden (s. Abb. 8.11 *Abschluss Bestandskonten über SBK*):

Auch hier bildet Sommerweizen von sich aus zu Übungszwecken die Buchungssätze wie folgt:

Nr.	Soll	Haben	Betrag/€	Text
1	Darlehen	SBK	15.000,00	Abschluss Darlehen
2	SBK	Bank	15.000,00	Abschluss Bank

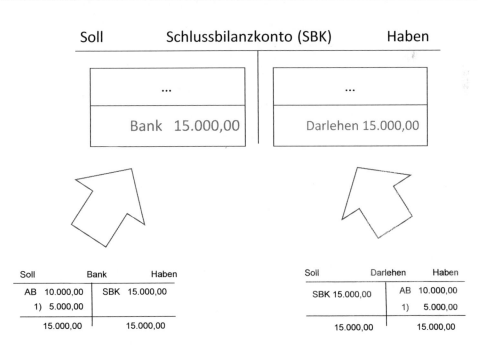

Abb. 8.11 Abschluss Bestandskonten über SBK

Florian bestätigt Carlo wiederum, dass er die Buchungssätze richtig gebildet habe. Auch bei diesem Konto (SBK) handelt es sich um ein Konto, welches bei der täglichen Arbeit mit der EDV für den Nutzer nicht sichtbar ist. Es wird bei internen Prozessen des EDV-Systems genutzt, für Carlo Sommerweizen hat es jedoch nur einen theoretischen Nutzen.

Nun möchte der Autohändler noch wissen, wie denn die Bilanz auf Basis des vorliegenden Zahlenmaterials entsteht. Darauf erklärt ihm Florian, dass die Bilanz aus dem SBK erstellt wird.

Florian gibt vorab noch einmal den wichtigen Hinweis:

▶ Eine Bilanz ist eine Auswertung und kein Konto, welches man zum Zwecke der Buchungserfassung nutzen kann.

Er zeigt Carlo stark vereinfacht, wie man vom SBK zur Bilanz kommt (siehe Abb. 8.12 *Der Weg vom SBK zur Bilanz*):

Carlo lässt jetzt noch einmal alles, was er im Rahmen der Buchführungstechnik gelernt hat, auf sich wirken. Im Anschluss erstellt er einen „Fahrplan", nachdem er eine Buchführung erstellen würde, sofern er diese theoretisch auf T-Konten darstellen müsste, also ohne EDV-Anlage.

Er bittet seinen Freund Florian nochmal über diese Liste zu schauen und die Aufstellung zu korrigieren, falls Fehler hierin enthalten sein sollten. Aber Florian findet

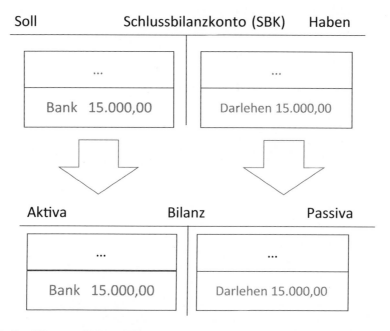

Abb. 8.12 Der Weg vom SBK zur Bilanz

diese Übersicht sehr gut und gibt Carlo den Tipp, diese Liste aufzubewahren. Diese wird ihm spätestens am Ende seines Studiums der Buchführung Kap. 15 *Abschließende Übungsaufgabe* hilfreich sein.

Nun Carlos Fahrplan für die Buchführung im Laufe eines Wirtschaftsjahres:

- Eröffnung der Bestandskonten zum 01.01.01 über das EBK
- (Hinweis 1: Eröffnungswerte entsprechen den Schlussbilanzwerten des Vorjahres 31.12.00;
- Hinweis 2: EBK ist auf Soll- und Habenseite betragsmäßig gleich.)
- Buchung aller betrieblichen Geschäftsvorfälle im Wirtschaftsjahr auf Bestands- und Erfolgskonten.
- Abschluss der Erfolgskonten über das Gewinn- und Verlustkonto.
- Ermittlung des Gewinns bzw. des Verlustes auf dem Gewinn-und Verlustkonto
- Übertrag des Ergebnisses auf das Eigenkapitalkonto
- Abschluss des Eigenkapitalkontos mit den übrigen Bestandskonten über das SBK
- Ableitung der Bilanz vom SBK

Florian weist Carlo Sommerweizen darauf hin, dass in seiner Aufstellung einige wichtige Aspekte wie z. B. Umsatzsteuer, Abgrenzungen oder Privatkonten noch nicht berücksichtigt seien. Aber zum aktuellen Zeitpunkt habe er mit diesem Fahrplan schon mal eine grobe Übersicht über das Geschehen in der Buchhaltung.

Nach Durcharbeiten der Lernkontrolle und Übungen widmet sich Sommerweizen nun der Umsatzsteuer, die er noch kennt aus seiner letzten Lektüre „Praxisleitfaden Steuerrecht für Existenzgründer"[1]

Trotzdem widmet er sich diesem Thema nochmals ausführlich, da es für das Tagesgeschäft im Rahmen der Buchführung unerlässlich ist.

8.4 Zusammenfassende Lernkontrolle

Im Folgenden werden zunächst mit Hilfe von Kontrollfragen die Inhalte des bisherigen Kapitels wiederholt. Die Lösungen hierzu dienen als Vorschläge zur Lösung dieser Fragen.

Hieran schließen sich Übungsaufgaben an, die das erworbene oder aufgefrischte Wissen vertiefen sollen.

8.4.1 Kontrollfragen

1. In welche beiden Gruppen können Bestandskonten unterschieden werden?
2. In welche beiden Gruppen können Erfolgskonten unterschieden werden?
3. Worüber werden Bestandskonten am Ende eines Wirtschaftsjahres abgeschlossen?
4. Worüber werden Erfolgskonten am Ende eines Wirtschaftsjahres abgeschlossen?

5. Worüber wird das Gewinn- und Verlustkonto (GuVK) abgeschlossen?
6. Wozu werden Hilfskonten benötigt?
7. Welche beiden Hilfskonten kennen Sie?
8. Über welche Konten werden Hilfskonten abgeschlossen?
9. Über welche Seite des Eigenkapitalkontos wird ein Verlust abgeschlossen?
10. Ist folgende Aussage korrekt? „Das Gewinn- und Verlustkonto ist ein Unterkonto des Eigenkapitals und ist stets ausgeglichen."

8.4.2 Lösungen zu den Kontrollfragen

1. Aktiv- und Passivkonten
2. Ertrags- und Aufwandskonten
3. Bestandskonten werden über das SBK abgeschlossen.
4. Erfolgskonten werden über das GuVK abgeschlossen.
5. Das GuVK wird über das Eigenkapital abgeschlossen.
6. Hilfskonten benötigt man zur Vervollständigung von Buchungssätzen.
7. Eröffnungsbilanzkonto und Schlussbilanzkonto
8. Hilfskonten werden nicht abgeschlossen, da sie stets ausgeglichen sind.
9. Über die Sollseite des Eigenkapitals wird ein Verlust abgeschlossen.
10. Nein, das Gewinn- und Verlustkonto ist zwar ein Unterkonto des Eigenkapitals. Es ist jedoch nicht ausgeglichen, sonst würden keine Gewinne oder Verluste über das Eigenkapital abgeschlossen werden.

8.5 Übungen

8.5.1 Übungsaufgaben

1. Nennen Sie zwei Unterschiede zwischen einem EBK und einem SBK.
2. Suchen Sie sich bitte aus einem Kontenrahmen (z. B. SKR03 oder SKR04) oder gerne auch aus dem Kontenplan Ihres Unternehmens, in dem Sie tätig sind, jeweils drei Aktivkonten, drei Passivkonten, drei Ertrags- und drei Aufwandskonten heraus.
3. Bitte erstellen Sie aufgrund des nachfolgenden Zahlenmaterials die Eröffnungsbuchungssätze auf den dafür vorgesehenen T-Konten (inklusive EBK) zum 01.01.02. Man gibt Ihnen folgende Schlussbestände auf den 31.12.01:
   – Unbebaute Grundstücke 15.000,00 €
   – Fuhrpark 5000,00 €
   – Warenbestand 10.000,00 €

- Forderungen aus Lieferungen und Leistungen 11.000,00 €
- Kasse 1000,00 €
- Eigenkapital 42.000,00 €

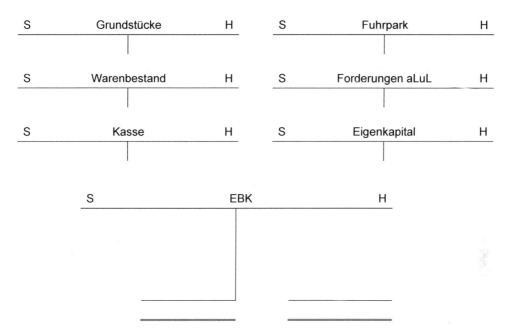

4. Erläutern Sie die Begriffe Bilanz und Gewinn- und Verlustrechnung (GuV) und stellen Sie anhand wesentlicher Kriterien dar, welche Bedeutung diese Bestanteile des Jahresabschlusses (Komponenten) im externen Rechnungswesen haben.
5. Meister gibt seiner Buchhalterin am 01.02.02 den Auftrag, die vom Steuerberater ermittelten Endbestände (Schlussbilanz per 31.12.01) per Buchungssatz in die Buchungsliste aufzunehmen. Es sind nachfolgende Daten gegen das entsprechende Hilfskonto zu buchen:
- Unbebaute Grundstücke 15.000,00 €
- Pkw 5000,00 €
- Warenbestand 10.000,00 €
- Forderungen aLuL 11.000,00 €
- Kasse 1000,00 €
- Eigenkapital 7000,00 €
- Verbindlichkeiten aLuL 15.000,00 €
- Verbindlichkeiten gg. Kreditinstituten 20.000,00 €

Nr.	Soll	Haben	Betrag/€	Text

6. Tragen Sie die Buchungssätze aus Nr. 5 in die nachfolgenden Konten ein.

S   Unb. Grundst. (0065)   H   S   Pkw (0320)   H

S   Warenbestand (3980)   H   S   Ford.aLuL (1400)   H

S   Kasse (1000)   H   S   Eigenkapital (0880)   H

S   Verb.aLuL (1600)   H   S   Verb. gg. KI (0640)   H

S   EBK (9000)   H

8.5 Übungen

7. Schließen Sie die nachfolgenden Bestandskonten bitte über das SBK ab. Beachten Sie hierbei, dass zu Übungszwecken das Konto „Eigenkapital" mit einem Anfangsbestand in Höhe von 43.285,00 € ausgewiesen wird. Der Verlust soll 1285,00 € betragen.

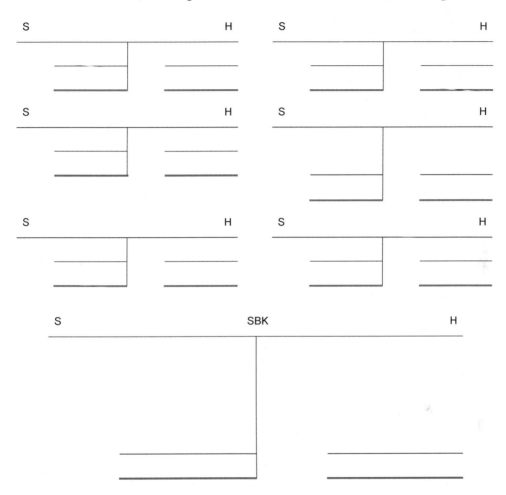

Richtig oder Falsch? Bitte entscheiden Sie durch korrektes Ankreuzen (siehe Tab. 8.1 *Richtig oder Falsch? (Kap. 8)*):

8.5.2 Lösungen zu den Übungsaufgaben

1. Folgende Beispiellösungen wären denkbar:
    a) Das EBK wird zu Beginn des Jahres genutzt, das SBK am Ende.
    b) Das EBK ist spiegelverkehrt zur Bilanz, das SBK nicht.
2. Kein Lösungsvorschlag, da viele Lösungsmöglichkeiten existieren.

Tab. 8.1 Richtig oder Falsch? (Kap. 8)

Nr.	Aussage	Richtig	Falsch
1.	Bestandskonten und Erfolgskonten sind Bestandteile der Buchhaltung. Sie haben stets Anfangs- und Endbestände		
2.	Bestandskonten sind alle Konten in der Bilanz, die wiederum unterteilt werden können in Aktiv- und Erfolgskonten		
3.	Bestandskonten sind alle Konten in der Bilanz, die wiederum unterteilt werden können in Aktiv- und Passivkonten		
4.	Die Bestandskonten werden zu Beginn des Jahres über das SBK eröffnet und am Ende des Wirtschaftsjahres über das EBK abgeschlossen		
5.	Die Bestandskonten werden zu Beginn des Jahres über das EBK eröffnet und am Ende des Wirtschaftsjahres über das SBK abgeschlossen		
6.	Aufwands- und Ertragskonten werden ohne Anfangsbestände gebucht und über das Gewinn- und Verlustkonto (kurz: GuV) abgeschlossen		
7.	Bei Abschluss der Gewinn- und Verlustrechnung wird der Saldo ermittelt, der sich bei Gegenüberstellung von Aufwendungen und Erträgen ergibt		
8.	Der Gewinn wird über die Sollseite des Kontos Eigenkapital abgeschlossen, der Verlust über die Habenseite		
9.	Der Verlust wird über die Sollseite des Kontos Eigenkapital abgeschlossen, der Gewinn über die Habenseite		
10.	Hilfskonten dienen dazu, Buchungssätze zu vervollständigen. Man unterscheidet zwischen dem EBK (Eröffnungsbilanzkonto) und SBK (Schlussbilanzkonto)		
11.	Das Eröffnungsbilanzkonto ist stets spiegelverkehrt zur Eröffnungsbilanz		
12.	Das Eröffnungsbilanzkonto ist stets spiegelverkehrt zur Schlussbilanz des laufenden Wirtschaftsjahres		
13.	Das Schlussbilanzkonto ist spiegelverkehrt zur Eröffnungsbilanz des laufenden Wirtschaftsjahres		
14.	Das Schlussbilanzkonto ist spiegelverkehrt zur Gewinn- und Verlustrechnung des laufenden Wirtschaftsjahres		
15.	Das EBK und SBK sieht man in der Praxis (bei Anwendung der EDV) in der Regel nicht		
16.	Im SBK stehen immer nur Nettowerte, das heißt Beträge ohne Umsatzsteuer		
17.	Der Abschluss der Erfolgskonten kann wahlweise über das Eigenkapital oder über ein beliebiges Bankkonto erfolgen		
18.	Die Gewinn- und Verlustrechnung muss nicht erstellt werden, wenn neben der Bilanz eine Einnahmen-Überschuss-Rechnung erstellt wird		

(Fortsetzung)

8.5 Übungen

Tab. 8.1 (Fortsetzung)

Nr.	Aussage	Richtig	Falsch
19.	Die Gewinn- und Verlustrechnung ist identisch mit der Einnahmen-Überschuss-Rechnung		
20.	Die Bilanz ist eine Gegenüberstellung von Vermögen und Kapital zum Bilanzstichtag		

3. Folgende Buchungssätze sind zum 01.01.02 auf den T-Konten zu erfassen:

S	Grundstücke	H		S	Pkw (0320)	H
AB	15.000,00€			AB	5.000,00€	

S	Warenbestand	H		S	Forderungen aLuL	H
AB	10.000,00€			AB	11.000,00€	

S	Kasse	H		S	Eigenkapital	H
AB	1.000,00€				AB	42.000,00€

S		EBK		H
Eigenk.	42.000,00€	Unb. G+B	15.000,00€	
		Fuhrpark	5.000,00€	
		Warenb.	10.000,00€	
		Ford.aLuL	11.000,00€	
		Kasse	1.000,00€	
	42.000,00€		42.000,00€	

4. Die *Bilanz* ist eine Gegenüberstellung von Vermögen und Kapital zum Bilanzstichtag. Sie ist eine Stichtagsbetrachtung und beinhaltet Bestandskonten (Aktiv- und Passivkonten). Sie ist Ergebnis der Buchführung und ein zentraler Bestandteil des handels- und steuerrechtlichen Jahresabschlusses.

Die *Gewinn- und Verlustrechnung (GuV)* ist eine Gegenüberstellung von Aufwand und Ertrag für den Zeitraum einer Wirtschaftsperiode und stellt den betrieblichen Erfolg des Unternehmens dar. Sie ist eine Zeitraumbetrachtung und beinhaltet Erfolgskonten (Aufwands- und Ertragskonten). Sie ist Ergebnis der Buchführung und ein zentraler Bestandteil des handels- und steuerrechtlichen Jahresabschlusses.

5. Folgende Buchungssätze sind als Eröffnungsbuchungen (theoretisch) zu erfassen:

Nr.	Soll	Haben	Betrag/€	Text
1.	Unb. Grundst. (0065)	EBK (9000)	15.000,00	Vortrag unb. Grundst.
2.	Pkw (0320)	EBK (9000)	5000,00	Vortrag Pkw
3.	Warenbestand (3980)	EBK (9000)	10.000,00	Vortrag Warenbestand
4.	Ford.aLuL (1400)	EBK (9000)	11.000,00	Vortrag Forderungen aLuL
5.	Kasse (1000)	EBK (9000)	1000,00	Vortrag Kasse
6.	EBK (9000)	Eigenkapital (0880)	7000,00	Vortrag EK
7.	EBK (9000)	Verb.aLuL (1600)	15.000,00	Vortrag Verb.aLuL
8.	EBK (9000)	Verb. gg. KI	20.000,00	Vortrag Verb. gg. Kreditinstituten

6. Folgende Buchungen sind auf den T-Konten zu bilden:

S	Unb. Grundst. (0065)	H
AB 15.000,00€		

S	Pkw (0320)	H
AB 5.000,00€		

S	Warenbestand (3980)	H
AB 10.000,00€		

S	Ford.aLuL (1400)	H
AB 11.000,00€		

S	Kasse (1000)	H
AB 1.000,00€		

S	Eigenkapital (0880)	H
		AB 7.000,00€

S	Verb.aLuL (1600)	H
		AB 15.000,00€

S	Verb. gg. KI (0640)	H
		AB 20.000,00€

S	EBK (9000)		H
Eigenkapital	7.000,00€	Unb. Grund.	15.000,00€
VerbaLuL	15.000,00€	Pkw	5.000,00€
Verb.gg.KI	20.000,00€	Warenbest.	10.000,00€
		Ford.aLuL	11.000,00€
		Kasse	1.000,00€
	42.000,00€		42.000,00€

8.5 Übungen

7. Die Konten werden wie folgt über das SBK abgeschlossen:

S	Unb. Grundstücke (0065)		H
AB	15.000,00€	SBK	15.000,00€
	15.000,00€		15.000,00€

S	Pkw (0320)		H
AB	5.000,00€	SBK	5.000,00€
	5.000,00€		5.000,00€

S	Bestand Waren (3980)		H
AB	10.000,00€	SBK	10.000,00€
	10.000,00€		10.000,00€

S	Eigenkapital (0880)		H
GuV	1.285,00€	AB	43.285,00€
SBK	42.000,00€		
	43.285,00€		43.285,00€

S	Ford.aLuL (1400)		H
AB	11.000,00€	SBK	11.000,00€
	11.000,00€		11.000,00€

S	Kasse (1000)		H
AB	1.000,00€	SBK	1.000,00€
	1.000,00€		1.000,00€

S		SBK		H
Unb. Grund. (0065)	15.000,00€	Eigenkapital (0880)		42.000,00€
Wertpapiere (0525)	5.000,00€			
Best. Waren (3980)	10.000,00€			
Ford.aLuL (1400)	11.000,00€			
Kasse (1000)	1.000,00€			
	42.000,00€			**42.000,00€**

8. Es sind folgende Antworten möglich (siehe Tab. 8.2 *Richtig oder Falsch? (Lösung Kap. 8)*)

Tab. 8.2 Richtig oder Falsch? (Lösung Kap. 8)

Nr.	Aussage	Richtig	Falsch
1.	Bestandskonten und Erfolgskonten sind Bestandteile der Buchhaltung. Sie haben stets Anfangs- und Endbestände		x
2.	Bestandskonten sind alle Konten in der Bilanz, die wiederum unterteilt werden können in Aktiv- und Erfolgskonten		x
3.	Bestandskonten sind alle Konten in der Bilanz, die wiederum unterteilt werden können in Aktiv- und Passivkonten	x	
4.	Die Bestandskonten werden zu Beginn des Jahres über das SBK eröffnet und am Ende des Wirtschaftsjahres über das EBK abgeschlossen		x
5.	Die Bestandskonten werden zu Beginn des Jahres über das EBK eröffnet und am Ende des Wirtschaftsjahres über das SBK abgeschlossen	x	
6.	Aufwands- und Ertragskonten werden ohne Anfangskonten gebucht und über das Gewinn- und Verlustkonto (kurz: GuV) abgeschlossen. Diese Erfolgskonten haben keine Anfangsbestände	x	
7.	Bei Abschluss der Gewinn- und Verlustrechnung wird der Saldo ermittelt, der sich bei Gegenüberstellung von Aufwendungen und Erträgen ergibt	x	
8.	Der Gewinn wird über die Sollseite des Kontos Eigenkapital abgeschlossen, der Verlust über die Habenseite		x
9.	Der Verlust wird über die Sollseite des Kontos Eigenkapital abgeschlossen, der Gewinn über die Habenseite	x	
10.	Hilfskonten dienen dazu, Buchungssätze zu vervollständigen. Man unterscheidet zwischen dem EBK (Eröffnungsbilanzkonto) und SBK (Schlussbilanzkonto)	x	
11.	Das Eröffnungsbilanzkonto ist stets spiegelverkehrt zur Eröffnungsbilanz	x	
12.	Das Eröffnungsbilanzkonto ist stets spiegelverkehrt zur Schlussbilanz des laufenden Wirtschaftsjahres		x
13.	Das Schlussbilanzkonto ist spiegelverkehrt zur Eröffnungsbilanz des laufenden Wirtschaftsjahres		x
14.	Das Schlussbilanzkonto ist spiegelverkehrt zur Gewinn- und Verlustrechnung des laufenden Wirtschaftsjahres		x
15.	Das EBK und SBK sieht man in der Praxis (bei Anwendung der EDV) in der Regel nicht	x	
16.	Im SBK stehen immer nur Nettowerte, das heißt Beträge ohne Umsatzsteuer		x
17.	Der Abschluss der Erfolgskonten kann wahlweise über das Eigenkapital oder über ein beliebiges Bankkonto erfolgen		x

(Fortsetzung)

Tab. 8.2 (Fortsetzung)

Nr.	Aussage	Richtig	Falsch
18.	Die Gewinn- und Verlustrechnung muss nicht erstellt werden, wenn neben der Bilanz eine Einnahmen-Überschuss-Rechnung erstellt wird		×
19.	Die Gewinn- und Verlustrechnung ist identisch mit der Einnahmen-Überschuss-Rechnung		×
20.	Die Bilanz ist eine Gegenüberstellung von Vermögen und Kapital zum Bilanzstichtag	×	

Literatur

1. http://www.gesetze-im-internet.de/ao_1977/__162.html. Zugegriffen: 25. Okt. 2015
2. Nickenig K (2019) Praxislehrbuch Steuerrecht. Schneller Einstieg in die gesetzlichen Grundlagen, 4. Aufl. Springer Gabler, Wiesbaden

Buchungssätze mit Umsatzsteuer und Vorsteuer 9

Zusammenfassung

Carlo Sommerweizen (erfolgreicher Einzelunternehmer) lernt in diesem Teil seines Selbststudiums, wie er das inländische System der Umsatzsteuer (vereinfacht dargestellt) anhand von gesetzlichen Vorgaben zu verstehen und im Rahmen seines Tagesgeschäftes anzuwenden hat. Neben den nationalen Umsätzen schaut sich der motivierte Autohändler auch Buchungen von Auslandsgeschäften an, die ebenfalls Teil seines Gewerbebetriebes sind. Neben innergemeinschaftlichen Lieferungen und innergemeinschaftlichen Erwerben sind auch die Ein- und Ausfuhr von Waren sowie das Reverse-Charge-Verfahren Teil seiner Lektüre. Dieses komplexe Gebiet der Umsatzsteuer in Verbindung mit der Buchführungstechnik ist genau das, was Sommerweizen besonders interessiert, da es aus seinem Tagesgeschäft nicht wegzudenken ist. Er festigt sein neu gewonnenes und auch teilweise aufgefrischtes Wissen durch zahlreiche Kontrollfragen und Übungen.

Im Tagesgeschäft des externen Rechnungswesens sind Buchungssätze im Zusammenhang mit der Umsatzsteuer nicht wegzudenken. Das weiß auch Carlo Sommerweizen. Deshalb schaut er sich noch einmal das System der Umsatzsteuer an und behandelt in diesem Zusammenhang auch einige Übungen zu diesem Thema. Er möchte verstehen, was der Steuerberater und auch die Finanzbehörden von ihm als Unternehmer einfordern.

Neben dem Studium der wichtigsten Definitionen wird sich Carlo mit den gesetzlichen Vorschriften zum Vorsteuerabzug und der korrekten Rechnungsausstellung beschäftigen. Auch das Buchen der Vorsteuer und die Korrektur derselben sind Themen seines selbst erstellten Lehrplans.

Da er als Autohändler manchmal auch Auslandsgeschäfte zu bewältigen hat, möchte er sich auch auf diesem Feld einige Grundkenntnisse zwecks Erstellung korrekter Buchungssätze aneignen.

Hierzu benötigt er eine aktuelle Ausgabe des Umsatzsteuergesetzes.

9.1 Wichtige Definitionen

Einfuhr	Import von Waren aus dem Drittland
Einfuhrumsatzsteuer	Umsatzsteuer, die für grenzüberschreitende Lieferungen (Drittland) beim Zoll zu entrichten ist
Erwerbsbesteuerung	Umsatzbesteuerung beim innergemeinschaftlichen Erwerb
Umsatzsteuer-Identifikationsnummer	Steuernummer auf internationaler (europäischer Ebene), die vom Bundeszentralamt für Steuern vergeben wird und Aufschluss z. B. über die Unternehmereigenschaft gibt
Umsatzsteuer-Traglast	Umsatzsteuer auf den Erlös (Entgelt)
Umsatzsteuer-Voranmeldung	Unterjährige Erklärung des umsatzsteuerpflichtigen Unternehmers, der die Zahllast bzw. das Guthaben selbst errechnet und der Finanzbehörde auf elektronischem Wege mitteilt
Umsatzsteuer-Voranmeldungszeitraum	Zeitraum, für den eine Umsatzsteuer-Voranmeldung zu erstellen ist
Umsatzsteuer-Zahllast	Saldo aus Umsatzsteuer-Traglast und Vorsteuer; Verbindlichkeit gegenüber dem Finanzamt
Vorsteuer	Umsatzsteuer des Vorgängers; Forderung gegenüber dem Finanzamt
Vorsteuer-Guthaben	Saldo aus Umsatzsteuer-Traglast und (höherer) Vorsteuer; Forderung gegenüber dem Finanzamt
Zusammenfassende Meldung	Übermittlung von relevanten umsatzsteuerlichen Daten an das Bundeszentralamt für Steuern in Saarlouis bei innergemeinschaftlichen Lieferungen

9.2 Darstellung einfaches Umsatzsteuer-System im Inland

Carlo Sommerweizen kann sich daran erinnern, dass es bei der Umsatzsteuer um ein sehr komplexes System handelt. Er schaut sich zur Wiederholung nochmal eine Abbildung zum inländischen Umsatzsteuer-System an und wiederholt im Selbststudium die wichtigsten Etappen dieses Systems mit den entsprechenden Fachbegriffen, die auch im vorigen Abschnitt dieses Lehrbuches Abschn. 9.1 *Wichtige* Definitionen erklärt wurden:

9.2 Darstellung einfaches Umsatzsteuer-System im Inland

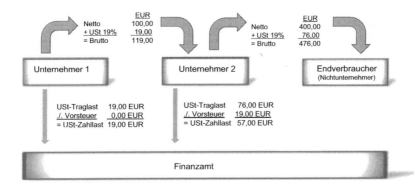

Abb. 9.1 Umsatzsteuer-System im Inland – Quelle: Praxislehrbuch Steuerrecht – Schneller Einstieg in die gesetzlichen Grundlagen; Autorin Karin Nickenig; Springer-Gabler, 2019

Carlo geht für sich also nochmal die Schritte auf vorgenannter Abb. 9.1 *Umsatzsteuer-System im Inland* durch und überlegt sich gleichzeitig die erforderlichen Buchungssätze bei den einzelnen Unternehmern.

Sichtweise des Unternehmers 1
Wenn also ein umsatzsteuerpflichtiger Unternehmer (hier: Unternehmer 1) z. B. eine Handelsware, die er ohne Vorsteuerabzug (z. B. wegen mangelhafter Rechnung) erworben hat, an einen anderen umsatzsteuerpflichtigen Unternehmer (hier: Unternehmer 2) für 100,00 € verkauft, so wird dem Abnehmer noch die Umsatzsteuer in Höhe von 19,00 € (19 % USt) auf den Kaufpreis aufschlagen. Diese Umsatzsteuer auf den Erlös bezeichnet man, wie Sommerweizen gut behalten hat, als Umsatzsteuer-Traglast. Diese schuldet Unternehmer 1 seinem Finanzamt. Ein Vorsteuerabzug hat dieser nicht, da dies aus diesem vorliegenden Schaubild nicht ersichtlich ist.

Carlo Sommerweizen überlegt sich die richtigen Buchungssätze zu diesem Vorgang:
a) zunächst der Verkaufsvorgang:
Buchungssätze nach SKR 03:

Nr.	Soll	Haben	Betrag/€	Text
1	Ford.aLuL (1400)		119,00	Verkauf Waren
		Erlöse 19 % (8200)	100,00	Erlöse Waren (netto)
		USt 19 % (1776)	19,00	USt 19 %

Buchung nach SKR 03
Die Buchungsanweisung in der Buchungsliste nach *SKR 03* wird wie folgt dargestellt:

S	Ford.aLuL (1400)	H
1. 119,00 €		

S	Erlöse 19% (8200)	H
	1.	100,00 €

S	USt 19% (1776)	H
	1.	19,00 €

b) im Anschluss die Überweisung der Umsatzsteuer-Zahllast an das Finanzamt:
Buchungssätze nach SKR 03:

Nr.	Soll	Haben	Betrag/€	Text
2	Umsatzsteuer-Vorauszahl. (1780)	Bank (1200)	19,00	USt-Zahllast

Buchung nach SKR 03
Die Buchungsanweisung in der Buchungsliste nach *SKR 03* wird wie folgt dargestellt:

S	USt-Vorauszahl. (1780)	H
1. 19,00 €		

S	Bank (1200)	H
	1.	19,00 €

Sichtweise des Unternehmers 2
Unternehmer 2 (Abnehmer) wird – nachdem er die Rechnung erhalten hat und ausgehend davon dass er (im vorliegenden Sachverhalt) der *Sollbesteuerung* unterliegt – die Vorsteuer in Abzug bringen. Das heißt, er hat das Recht, die von Unternehmer 1 in Rechnung gestellte Umsatzsteuer von seinem Finanzamt zurückzufordern. Die Vorsteuer des Unternehmers 2 ist also identisch mit der Umsatzsteuer-Traglast des Vorgängers Unternehmer 1. Voraussetzung für den Vorsteuerabzug durch Unternehmer 2 ist eine nach umsatzsteuerlichen Vorschriften ordnungsgemäße Rechnung. Aber mit dieser Problematik beschäftigt sich Sommerweizen etwas später.
Unternehmer 2 hat nun die Möglichkeit, die Handelsware z. B. für sein Unternehmen zu verwenden oder diese zu veräußern. Er entscheidet sich für einen Verkauf und zwar zu einem höheren als den Einkaufspreis, da er als kaufmännisch vernünftig denkender Unternehmer Gewinne erwirtschaften möchte. Unternehmer 2 verkauft – lt. Schaubild – also für netto 400,00 € zzgl. 19 % USt (76,00 €) die zuvor entgeltlich erworbene Handelsware. Nichtunternehmer P (Abnehmer) erhält eine ordnungsgemäß ausgestellte Rechnung. Unternehmer 2 muss an sein Finanzamt 76,00 € Traglast abzüglich 19,00 € Vorsteuer gleich 57,00 € Umsatzsteuer-Zahllast entrichten.
Auch hier überlegt sich Carlo die notwendigen Buchungssätze und trägt sie in die Buchungsliste und den vorliegenden T-Konten ein:
a) zunächst der Einkaufsvorgang:

9.2 Darstellung einfaches Umsatzsteuer-System im Inland

Buchungssätze nach SKR 03:

Nr.	Soll	Haben	Betrag/€	Text
1	Wareneingang (3200)		100,00	Einkauf Waren
	Vorsteuer (1576)		19,00	VoSt 19%
		Verb.aLuL (1600)	119,00	Verbindlichkeit

Buchung nach SKR 03

Die Buchungsanweisung in der Buchungsliste nach *SKR 03* wird wie folgt dargestellt:

```
S      Wareneingang (3200)      H        S      Verb.aLuL (1600)      H
1.     100,00 €                                                 1.    119,00 €


S      Vorsteuer 19% (1576)     H
1.     19,00 €
```

b) *im Anschluss der Verkaufsvorgang:*
Buchungssätze nach SKR 03:

Nr.	Soll	Haben	Betrag/€	Text
2	Ford.aLuL (1400)		476,00	Verkauf Waren
		Erlöse 19% (8200)	400,00	Erlöse Waren (netto)
		USt 19% (1776)	76,00	USt 19%

Buchung nach SKR 03

Die Buchungsanweisung in der Buchungsliste nach *SKR 03* wird wie folgt dargestellt:

```
S      Ford.aLuL (1400)         H        S      Erlöse 19% (8200)     H
1.     476,00 €                                                 1.    400,00 €


                                          S      USt 19% (1776)        H
                                                                1.    76,00 €
```

c) *zuletzt noch die Überweisung der Umsatzsteuer-Zahllast an das Finanzamt:*
Buchungssätze nach SKR 03:

Nr.	Soll	Haben	Betrag/€	Text
3	Umsatzsteuer-Vorauszahl. (1780)	Bank (1200)	57,00	USt-Zahllast

Buchung nach SKR 03

Die Buchungsanweisung in der Buchungsliste nach *SKR 03* wird wie folgt dargestellt:

S	USt-Vorauszahl. (1780)	H		S	Bank (1200)	H
1.	57,00 €				1.	57,00 €

Sichtweise des Nichtunternehmers (letzter Abnehmer lt. Schaubild)

Nichtunternehmer P erwirbt die Handelsware von Unternehmer 2, ohne die Berechtigung, die Vorsteuer zu ziehen, diese also von seinem Finanzamt zurückzufordern. Er gehört nicht zu den umsatzsteuerlichen Unternehmern nach § 2 UStG:

§ 2 UStG – Unternehmer, Unternehmen

(1) Unternehmer ist, wer eine gewerbliche oder berufliche Tätigkeit selbständig ausübt. Das Unternehmen umfasst die gesamte gewerbliche oder berufliche Tätigkeit des Unternehmers. Gewerblich oder beruflich ist jede nachhaltige Tätigkeit zur Erzielung von Einnahmen, auch wenn die Absicht, Gewinn zu erzielen, fehlt oder eine Personenvereinigung nur gegenüber ihren Mitgliedern tätig wird […] [1]

Sommerweizen braucht sich hier keine Überlegungen zu den notwendigen Buchungssätzen zu machen, da P als Nichtunternehmer keine Bücher führt.

Nun beschäftigt er sich noch einmal etwas ausführlicher mit dem Thema *Vorsteuer*.

9.3 Vorsteuer nach § 15 UStG

Die Vorsteuer ist geregelt im § 15 UStG. Diese Vorschrift liest sich Sommerweizen ansatzweise nochmal durch. Ihm geht es nur um die Grundlagenkenntnisse. Er stellt beim Lesen dieser Vorschrift fest, dass er Vorsteuerabzüge aufgrund aller vier Vorgänge innerhalb seines Unternehmens hat und deshalb schaut er sich die grundlegenden Fälle an.

§ 15 UStG – Vorsteuerabzug

(1) Der Unternehmer kann die folgenden Vorsteuerbeträge abziehen:

1. die gesetzlich geschuldete Steuer für Lieferungen und sonstige Leistungen, die von einem anderen Unternehmer für sein Unternehmen ausgeführt worden sind. […]
2. die entstandene Einfuhrumsatzsteuer für Gegenstände, die für sein Unternehmen nach § 1 Absatz 1 Nr. 4 eingeführt worden sind;

3. die Steuer für den innergemeinschaftlichen Erwerb von Gegenständen für sein Unternehmen, [...]
4. die Steuer für Leistungen im Sinne des § 13b Absatz 1 und 2, die für sein Unternehmen ausgeführt worden sind. [...] [2]

Er weiß von Freund Uwe Meister, dass ein Vorsteuerabzug unter Umständen auch nicht möglich ist, nämlich in den Fällen, wo es sich z. B. um nicht abzugsfähige Ausgaben nach § 4 (5) EStGhandelt:

§ 4 EStG – Gewinnbegriff im Allgemeinen

[...] (5) 1Die folgenden Betriebsausgaben dürfen den Gewinn nicht mindern:
1. Aufwendungen für Geschenke an Personen, die nicht Arbeitnehmer des Steuerpflichtigen sind. [...], wenn die Anschaffungs- oder Herstellungskosten der dem Empfänger im Wirtschaftsjahr zugewendeten Gegenstände insgesamt 35 € nicht übersteigen;
2. Aufwendungen für die Bewirtung von Personen aus geschäftlichem Anlass, soweit sie 70 % der Aufwendungen übersteigen, die nach der allgemeinen Verkehrsauffassung als angemessen anzusehen und deren Höhe und betriebliche Veranlassung nachgewiesen sind. [...];
7. andere [...] Aufwendungen, die die Lebensführung des Steuerpflichtigen oder anderer Personen berühren, soweit sie nach allgemeiner Verkehrsauffassung als unangemessen anzusehen sind;
8. von einem Gericht oder einer Behörde im Geltungsbereich dieses Gesetzes oder von Organen der Europäischen Union festgesetzte Geldbußen, Ordnungsgelder und Verwarnungsgelder. [...] [3]

Sollte also Vorsteuer im Rahmen von Umsätzen vorgenannter Art anfallen, wäre diese nicht als Forderung durch das zuständige Finanzamt zurückzufordern, gleichgültig, ob eine ordnungsgemäße Rechnung vorliegt oder nicht.

Wichtige Rechnungsmerkmale nach § 14 (4) UStG
Seit Carlo Sommerweizen sich mit den betrieblichen Steuern auseinandergesetzt hat, kennt er einer der zentralen Vorschriften im Umsatzsteuergesetz, den § 14 (4) UStG:

§ 14 UStG – Ausstellung von Rechnungen

[...]
(4) Eine Rechnung muss folgende Angaben enthalten:
1. den vollständigen Namen und die vollständige Anschrift des leistenden Unternehmers und des Leistungsempfängers,
2. die dem leistenden Unternehmer vom Finanzamt erteilte Steuernummer oder die [...] Umsatzsteuer-Identifikationsnummer,
3. das Ausstellungsdatum,

4. eine fortlaufende Nummer mit einer oder mehreren Zahlenreihen, die zur Identifizierung der Rechnung vom Rechnungsaussteller einmalig vergeben wird (Rechnungsnummer),

5. die Menge und die Art (handelsübliche Bezeichnung) der gelieferten Gegenstände […]

6. den Zeitpunkt der Lieferung oder sonstigen Leistung; […] den Zeitpunkt der Vereinnahmung des Entgelts oder eines Teils des Entgelts, sofern der Zeitpunkt der Vereinnahmung feststeht und nicht mit dem Ausstellungsdatum der Rechnung übereinstimmt,

7. das nach Steuersätzen und einzelnen Steuerbefreiungen aufgeschlüsselte Entgelt […] sowie jede im Voraus vereinbarte Minderung des Entgelts, sofern sie nicht bereits im Entgelt berücksichtigt ist,

8. den anzuwendenden Steuersatz sowie den auf das Entgelt entfallenden Steuerbetrag oder im Fall einer Steuerbefreiung einen Hinweis darauf, dass für die Lieferung oder sonstige Leistung eine Steuerbefreiung gilt,

9. […] die Aufbewahrungspflicht des Leistungsempfängers und

10. in den Fällen der Ausstellung der Rechnung durch den Leistungsempfänger […] die Angabe „Gutschrift". […] [4]

Sommerweizen prüft stets jede Eingangsrechnung dahingehend, ob die vorgenannten Punkte insgesamt richtig im Dokument erfasst wurden.

▶ Merke: Fehlt nur ein Merkmal des § 14 (4) UStG oder ist eines dieser Merkmale in der Rechnung falsch ausgewiesen, ist ein Vorsteuerabzug nicht möglich. Der Rechnungsempfänger kann jedoch eine Rechnungskorrektur beantragen.

Carlo Sommerweizen weiß auch, dass er eine Eingangsrechnung niemals selbst hinsichtlich der vorgenannten Merkmale verändern darf. Denn gemäß § 14 (1) UStG handelt es ich bei einer Rechnung um ein Dokument, welches nur durch den Aussteller, aber nicht durch den Empfänger verändert oder korrigiert werden darf:

§ 14 UStG – Ausstellung von Rechnungen

(1) Rechnung ist jedes Dokument, […] gleichgültig, wie dieses Dokument im Geschäftsverkehr bezeichnet wird. Die Echtheit der Herkunft der Rechnung, die Unversehrtheit ihres Inhalts und ihre Lesbarkeit müssen gewährleistet werden. Echtheit der Herkunft bedeutet die Sicherheit der Identität des Rechnungsausstellers. Unversehrtheit des Inhalts bedeutet, dass die nach diesem Gesetz erforderlichen Angaben nicht geändert wurden. […] [4]

Diese Vorschrift hat sich Carlo Sommerweizen gut gemerkt. Würde er oder seine Mitarbeiter sich nicht hieran halten, könnte der Vorsteuerabzug versagt werden. Das würde den Betrieb nicht unerheblich finanziell belasten.

9.4 Umsatzsteuer-Voranmeldung

Er überlegt sich nun ein Beispiel, bei dem die Vorsteuer eine Rolle spielte, nachdem er vom Lieferanten eine ordnungsgemäße Rechnung für eine Warenlieferung erhalten hat.

Beispiel – Vorsteuerabzug

Ein Lieferant von Handelswaren (Motorenöl, Destilliertes Wasser u. ä.) liefert Carlo Sommerweizen Produkte im Werte von 1000,00 € zzgl. 19 % USt. Eine nach § 14 (4) UStG ordnungsgemäß ausgestellte Rechnung liegt vor. Wie lautet der Buchungssatz?

Buchungssätze nach SKR 03:

Nr.	Soll	Haben	Betrag/€	Text
1	Wareneinkauf (3300)		1000,00	Einkauf Waren
	Vorsteuer 19 % (1576)		190,00	Vorsteuer 19 %
		Verb.aLuL (1600)	1190,00	Bruttobetrag Verbindlichkeiten

Buchung nach SKR 03

Die Buchungsanweisung in der Buchungsliste nach *SKR 03* wird wie folgt dargestellt:

S	Wareneingang (3300)	H	S	Verb.aLuL (1600)	H
1.	1.000,00 €			1.	1.190,00 €

S	Vorsteuer 19% (1576)	H
1.	190,00 €	

Nun beschäftigt sich Carlo Sommerweizen mit der Umsatzsteuer-Voranmeldung.

9.4 Umsatzsteuer-Voranmeldung

Sommerweizen weiß, dass die Umsatzsteuer-Voranmeldung einer Steuerfestsetzung unter Vorbehalt der Nachprüfung gleichsteht (§ 168 AO). Gleichzeitig greift auch § 164 AO:

§ 164 AO – Steuerfestsetzung unter Vorbehalt der Nachprüfung

(1) Die Steuern können, solange der Steuerfall nicht abschließend geprüft ist, [...] unter dem Vorbehalt der Nachprüfung festgesetzt werden, ohne dass dies einer Begründung bedarf. Die Festsetzung einer Vorauszahlung ist stets eine Steuerfestsetzung unter Vorbehalt der Nachprüfung. [...] [7]

Zur Abgabe einer Umsatzsteuer-Voranmeldung ist jeder Unternehmer verpflichtet, der umsatzsteuerpflichtige Umsätze erzielt. Sogenannte *Kleinunternehmer* sind von der Abgabepflicht nicht betroffen, da sie sich gegen die Regelbesteuerung entschieden haben.

§ 19 UStG – Besteuerung der Kleinunternehmer

(1) Die für Umsätze [...] geschuldete Umsatzsteuer wird von Unternehmern, [...], nicht erhoben, wenn der [...] Umsatz zuzüglich der darauf entfallenden Steuer im vorangegangenen Kalenderjahr 17.500 € nicht überstiegen hat und im laufenden Kalenderjahr 50.000 € voraussichtlich nicht übersteigen wird. Umsatz im Sinne des Satzes 1 ist der nach vereinnahmten Entgelten bemessene Gesamtumsatz, gekürzt um die darin enthaltenen Umsätze von Wirtschaftsgütern des Anlagevermögens. [...] [8]

Sommerweizen gehört aber zu den umsatzsteuerpflichtigen Unternehmern, die verpflichtet sind, eine Umsatzsteuer-Voranmeldung zu erstellen.

Er erinnert sich an seine eigene Voranmeldung aus dem Mai 02:

Beispiel – Umsatzsteuer-Voranmeldung

Sommerweizen erzielte im Mai 02 Erlöse von netto 120.000,00 €. Diese unterliegen der Regelbesteuerung. Der Autohändler versteuert nach vereinbarten und nicht nach vereinnahmten Entgelten. Sobald die Lieferung ausgeführt wurde, ist die Umsatzsteuer an das Finanzamt abzuführen. Da Carlo auch Wareneinkäufe getätigt hat, darf er bei Vorliegen von umsatzsteuerlich ordnungsgemäßen Rechnungen einen Vorsteuerabzug vornehmen. Die Vorsteuerbeträge im Mai 02 beliefen sich auf 21.300,00 €.

Für die Berechnung gilt Tab. 9.1 *Berechnung der Umsatzsteuer-Zahllast:*

Sommerweizen kommt seinen steuerlichen Verpflichtungen stets pünktlich nach. So überweist er zum Fälligkeitstermin am 10. Juni 02 per Banküberweisung 1500,00 € an die zuständige Finanzbehörde, nachdem er zuvor die Umsatzsteuer-Voranmeldung per ELSTER (Elektronische Steuererklärung) an das Finanzamt übermittelt hat.

Tab. 9.1 Berechnung der Umsatzsteuer-Zahllast

Nettoumsatz (Bemessungsgrundlage, § 10 UStG)	120.000,00 EUR	
x 19% USt		22.800,00 EUR
abzüglich Vorsteuer (§ 15 UStG)		21.300,00 EUR
= Umsatzsteuer-Zahllast		**1.500,00 EUR**

9.4 Umsatzsteuer-Voranmeldung

Buchung nach SKR 03

S	USt-Vorauszahlg. (1780)	H	S	Bank (1200)	H
1.	1.500,00 €			1.	1.500,00 €

Die Buchungsanweisung in der Buchungsliste nach *SKR 03* wird wie folgt dargestellt:

Nr.	Soll	Haben	Betrag/€	Text
1	USt-VZ. (1780)	Bank (1200)	1500,00	USt-VZ 05/02

Sein Steuerberater Glaube hatte Sommerweizen rechtzeitig informiert, dass die Umsatzsteuer-Voranmeldung nur noch per ELSTER abzugeben sei. In Härtefällen ist auch die Abgabe einer Voranmeldung in Papierform möglich. Aber dieses Problem stellt sich für den Autohändler nicht, da er mit einem gut funktionierenden EDV-System arbeitet.

Sommerweizen recherchiert jedoch noch einmal im Umsatzsteuergesetz, wann die Vorauszahlungen fällig sind. Er wird fündig im § 18 (2) UStG:

> **§ 18 UStG – Besteuerungsverfahren**
>
> [...] (2) Voranmeldungszeitraum ist das Kalendervierteljahr. Beträgt die Steuer für das vorangegangene Kalenderjahr mehr als 7500 €, ist der Kalendermonat Voranmeldungszeitraum. Beträgt die Steuer für das vorangegangene Kalenderjahr nicht mehr als 1000 €, kann das Finanzamt den Unternehmer von der Verpflichtung zur Abgabe der Voranmeldungen und Entrichtung der Vorauszahlungen befreien. Nimmt der Unternehmer seine berufliche oder gewerbliche Tätigkeit auf, ist im laufenden und folgenden Kalenderjahr Voranmeldungszeitraum der Kalendermonat. [...] [9]

Carlo Sommerweizen fasst für sich noch einmal den eben gelesenen Absatz zusammen.

Bei einer Jahressteuer bezogen auf das vorhergehende Wirtschaftsjahr gilt folgende Abgaberegelung:

- bis 1000,00 € (Abgabe: jährlich)
- von 1000,00–7500,00 € (Abgabe: vierteljährlich)
- ab 7500,00 € (Abgabe: monatlich)
- Existenzgründer (Abgabe: monatlich)

Sofern Anmelde- oder Zahlungsfristen überschritten werden, können z. B. Säumnis- oder Verspätungszuschläge festgesetzt werden.

Exkurs: Steuerliche Nebenleistungen
Zu den wichtigsten steuerlichen Nebenleistungen zählen der Säumnis- und Verspätungszuschlag.

Der *Säumniszuschlag* wird in den Fällen erhoben, wo die Zahlung der Steuerschuld zu spät, also außerhalb der Zahlungsfrist erfolgt:

§ 240 AO – Säumniszuschläge

(1) Wird eine Steuer nicht bis zum Ablauf des Fälligkeitstages entrichtet, so ist für jeden angefangenen Monat der Säumnis ein Säumniszuschlag von 1 % des abgerundeten rückständigen Steuerbetrags zu entrichten; abzurunden ist auf den nächsten durch 50 € teilbaren Betrag. […] [11]

Für den Fall, dass die Anmeldung zu spät, also außerhalb der Abgabefrist der Finanzbehörde übermittelt wurde, kann ein *Verspätungszuschlag* festgesetzt werden.

§ 152 AO – Verspätungszuschläge

(1) Gegen denjenigen, der seiner Verpflichtung zur Abgabe einer Steuererklärung nicht oder nicht fristgemäß nachkommt, kann ein Verspätungszuschlag festgesetzt werden. Von der Festsetzung eines Verspätungszuschlags ist abzusehen, wenn die Versäumnis entschuldbar erscheint. Das Verschulden eines gesetzlichen Vertreters oder eines Erfüllungsgehilfen steht dem eigenen Verschulden gleich.
[…] (5) Der Verspätungszuschlag beträgt […] für jeden angefangenen Monat der eingetretenen Verspätung 0,25 % der festgesetzten Steuer, mindestens jedoch 10 EUR für jeden angefangenen Monat der eingetretenen Verspätung. […] [12]

Da Carlo Sommerweizen ein sehr ordentlicher und gewissenhafter Unternehmer ist, hofft er, niemals solche steuerlichen Nebenleistungen tragen zu müssen. Aber er denkt: gut zu wissen, dass es solche Nebenleistungen gibt.

9.5 Buchungen bei Auslandsgeschäften

Nun widmet sich Carlo Sommerweizen den Auslandsgeschäften. Er weiß, dass man hier viel falsch machen kann, wenn man sich im Umsatzsteuerrecht nicht so gut auskennt. Aber er möchte sich auch lediglich mit den grundlegenden Buchungssätzen, die im Tagesgeschäft anfallen können, auseinandersetzen. Für die schwierigen Fälle fragt er stets seinen Steuerberater.

Sommerweizen weiß, dass es unterschiedliche internationale Geschäfte gibt. Ihm sind noch aus der Berufsschulzeit bekannt:

- Innergemeinschaftlicher Erwerb
- Innergemeinschaftliche Lieferung
- Einfuhr
- Ausfuhr

Umsätze im Sinne des § 13b UStG (Reverse Charge) [15] sind eher Neuland für ihn. Trotzdem möchte er sich den einen oder anderen Buchungssatz hierzu ansehen.

Da sich sein Freund Florian Gütlich sehr gut mit Auslandsgeschäften auskennt, fragt er diesen bei einem Besuch in seinem Betrieb. Gütlich findet die Motivation des Autohausinhabers toll und beantwortet ihm gerne seine Fragen.

9.5.1 Innergemeinschaftlicher Erwerb

Bei einem innergemeinschaftlichen Erwerb bezieht man als Unternehmer Waren aus dem übrigen EU-Gemeinschaftsgebiet. Hieran kann sich Carlo Sommerweizen noch gut erinnern, als er Handelswaren aus Italien importiert hat.

> **Beispiel – Innergemeinschaftlicher Erwerb**
> Carlo Sommerweizen bezieht aus Italien Handelswaren in Höhe von 1000,00 €. Die Eingangsrechnung wurde ohne Umsatzsteuer ausgestellt. Freund Florian Gütlich möchte gerne wissen, unter Berücksichtigung des von Carlo eingesetzten Kontenrahmens SKR 03, wie er diesen Vorgang buchen würde. Carlo überlegt und schaut sich die entsprechenden Konten an. Von Automatikkonten (also Konten, die automatisch die Vorsteuer bzw. Umsatzsteuer ausrechnen und korrekt buchen) wird an dieser Stelle und auch bei den folgenden Buchungssätzen nicht ausgegangen. Der motivierte Unternehmer stellt somit folgende Buchungssätze zusammen, wo ihm Gütlich zustimmt:

S	i.g. Erwerb (3200)	H	S	Kreditor (70000)	H
1.	1.000,00 €			1.	1.000,00 €

S	VoSt i.g. Erw. (1574)	H	S	USt i.g. Erw. (1774)	H
1.	190,00 €			1.	190,00 €

Die Buchungsanweisung in der Buchungsliste nach *SKR 03* wird wie folgt dargestellt:

Nr.	Soll	Haben	Betrag/€	Text
1	i. g. Erwerb (3200)	Kreditor (70000)	1000,00	Kauf Ware aus Italien (i. g. Erwerb)
2	VoSt i. g. Erw. (1574)	USt i. g. Erw. (1774)	190,00	Erwerbsbesteuerung

Carlo Sommerweizen nimmt nun auch den Begriff der sogenannten *Erwerbsbesteuerung* in sein Repertoire auf.

▶ Der innergemeinschaftliche Erwerb unterliegt stets der Erwerbsbesteuerung.

Einen wichtigen Praxis-Hinweis gibt ihm noch Florian Gütlich:

▶ Auf der Rechnung (bei innergemeinschaftlichen Geschäften) müssen stets die korrekten Umsatzsteuer-Identifikationsnummern beider Vertragsparteien enthalten sein. Die Richtigkeit der Nummern kann beim Bundeszentralamt für Steuern (Saarlouis) online abgefragt werden (www.bzst.de).

Nun schauen sich beide das Gebiet der innergemeinschaftlichen Lieferung an, also den Bereich, wo Güter in das übrige EU-Ausland exportiert werden.

9.5.2 Innergemeinschaftliche Lieferung

Florian Gütlich weist Freund Carlo Sommerweizen daraufhin, dass er einen Buchnachweis für solche Geschäfte benötigt. Er verweist kurz auf § 17a UStG [13]:

§ 17a UStDV – Nachweis bei innergemeinschaftlichen Lieferungen in Beförderungs- und Versendungsfällen

(1) Bei innergemeinschaftlichen Lieferungen (§ 6a Absatz 1 des Gesetzes) hat der Unternehmer [...] durch Belege nachzuweisen, dass er oder der Abnehmer den Gegenstand der Lieferung in das übrige Gemeinschaftsgebiet befördert oder versendet hat. Die Voraussetzung muss sich aus den Belegen eindeutig und leicht nachprüfbar ergeben. [...] [13]

Auf weitere, detaillierte Hinweise verzichtet Gütlich an dieser Stelle, da hier ja die Buchführung im Vordergrund steht. Im Bedarfsfall weiß Carlo Sommerweizen ja, wo er gegebenenfalls nachschlagen kann.

Geregelt ist die innergemeinschaftliche Lieferung im Umsatzsteuergesetz. Hier heißt es:

§ 6a UStG – Innergemeinschaftliche Lieferung

(1) Eine innergemeinschaftliche Lieferung [...] liegt vor, wenn bei einer Lieferung die folgenden Voraussetzungen erfüllt sind:

1. Der Unternehmer oder der Abnehmer hat den Gegenstand der Lieferung in das übrige Gemeinschaftsgebiet befördert oder versendet;
2. der Abnehmer ist

9.5 Buchungen bei Auslandsgeschäften

a) ein Unternehmer, der den Gegenstand der Lieferung für sein Unternehmen erworben hat, [...]
c) bei der Lieferung eines neuen Fahrzeuges auch jeder andere Erwerber und

3. der Erwerb des Gegenstands der Lieferung unterliegt beim Abnehmer in einem anderen Mitgliedstaat den Vorschriften der Umsatzbesteuerung. [...] [14]

Diese Art von Lieferung ist nach § 4 Nr. 1b UStG von der Umsatzsteuer befreit:

§ 4 UStG – Steuerbefreiungen bei Lieferungen und sonstigen Leistungen

Von den unter § 1 Abs. 1 Nr. 1 fallenden Umsätzen sind steuerfrei:
1. [...]
    b) die innergemeinschaftlichen Lieferungen (§ 6a); [...] [12]

Nun schildert ihm Florian Gütlich ein Beispiel hierzu:

Beispiel – Innergemeinschaftliche Lieferung

Unternehmer Schmidts (Vertrieb von Spezialschrauben) – Gütlichs Nachbar – versendet regelmäßig Ware nach Frankreich. Dieses Mal beläuft sich der Nettowert auf 2000,00 €. Die korrekten Umsatzsteuer-Identifikationsnummern liegen vor. Alle sonstigen relevanten Unterlagen (Gelangensbestätigung etc.) liegen vor.

Welche Buchungssätze sind zu bilden? Carlo Sommerweizen schaut wieder in seinen Kontenrahmen SKR 03 und kommt zu folgendem (richtigen) Ergebnis:

S	Debitor (10000)	H	S	Erlös i.g. Lieferung (8125)	H
1.	2.000,00 €			1.	2.000,00 €

Die Buchungsanweisung in der Buchungsliste nach *SKR 03* wird wie folgt dargestellt:

Nr.	Soll	Haben	Betrag/€	Text
1	Debitor (10000)	Erlös i. g. Lieferung (8125)	2000,00	Verkauf an Debitor in Frankreich

Nun noch der abschließende Hinweis von Florian Gütlich:

▶ Für innergemeinschaftliche Lieferungen müssen stets *Zusammenfassende Meldungen* an das Bundeszentralamt für Steuern übermittelt werden. Dies ist die Basis zur Kontrolle der Umsatzsteuerfreiheit bei innergemeinschaftlichen Geschäften.

Sommerweizen beißt sich durch dieses für ihn eher schwierige Thema. Er weiß, dass er hier nur die Grundlagen erlernt. Für Details benötigt er unbedingt die Hilfe seines Steuerberaters, da das Umsatzsteuerrecht ein sehr komplexes Gebiet darstellt.

9.5.3 Einfuhr

Nun geht's um den Import aus Drittländern. Auch hier geht es Carlo lediglich um die Grundlagen. Er fragt seinen Freund Florian, wo er auch etwas zur Steuerfreiheit bei der *Einfuhr* im Umsatzsteuergesetz findet.

Da Unternehmer Gütlich gut Bescheid weiß, verweist er sofort auf die nachfolgende Vorschrift des § 5 UStG [17]. Er geht jedoch nicht detailliert hierauf ein, sondern bittet Freund Carlo bei Bedarf um Eigenrecherche. Er wisse ja nun, wo er nachschlagen könne.

Gütlich gibt ein Beispiel zum Thema *Einfuhr* und erläutert kurz die allgemeinen Grundsätze:

Beispiel – Einfuhr

Gütlich verweist auf einen Bekannten namens Muster (Handel mit Haushaltswaren), welcher ebenfalls als Einzelunternehmer tätig ist und Güter häufig aus dem Drittland importiert. Dieser hatte vor einiger Zeit Waren mit einem Wert (Bemessungsgrundlage für die Einfuhrumsatzsteuer) in Höhe von 10.000,00 € gekauft. Die Einfuhrumsatzsteuer ermittelt man durch Multiplikation der 10.000,00 € mit den im Inland gültigen 19 % USt-Satz. Hinweis von Gütlich: es waren keine ermäßigt besteuerten Güter, die Muster gekauft hat. Außerdem werden Zollabgaben im vorliegenden Beispiel nicht weiter berücksichtigt.

Es ergibt sich eine Einfuhrumsatzsteuer in Höhe von 1900,00 €, die Sommerweizen wie folgt buchen muss:

S	Steuerfreie Einfuhr (3559)	H	S	Kreditor (70000)	H
1.	10.000,00 €			1.	10.000,00 €

S	Abzugsfähige Einfuhrumsatzsteuer (1588)	H	S	Verbindlichkeit Einfuhrumsatzsteuer (1788)	H
2.	1.900,00 €			2.	1.900,00 €

Die Buchungsanweisung in der Buchungsliste nach *SKR 03* wird wie folgt dargestellt:

Nr.	Soll	Haben	Betrag/€	Text
1	Steuerfreie Einfuhr (3559)	Kreditor (70000)	10.000,00	Einfuhr Handelsware
2	Abzugsf. EUSt (1588)	Verbindlichkeit EUSt (1788)	1900,00	EUSt

Auf weitere Details zu diesem Thema gehen beide Unternehmer nicht ein, da Sommerweizen ja auch noch aus vielen anderen Bereichen etwas zum Thema Buchungssätze hören möchte.

Er möchte nun der Vollständigkeit halber auch noch etwas über die Ausfuhr wissen.

9.5.4 Ausfuhr

Die *Ausfuhr* ist eine Lieferung in das übrige Drittland. Florian Gütlich hat auch zu diesem Teil der Umsatzsteuer ein Beispiel parat:

Beispiel – Ausfuhr

Ein Kunde aus der Schweiz bestellt bei seinem Bekannten, dem Einzelunternehmer Muster, Haushaltswaren im Wert von 500,00 €. Ein Ausfuhrnachweis, der für solche Lieferungen ebenfalls erforderlich ist, hat Muster bereits erhalten. Die Rechnung wurde netto, also ohne Umsatzsteuer, ausgestellt und zeitnah an den Kunden in der Schweiz versendet.

Sommerweizen freut sich über die Frage nach dem notwendigen Buchungssatz, da er hier direkt antworten kann. Er weiß, dass es sich um eine steuerfreie *Ausfuhr* aus Sicht des Unternehmers Muster handelt und deshalb ist seiner Ansicht nach folgender Buchungssatz (Buchhaltung Muster) korrekt. Dies bestätigt ihm Florian Gütlich:

S	Debitor (10000)	H	S	Steuerfreie Umsätze gemäß § 4 Nr. 1a UStG (8120)	H
1.	500,00 €			1. 500,00 €	

Die Buchungsanweisung in der Buchungsliste nach *SKR 03* wird wie folgt dargestellt:

Nr.	Soll	Haben	Betrag/€	Text
1	Debitor (10000)	Steuerfreie Umsätze nach § 4 Nr. 1a UStG (8120)	500,00	Ausfuhr

Eine weitere Buchung ist an dieser Stelle nicht erforderlich.

Abschließend möchte Sommerweizen gerne noch wissen, wo denn die Steuerfreiheit bei Ausfuhrlieferungen im Umsatzsteuergesetz zu finden ist. Auch hier kann Gütlich sofort antworten:

§ 4 UStG – Steuerbefreiungen bei Lieferungen und sonstigen Leistungen

Von den unter § 1 Abs. 1 Nr. 1 fallenden Umsätzen sind steuerfrei:
   1. a) die Ausfuhrlieferungen (§ 6) […] [10]

Damit gibt sich Carlo Sommerweizen zufrieden…. Beziehungsweise ihm fällt noch ein, dass er von Steuerberater Glaube etwas zum Thema *Reverse Charge* gehört hat. Er kann sich nicht mehr genau hieran erinnern und bittet den doch recht fachkompetenten Florian Gütlich um Erläuterung dieses Begriffes.

9.5.5 Umsatz im Sinne des § 13b UStG („Reverse Charge")

Unter *Reverse Charge* versteht man die Umkehr der Steuerschuldnerschaft, so Gütlich. Es gibt bestimmte Situationen und Sachverhalte, wo nicht der leistende Unternehmer die Umsatzsteuer an die zuständige Finanzbehörde abführt, sondern der Leistungsempfänger.

Zu nennen ist in diesem Zusammenhang der § 13b UStG. Eine Vorschrift, welche steuerliche Vorgaben zu diesem immer wichtiger werdenden Thema beinhaltet.

Dies ausführlich im Rahmen seiner Erklärungen auszuführen, hält Sommerweizen und auch Gütlich momentan für entbehrlich. Des Weiteren ist es ein sehr komplexes Thema, welches den Rahmen – auch dieses Lehrbuches – sprengen würde.

Gütlich gibt folgenden wichtigen Hinweis:

▶ Im Bedarfsfall sollte stets ein steuerlicher Berater um Hilfe gebeten werden.

Sommerweizen gibt sich zunächst mit Grundlagenkenntnissen zufrieden. Er weiß, dass er diese später ausbauen kann und auch wird. Aber aktuell möchte er lediglich einen Überblick über die komplexe Materie erhalten.

Florian Gütlich nimmt den § 13b UStG zur Hand und zeigt seinem Freund Carlo die recht komplexe Vorschrift (in Auszügen).

§ 13b UStG – Leistungsempfänger als Steuerschuldner

(1) Für […] im Inland steuerpflichtige sonstige Leistungen eines im übrigen Gemeinschaftsgebiet ansässigen Unternehmers entsteht die Steuer mit Ablauf des Voranmeldungszeitraums, in dem die Leistungen ausgeführt worden sind.
(2) Für folgende steuerpflichtige Umsätze entsteht die Steuer mit Ausstellung der Rechnung, spätestens jedoch mit Ablauf des der Ausführung der Leistung folgenden Kalendermonats:
    1. Werklieferungen und nicht unter Absatz 1 fallende sonstige Leistungen eines im Ausland ansässigen Unternehmers; […]
    3. Umsätze, die unter das Grunderwerbsteuergesetz fallen;
    4. Werklieferungen und sonstige Leistungen, die der Herstellung, Instandsetzung, Instandhaltung, Änderung oder Beseitigung von Bauwerken dienen, mit Ausnahme von Planungs- und Überwachungsleistungen. Nummer 1 bleibt unberührt; […] [17]

Hierzu gibt Gütlich seinem Freund Carlo Sommerweizen ein (einfaches) Beispiel:

Beispiel – Umkehr der Steuerschuldnerschaft (Reverse Charge)
Ein deutscher Unternehmer – Harald Dufte, Bauleister – nimmt die Leistung (Bauleistung) eines aus dem übrigen Gemeinschaftsgebiet ansässigen Unternehmers Schluchti (Österreich) in Anspruch. Der Rechnungsbetrag beläuft sich auf 6000,00 € netto.

Der deutsche Unternehmer Dufte ist als Leistungsempfänger Schuldner der Umsatzsteuer. Die Rechnung muss den Hinweis beinhalten, dass es sich um eine Umkehr der Steuerschuldnerschaft im Sinne des § 13b UStG (Reverse Charge) handelt. Der Rechnungsbetrag ist netto auszuweisen. Dufte kann als Leistungsempfänger die Umsatzsteuer aufgrund des Nettobetrages selbst berechnen und diese dann im nächsten Schritt als Vorsteuer in Abzug bringen.

Im vorliegenden Fall handelt es sich um eine Bauleistung im Sinne des § 13b Abs. 2 Nr. 4 UStG.

Es ist von Dufte folgender Buchungssatz zu erstellen (davon ausgehend, dass das Konto 3120 „Bauleistungen ausländ. Unternehmer" ohne Steuerschlüssel gebucht wird):

S	Bauleistungen ausländ. Unternehmer (3120)	H	S	Kreditor (70000)	H
1.	6.000,00 €			1.	6.000,00 €

S	Abziehbare Vorsteuer 13b UStG 19% (1577)	H	S	USt nach § 13b UStG 19% (1787)	H
2.	1.140,00 €			2.	1.140,00 €

Die Buchungsanweisung in der Buchungsliste nach *SKR 03* wird wie folgt dargestellt:

Nr.	Soll	Haben	Betrag/€	Text
1	Bauleistungen ausl. Unternehmer (3120)	Kreditor (70000)	6000,00	Bauleistung durch UN im EU-Gebiet
2	Abziehbare Vorsteuer 13b UStG 19 % (1577)	USt nach § 13b UStG 19 % (1787)	1140,00	VorSt/USt 13b UStG

Diese Informationen zum Thema Auslandsgeschäfte reichen Carlo zunächst einmal. Nach Durcharbeitung aller Übungsfälle möchte er sich gerne mit dem Thema Buchungen auf Privatkonten beschäftigen. Auch hier erhält er Hilfe von Freund Uwe Meister.

Doch zunächst die Wiederholungsübungen:

9.6 Zusammenfassende Lernkontrolle

Im Folgenden werden zunächst mit Hilfe von Kontrollfragen die Inhalte des bisherigen Kapitels wiederholt. Hieran schließen sich Übungsaufgaben an, die das erworbene oder aufgefrischte Wissen vertiefen sollen.

9.6.1 Kontrollfragen

1. Nennen Sie drei Fachbegriffe, die die *Umsatzsteuer-Voranmeldung* betreffen.
2. In welcher Vorschrift finden Sie Regelungen zum *Vorsteuerabzug?*
3. Wo finden Sie die Regelung zur *Entstehung der Steuerschuld* (Umsatzsteuer)?
4. Wie ist die *Umsatzsteuer-Voranmeldung* rechnerisch aufgebaut?
5. Was unterscheidet der *innergemeinschaftliche Erwerb* von einer *Einfuhr?*
6. Bei welchem Import findet man das Konstrukt der *Erwerbsbesteuerung?*
7. Was versteht man auf dem Gebiet der Umsatzsteuer unter *Reverse Charge?*
8. Welche umsatzsteuerliche Vorschrift ist zwingend zu beachten, wenn es um den Vorsteuerabzug geht?
9. Wie nennt man die Umsatzsteuer beim Import von Waren aus dem Drittland?
10. Mit welchem Verfahren ist die Umsatzsteuer-Voranmeldung an das Finanzamt zu übermitteln?

9.6.2 Lösungen zu den Kontrollfragen

1. Umsatzsteuer-Traglast, Umsatzsteuer-Zahllast, Vorsteuer-Guthaben
2. § 15 UStG
3. § 13 UStG
4. Umsatzsteuer-Traglast abzüglich Vorsteuer ergibt Umsatzsteuer-Zahllast oder Vorsteuer-Guthaben
5. Beim innergemeinschaftlichen Erwerb werden z. B. Waren vom übrigen EU-Gemeinschaftsgebiet ins Inland importiert. Bei der Einfuhr werden die Waren aus dem Drittland (also Nicht-EU-Ländern) ins Inland geliefert.
6. Die Erwerbsbesteuerung findet man beim innergemeinschaftlichen Erwerb.
7. Unter Reverse Charge versteht man die Umkehr der Steuerschuldnerschaft. Leistungsempfänger ist für die Besteuerung der Umsätze des Leistenden verantwortlich.
8. § 14 (4) UStG
9. Einfuhrumsatzsteuer
10. Das Verfahren, mit dem u. a. die Umsatzsteuer-Voranmeldung übermittelt wird, bezeichnet man als ELSTER (ELektronische STeuerERklärung)

9.6.3 Übungsaufgaben

1. Welche Aussage ist korrekt? Bitte entscheiden Sie sich durch Auswahl einer oder mehrerer Antwort-Alternativen:
   a) Die Umsatzsteuer-Voranmeldung wird vom Bundeszentralamt für Steuern erstellt.
   b) Die Umsatzsteuer-Voranmeldung wird vom steuerpflichtigen Unternehmer erstellt.
   c) Die Umsatzsteuer-Voranmeldung muss nie erstellt werden.
   d) Keine Aussage trifft zu
2. *Steuerentstehung* und *Steuerfälligkeit* im Rahmen des Umsatzsteuerrechts
   a) sind identische Begriffe (Synonyme)
   b) sind Begriffe, die in §§ 13 und 15 UStG geregelt sind
   c) sind Begriffe, die es auch auf dem Gebiet der Gewerbesteuer gibt
   d) sind erfunden
3. Die *Traglast* ist...
   a) eine steuerliche Unverschämtheit
   b) definiert als Umsatzsteuer auf den Erlös
   c) definiert als Vorsteuer auf den Erlös
   d) bei allen vorherigen Antworten nicht korrekt definiert.
4. Bitte buchen Sie die nachfolgenden Geschäftsvorfälle, die alle *bar* bezahlt bzw. vereinnahmt wurden:
   a) Sommerweizen kauft einen Benzinkanister (betrieblich) und zahlt 8,33 € (inkl. 19 % USt)
   b) Carlo tankt für 50,00 € netto (zzgl. 19 % USt)
   c) Der Tankwart hat sich verrechnet und gibt Carlo Sommerweizen brutto 10,00 € (inkl. 19 % USt) zurück.
   d) Das Auto eines Kunden muss in der Werkstatt repariert werden, da versehentlich Super anstatt Diesel getankt wurde. Die Rechnung lautet über 700,00 € zzgl. 19 % USt.
   e) Sommerweizen parkt den betrieblichen Pkw wieder falsch. Das Bußgeld in Höhe von 10,00 € entnimmt er aus der betrieblichen Kasse.

Die Buchungsanweisung in der Buchungsliste nach *SKR 03* wird wie folgt dargestellt:

Nr.	Soll	Haben	Betrag/€	Text

5. Bilden Sie zu nachfolgenden Geschäftsvorfällen bitte die Buchungssätze nach dem SKR 03 und tragen Sie diese in die Buchungsliste und auf die beigefügten T-Konten ein. Hier nun die zu buchenden Geschäftsvorfälle:
   1. Kauf eines Pkw auf Ziel 30.000,00 € zzgl. 19 % USt
   2. Kauf eines unbebauten Grundstücks/ Zahlung erfolgt in bar: 100.000,00 €
   3. Barzahlung Tankrechnung 75,00 € inkl. 19 % USt
   4. Aufnahme eines Bankdarlehens in Höhe von 20.000,00 €
   5. Verkauf einer Handelsware: 1000,00 € inkl. 19 % USt
   6. Rückgabe Pkw wegen Mangel (siehe unter Nr. 1)

Hinweis vorab: Die Anzahl der Zeilen in der Buchungsliste ist unabhängig von der Anzahl der zu erstellenden Buchungssätze.

T-Konten und Buchungsliste

9.6 Zusammenfassende Lernkontrolle

S	Pkw (0320)	H		S	Kreditor (70000)	H

S	Vorsteuer 19% (1576)	H		S	Grundstücke unb. (0065)	

S	Kasse (1000)	H		S	Lfd. Kfz-Kosten (4530)	H

S	Bank (1200)	H		S	Darlehen (0640)	H

S	Debitor (10000)	H		S	Erlöse (8000)	H

S	USt 19% (1776)	H

Die Buchungsanweisung in der Buchungsliste nach *SKR 03* wird wie folgt dargestellt:

Nr.	Soll	Haben	Betrag/€	Text

6. Bei welchen vorgenannten Buchungssätzen handelt es sich um *erfolgsneutrale Buchungen*, also Buchungssätze, die keine Auswirkungen auf den Gewinn bzw. den Verlust des Unternehmens haben?
7. Carlo Sommerweizen (umsatzsteuerlicher Monatszahler) hat im Oktober 02 Umsätze in Höhe von netto 100.000,00 € erzielt. An Vorsteuerbeträgen hat er bei Einkäufen 7000,00 € gezahlt. Umsatzsteuerlich ordnungsgemäße Rechnungen liegen vor. Bitte beantworten Sie nachfolgende Fragen zur Umsatzsteuer:
   a) Wie hoch ist die Umsatzsteuervorauszahlung bzw. Erstattung?
   b) Wann ist die Voranmeldung fällig?
   c) Was bedeutet „ELSTER"?
   d) Buchen Sie die Umsatzsteuervorauszahlung. Gehen Sie davon aus, dass am Fälligkeitstag die Zahlung per Banküberweisung stattfindet.

Nr.	Soll	Haben	Betrag/€	Text

9.6 Zusammenfassende Lernkontrolle

8. Richtig oder Falsch? Bitte entscheiden Sie sich für die korrekte Antwort (siehe Tab. 9.2 *Richtig oder Falsch? (Kap. 9)*):

Tab. 9.2 Richtig oder Falsch? (Kap. 9)

Nr.	Aussage	Richtig	Falsch
1.	Die Umsatzsteuer-Traglast ergibt sich, indem man die Erlöse mit dem gültigen Umsatzsteuer-Satz multipliziert		
2.	Die Vorsteuer ist die Umsatzsteuer des Vorgängers. Sie darf erst vom Leistungsempfänger in Abzug gebracht werden, wenn er über eine ordnungsgemäße Rechnung im Sinne des § 14 (4) KStG verfügt		
3.	Die Vorsteuer ist die Umsatzsteuer des Vorgängers. Sie darf erst vom Leistungsempfänger in Abzug gebracht werden, wenn er über eine ordnungsgemäße Rechnung im Sinne des § 14 (4) UStG verfügt		
4.	Ein umsatzsteuerpflichtiger Unternehmer ist stets verpflichtet, die Umsatzsteuer-Voranmeldung monatlich der Finanzbehörde zu übermitteln		
5.	Eine Umsatzsteuer-Voranmeldung ist eine Steuererklärung, die stets per ELSTER an die zuständige Finanzbehörde übermittelt werden muss. Eine Anmeldung in Papierform ist nicht erlaubt		
6.	Auch ein Nichtunternehmer ist berechtigt, seine Umsatzsteuer bei Verkauf von privaten Gütern in seiner Rechnung auszuweisen und die Vorsteuer bei Kauf in Abzug zu bringen		
7.	Die Umsatzsteuer-Voranmeldung muss immer vom Steuerberater erstellt und an das Finanzamt übermittelt werden. Dies ist dem Unternehmer untersagt		
8.	Ein innergemeinschaftlicher Erwerb ist der Import von Waren aus dem übrigen EU-Gemeinschaftsgebiet		
9.	Eine innergemeinschaftliche Lieferung muss im Rahmen der Zusammenfassenden Meldung (ZM) dem Bundeszentralamt für Steuern mitgeteilt werden		
10.	Die Einfuhrumsatzsteuer ist die Steuer, die bei Einfuhr – also bei Import von Gütern aus dem Drittland in das Inland – anfällt		
11.	Die Einfuhrumsatzsteuer darf vom umsatzsteuerpflichtigen Unternehmer als Vorsteuer in Abzug gebracht werden, wenn er diese bezahlt hat		
12.	Die Erwerbssteuer ist die Umsatzsteuer, welche beim innergemeinschaftlichen Erwerb (also dem Import von Waren aus dem übrigen EU-Gemeinschaftsgebiet in das umsatzsteuerliche Inland anfällt)		
13.	„Reverse Charge" steht für „Umkehr der Steuerschuldnerschaft". Der leistende Unternehmer muss die Umsatzversteuerung des Leistungsempfängers übernehmen		

(Fortsetzung)

Tab. 9.2 (Fortsetzung)

Nr.	Aussage	Richtig	Falsch
14.	„Reverse Charge" steht für „Umkehr der Steuerschuldnerschaft". Der Leistungsempfänger muss die Umsatzversteuerung des leistenden Unternehmers übernehmen		
15.	Man muss die Umkehr der Steuerschuldnerschaft nicht anwenden, wenn man dies nicht möchte. Es handelt sich um ein Wahlrecht		
16.	Die Besteuerung der Einfuhr von Gütern erfolgt über die Zollbehörde		
17.	Die Besteuerung des Erwerbs von Gütern aus dem übrigen EU-Gebiet erfolgt über die Zollbehörde		
18.	Der Ort des innergemeinschaftlichen Erwerbs ist immer Saarlouis, da sich hier der Sitz des Bundeszentralamtes für Steuern befindet		
19.	Eine Zusammenfassende Meldung ist auch notwendig für Ausfuhren (Exporte von Gütern in Drittländer)		
20.	Die Zusammenfassende Meldung ist elektronisch zu übermitteln		

9.6.4 Lösung zu den Übungsaufgaben

1. Lösung Nr. 1b)
2. Lösung Nr. 1b)
3. Lösung Nr. 1b)
4. Buchungssätze siehe unten:

Die Buchungsanweisung in der Buchungsliste nach SKR 03 wird wie folgt dargestellt:

Nr.	Soll	Haben	Betrag/€	Text
a)	Sonstige Kfz-Kosten (4580)		7,00	Kauf Kanister
	VoSt 19% (1576)		1,33	VoSt 19%
		Kasse	8,33	Barzahlung
b)	Lfd. Kfz-Kosten (4530)		50,00	Diesel
	VoSt 19% (1576)		9,50	VoSt 19%
		Kasse (1000)	59,50	Barzahlung
c)	Kasse (1000)		10,00	Erstattung
		Lfd. Kfz-Kosten (4530)	8,40	Rückzahlung Diesel
		VoSt 19% (1576)	1,60	Erst. VoSt 19%
d)	Kasse (1000)		833,00	Ausgangsrechnung
		Erlöse (8200)	700,00	Erlöse
		USt 19% (1776)	133,00	USt 19%
e)	Privatentnahme (1800)	Kasse (1000)	10,00	Bußgeldzahlung

9.6 Zusammenfassende Lernkontrolle

5. Buchungssätze siehe unten:
Buchung nach SKR 03

S	Pkw (0320)		H		S	Kreditor (70000)		H
1.	30.000,00€	6.	30.000,00€		6.	35.700,00€	1.	35.700,00 €

S	Vorsteuer 19% (1576)		H		S	Grundstücke unb. (0065)		H
1.	5.700,00€	6.	5.700,00€		2.	10.000,00€		
3.	11,97€							

S	Kasse (1000)		H		S	Lfd. Kfz-Kosten (4530)		H
		2.	10.000,00€		3.	63,03		
		3.	75,00€					

S	Bank (1200)		H		S	Darlehen (0640)		H
4.	20.000,00€						4.	20.000,00€

S	Debitor (10000)		H		S	Erlöse (8000)		H
5.	1.000,00€						1.	840,34€

S	USt 19% (1776)		H
		5.	159,66€

Die Buchungsanweisung in der Buchungsliste nach *SKR 03* wird wie folgt dargestellt:

Nr.	Soll	Haben	Betrag/€	Text
1	Pkw (0320)		30.000,00	Kauf Pkw
	VoSt 19 % (1576)		5700,00	VoSt 19 %
		Kreditor (70000)	35.700,00	Kauf Pkw auf Ziel
2	Grundst. unb. (0065)	Kasse (1000)	10.000,00	Kauf Grundstück
3	Lfd. Kfz-Kosten (4530)		63,03	Benzin, netto
	VoSt 19 % (1576)		11,09	VoSt 19 %
		Kasse (1000)	75,00	Gesamtrechnung
4	Bank (1200)	Darlehen (0640)	20.000,00	Darlehensvalutierung
5	Debitor (10000)		1000,00	Ausgangsrechnung
		Erlöse 19 % (8000)	840,34	Nettoerlös
		USt 19 % (1776)	159,66	USt 19 %
6	Kreditor (70000)		35.700,00	Storno
		Pkw (0320)	30.000,00	Rückgabe Pkw
		VoSt (1576)	5700,00	VoSt-Storno

6. Folgende Buchungssätze wirken sich nicht auf das betriebliche Ergebnis aus: 1,2,4,6
7. Folgende Antworten sind denkbar:
   a) Umsatzsteuer-Traglast beträgt 19 % von 100.000,00 € = 19.000,00 €. Subtrahiert man 7.000,00 € Vorsteuer von der Umsatzsteuer-Traglast (19.000,00 €) errechnet man die Umsatzsteuer-Zahllast (Vorauszahlungsbetrag) in Höhe von 12.000,00 €
   b) Die Voranmeldung ist grundsätzlich fällig zum 10. des Folgemonats.
   c) ELSTER steht für Elektronische Steuererklärung
   d) Folgender Buchungssatz ist für die Umsatzsteuer-Voranmeldung aus a) zu erstellen:

Nr.	Soll	Haben	Betrag/€	Text
1	USt-Vorauszahlung (1780)	Bank (1200)	12.000,00	USt-VZ 10/02

8. Folgende Antworten sind denkbar (siehe Tab. 9.3 *Richtig oder Falsch? (Lösung Kap. 9))*:

9.6 Zusammenfassende Lernkontrolle

Tab. 9.3 Richtig oder Falsch? (Lösung Kap. 9)

Nr.	Aussage	Richtig	Falsch
1.	Die Umsatzsteuer-Traglast ergibt sich, indem man die Erlöse mit dem gültigen Umsatzsteuer-Satz multipliziert	×	
2.	Die Vorsteuer ist die Umsatzsteuer des Vorgängers. Sie darf erst vom Leistungsempfänger in Abzug gebracht werden, wenn er über eine ordnungsgemäße Rechnung im Sinne des § 14 (4) KStG verfügt		×
3.	Die Vorsteuer ist die Umsatzsteuer des Vorgängers. Sie darf erst vom Leistungsempfänger in Abzug gebracht werden, wenn er über eine ordnungsgemäße Rechnung im Sinne des § 14 (4) UStG verfügt	×	
4.	Ein umsatzsteuerpflichtiger Unternehmer ist stets verpflichtet, die Umsatzsteuer-Voranmeldung monatlich der Finanzbehörde zu übermitteln		×
5.	Eine Umsatzsteuer-Voranmeldung ist eine Steuererklärung, die stets per ELSTER an die zuständige Finanzbehörde übermittelt werden muss. Eine Anmeldung in Papierform ist nicht erlaubt		×
6.	Auch ein Nichtunternehmer ist berechtigt, seine Umsatzsteuer bei Verkauf von privaten Gütern in seiner Rechnung auszuweisen und die Vorsteuer bei Kauf in Abzug zu bringen		×
7.	Die Umsatzsteuer-Voranmeldung muss immer vom Steuerberater erstellt und an das Finanzamt übermittelt werden. Dies ist dem Unternehmer untersagt		×
8.	Ein innergemeinschaftlicher Erwerb ist der Import von Waren aus dem übrigen EU-Gemeinschaftsgebiet		×
9.	Eine innergemeinschaftliche Lieferung muss im Rahmen der Zusammenfassenden Meldung (ZM) dem Bundeszentralamt für Steuern mitgeteilt werden	×	
10.	Die Einfuhrumsatzsteuer ist die Steuer, die bei Einfuhr – also bei Import von Gütern aus dem Drittland in das Inland – anfällt	×	
11.	Die Einfuhrumsatzsteuer darf vom umsatzsteuerpflichtigen Unternehmer als Vorsteuer in Abzug gebracht werden, wenn er diese bezahlt hat	×	
12.	Die Erwerbssteuer ist die Umsatzsteuer, welche beim innergemeinschaftlichen Erwerb (also dem Import von Waren aus dem übrigen EU-Gemeinschaftsgebiet in das umsatzsteuerliche Inland anfällt)	×	
13.	„Reverse Charge" steht für „Umkehr der Steuerschuldnerschaft". Der leistende Unternehmer muss die Umsatzversteuerung des Leistungsempfängers übernehmen		×
14.	„Reverse Charge" steht für „Umkehr der Steuerschuldnerschaft". Der Leistungsempfänger muss die Umsatzversteuerung des leistenden Unternehmers übernehmen	×	
15.	Man muss die Umkehr der Steuerschuldnerschaft nicht anwenden, wenn man dies nicht möchte. Es handelt sich um ein Wahlrecht		×

(Fortsetzung)

Tab. 9.3 (Fortsetzung)

Nr.	Aussage	Richtig	Falsch
16.	Die Besteuerung der Einfuhr von Gütern erfolgt über die Zollbehörde	×	
17.	Die Besteuerung des Erwerbs von Gütern aus dem übrigen EU-Gebiet erfolgt über die Zollbehörde		×
18.	Der Ort des innergemeinschaftlichen Erwerbs ist immer Saarlouis, da sich hier der Sitz des Bundeszentralamtes für Steuern befindet		×
19.	Eine Zusammenfassende Meldung ist auch notwendig für Ausfuhren (Exporte von Gütern in Drittländer)		×
20.	Die Zusammenfassende Meldung ist elektronisch zu übermitteln	×	

Literatur

1. http://www.gesetze-im-internet.de/ustg_1980/__2.html. Zugegriffen: 10. Nov. 2015
2. http://www.gesetze-im-internet.de/ustg_1980/__15.html. Zugegriffen: 10. Nov. 2015
3. http://www.gesetze-im-internet.de/estg/__4.html. Zugegriffen: 10. Nov. 2015
4. http://www.gesetze-im-internet.de/ustg_1980/__14.html. Zugegriffen: 10. Nov. 2015
5. http://www.gesetze-im-internet.de/ao_1977/__93.html. Zugegriffen: 09. Nov. 2015
6. Nickenig K (2019) Praxislehrbuch Steuerrecht. Schneller Einstieg in die gesetzlichen Grundlagen. 4. Aufl. Springer Gabler, Wiesbaden
7. http://www.gesetze-im-internet.de/ao_1977/__164.html. Zugegriffen: 27. Okt. 2015
8. http://www.gesetze-im-internet.de/ustg_1980/__19.html. Zugegriffen: 27. Okt. 2015
9. http://www.gesetze-im-internet.de/ustg_1980/__18.html. Zugegriffen: 27. Okt. 2015
10. http://www.gesetze-im-internet.de/ustg_1980/__4.html. Zugegriffen: 27. Okt. 2015
11. http://www.gesetze-im-internet.de/ao_1977/__240.html. Zugegriffen: 27. Okt. 2015
12. http://www.gesetze-im-internet.de/ao_1977/__152.html. Zugegriffen: 05. Jul. 2018
13. http://www.gesetze-im-internet.de/ustdv_1980/__17a.html. Zugegriffen: 27. Okt. 2015
14. http://www.gesetze-im-internet.de/ustg_1980/__6a.html. Abruf am 27. Okt. 2015
15. http://www.gesetze-im-internet.de/ustg_1980/__13b.html. Zugegriffen: 27. Okt. 2015
16. http://www.gesetze-im-internet.de/ustg_1980/__1.html. Zugegriffen: 10. Nov. 2015
17. http://www.gesetze-im-internet.de/ustg_1980/__5.html. Zugegriffen: 10. Nov. 2015

Privatkonten 10

> **Zusammenfassung**
> Als erfolgreicher Einzelunternehmer, der kein Gehalt bezieht, sondern sein Privatleben mit Privatentnahmen finanziert, muss sich Carlo Sommerweizen über die unentgeltlichen Wertabgaben (früher: Eigenverbrauch) genau informieren. Er schaut sich – auch aus umsatzsteuerlicher Sicht – die Privatentnahmen von Geld, Leistungen und Waren sowie einige Privateinlagen an und erstellt mit Hilfe von Freunden und Beratern entsprechende Buchungssätze. Sein neu erworbenes bzw. aufgefrischtes Wissen festigt Carlo Sommerweizen durch zahlreiche Kontrollfragen und Übungen.

Sommerweizen hat bereits gelernt, dass ein Privatkonto (kein Bankkonto!) genauso wie das Gewinn- und Verlustkonto ein Unterkonto des Eigenkapitals ist. Privatkonten findet man nicht bei Kapitalgesellschaften, wie z. B. der Aktiengesellschaft (AG) oder der Gesellschaft mit beschränkter Haftung (GmbH), sondern bei Einzelunternehmern und Personengesellschaften.

Sommerweizen beschäftigt sich in seinem Grundlehrgang der Buchführung nur mit dem Einzelunternehmen. Er weiß aus seinem eigenen Betrieb bzw. seiner eigenen Buchhaltung, dass sein Mitarbeiter Milber, der ja mittlerweile nicht mehr für Sommerweizen arbeitet, bei den Privatkonten stets zwischen *Privateinlagen* und *Privatentnahmen* unterschieden hat.

Grundsätzlich kann man sich darüber streiten, ob eine Trennung notwendig ist, so Sommerweizens Gedanke. Aber aus Gründen der besseren Übersicht wird er auf jeden Fall diese Einteilung beibehalten.

Florian Gütlich, der wieder zum Zwecke der Erläuterungen sein Bestes geben muss, gibt seinem Freund Carlo noch einen weiteren ganz wichtigen praktischen Hinweis:

▶ Für Zwecke der Ermittlung z. B. von Sonderausgaben können Privatentnahmen im Rahmen der Buchführung noch weiter differenziert werden. So kann man anstatt die über das Betriebskonto bezahlten privaten Versicherungsbeiträge auf das Konto „Sonderausgaben" zu buchen, differenzieren nach „Sonderausgaben Unfallversicherung", „Sonderausgaben Krankenversicherung" usw. Dies vereinfacht die Ermittlung der gesamten abzugsfähigen bzw. nicht abzugsfähigen Beträge im Rahmen der Erstellung von Einkommensteuer-Erklärungen ungemein.

Diesen Hinweis merkt sich Sommerweizen. So muss er dann nicht zum Jahresende die müßige Aufteilung vornehmen, sondern bucht schon unterjährig die einkommensteuerrelevanten Vorgänge, die über das Betriebskonto finanziert werden auf aussagekräftige Konten.
Florian Gütlich weist aber auf noch etwas ganz wichtiges hin:

▶ Privatkonten sind Bestandskonten ohne Anfangsbestand und werden über das Eigenkapital abgeschlossen.

Zunächst beschäftigt sich Carlo mit den möglichen Privatentnahmen und deren Buchungssätze, nachdem er sich – wie üblich – die wichtigsten Definitionen zum Thema angesehen hat.

10.1 Wichtige Definitionen

Bruttolistenpreis	Preis eines fabrikneuen Pkw lt. Liste; Anwendung erfolgt bei Ermittlung des Privatanteils im Rahmen der 1 %-Methode
Eigenverbrauch	Veralteter Begriff für die aktuell gültige „unentgeltliche Wertabgabe"; eine unentgeltliche Privatentnahme von Leistungen, Waren oder Geldern aus dem betrieblichen Bereich für die private Sphäre
Privateinlage	Einlagen von Gütern oder Geld aus dem privaten in den betrieblichen Bereich
Privatentnahme	Entnahme von Geld, Gütern oder Leistungen aus dem betrieblichen in den privaten Bereich
Unentgeltliche Wertabgabe	Aktueller Begriff für den früheren „Eigenverbrauch"; es werden betriebliche Leistungen oder Gegenstände für den privaten Bereich unentgeltlich entnommen.

10.2 Privatentnahmen/Unentgeltliche Wertabgaben

Bei den *Privatentnahmen* oder *unentgeltlichen Wertabgaben* (früher: Eigenverbrauch) handelt es sich um Entnahmen von Gütern, Leistungen oder Geld aus dem unternehmerischen Bereich für den nichtunternehmerischen Bereich. Das Konto gehört zu den Unterkonten des Eigenkapitals und wird auch per Saldo hierüber abgeschlossen.

Im Folgenden stellt Florian Gütlich seinem Freund Carlo einige mögliche Buchungsbeispiele vor.

Er startet mit den Geldentnahmen.

10.2.1 Geld

Bei der reinen *Geldentnahme,* d. h. betriebliches Geld wird in die private Sphäre durch *Entnahme* transferiert, fällt keine Umsatzsteuer an. Es handelt sich um einen nicht steuerbaren Vorgang.

Florian Gütlich erklärt Carlo die Vorgehensweise im Rahmen der Buchführung anhand eines Beispiels.

Beispiel – Privatentnahme von Geld

Florian Gütlich entnimmt seiner Geschäftskasse 500,00 €, die er nicht für betriebliche Zwecke ausgibt oder auf ein betriebliches Bankkonto einzahlt. Sondern er entnimmt diese 500,00 € für seinen geplanten Kurzurlaub nach Italien.

Gütlich fragt nun Sommerweizen nach seinem Buchungsvorschlag. Dieser liefert nach Studium des Kontenplans sofort die korrekte Antwort:

Buchung nach SKR 03

S	Unentgeltliche Wertabgabe (1880)	H	S	Kasse (1000)	H
1.	500,00 €			1.	500,00 €

Die Buchungsanweisung in der Buchungsliste nach *SKR 03* wird wie folgt dargestellt:

Nr.	Soll	Haben	Betrag/€	Text
1.	Unentgeltliche Wertabgaben (1880)	Kasse (1000)	500,00	Geldentnahme

Dieses Beispiel fand Carlo Sommerweizen recht einfach und nachvollziehbar. Seine Frage nun an Freund Florian, was denn hätte gebucht werden müssen, wenn er die private Lebensversicherung in Höhe von 100,00 € per Geschäftskonto bezahlt hätte. Der geduldige Unternehmer Gütlich liefert sofort die Antwort:

Buchung nach SKR 03

S	Privatentnahme (1800)	H	S	Bank (1200)	H
1.	100,00 €			1.	100,00 €

Die Buchungsanweisung in der Buchungsliste nach *SKR 03* wird wie folgt dargestellt:

Nr.	Soll	Haben	Betrag/€	Text
1.	Privatentnahme (1800)	Bank (1200)	100,00	Zahlung Rate Lebensversicherung privat

Florian Gütlich gibt folgenden wichtigen Hinweis:

▶ Bei Geldentnahmen wird die Höhe des Gewinns oder des Verlustes nicht beeinflusst!!

Das versteht Sommerweizen sofort, denn die vorgenannten beiden Buchungssätze beinhalten ja ausschließlich Bestandskonten. Somit ist die Gewinn- und Verlustrechnung gar nicht betroffen.

Anders sieht es jedoch bei der Entnahme von Leistungen aus. Dieses Thema sehen sich beide motivierte Unternehmer im Folgenden an.

10.2.2 Leistungen

Florian erklärt Carlo, dass die Entnahme betrieblicher Leistungen durchaus der Umsatzsteuer unterliegt. Er verweist auf eine Vorschrift im Umsatzsteuergesetz, die dieses wiedergibt:

§ 3 UStG – Lieferung, sonstige Leistung

[…] (9a) Einer sonstigen Leistung gegen Entgelt werden gleichgestellt
1. die Verwendung eines dem Unternehmen zugeordneten Gegenstands, der zum vollen oder teilweisen Vorsteuerabzug berechtigt hat, durch einen Unternehmer für Zwecke, die außerhalb des Unternehmens liegen, […] [1]

Ein schönes Beispiel – so Gütlich – sei die Privatnutzung eines betrieblichen Fahrzeugs durch den Unternehmer. Hierfür zahlt der Unternehmer ja nichts (deswegen „unentgeltliche Wertabgabe"), obwohl ihm regelmäßig Aufwendungen hierfür entstehen, die er als Betriebsausgabe geltend macht. Privatfahrten dürfen aber nicht den Gewinn schmälern. Deshalb muss sowohl aus ertrag- als auch umsatzsteuerlicher Sicht eine Berücksichtigung der Privatnutzung erfolgen. Würde man die Privatnutzung außer Acht lassen, stünde ein Unternehmer aus steuerlicher Sicht besser da als ein Nichtunternehmer.

10.2 Privatentnahmen/Unentgeltliche Wertabgaben

Das ist Sommerweizen jetzt doch ein bisschen kompliziert... Er bitte Florian um ein nachvollziehbares Beispiel.

> **Beispiel – Unentgeltliche Wertabgabe am Beispiel Privatnutzung betrieblicher Pkw durch Unternehmer**
>
> Florian Gütlich fährt einen schönen schwarzen Sportwagen. Tiefer gelegt, 300 PS, XENON-Scheinwerfer sowie weitere schicke Annehmlichkeiten, die ein solches Automobil für einen erfolgreichen Unternehmer haben sollte. Dieses schöne Auto hat einen Bruttolistenpreis von 50.089,50 €. Nun sollen die notwendigen Buchungssätze ermittelt werden. Da Sommerweizen sich überfordert zeigt, da er nicht weiß, wie er hier vorzugehen hat, zeigt ihm Florian die Berechnung des Privatanteils pro Monat mit Hilfe der 1%-Regelung (s. a. § 6 Abs. 1 Nr. 4 Satz 2 EStG). Auf die Möglichkeit der Fahrtenbuchmethode wird hier nicht eingegangen [2].
>
> Zunächst erfolgt die Ermittlung des Bruttolistenpreises als Ausgangsbasis für die Berechnung Tab. 10.1 *Berechnung des Privatanteils (betrieblicher Pkw, 1%-Methode)*:

Dies lässt Sommerweizen zunächst auf sich wirken. Dann versucht er im Anschluss die Buchungssätze nachzuvollziehen, die sein Freund Gütlich ihm wie folgt aufzeigt:

Buchung nach SKR 03

S	Unentgeltliche Wertabgabe (1880)	H		S	Verwendung Kfz priv. 19% (8921)	H
1.	576,00 €				1.	400,00 €

S	Umsatzsteuer 19% (1776)	H			Verwendung Kfz priv. 0% (8924)	H
		1.	76,00 €		1.	100,00 €

Tab. 10.1 Berechnung des Privatanteils (betrieblicher Pkw, 1%-Methode)

Bruttolistenpreis ursprünglich	50.089,50 EUR
Abrundung auf volle 100 EUR ergibt:	50.000,00 EUR
1% vom Bruttolistenpreis ergibt	500,00 EUR
./. Abschlag 20% für nicht vorsteuerbehaftete Aufwendungen (z.B. Steuern, Versicherungen)	100,00 EUR
Bemessungsgrundlage für Umsatzsteuer	400,00 EUR
x 19%	76,00 EUR
Privatanteil pro Monat (400,00+76,00+100,00)	576,00 EUR

Die Buchungsanweisung in der Buchungsliste nach *SKR 03* wird wie folgt dargestellt:

Nr.	Soll	Haben	Betrag/€	Text
1.	Unentgeltliche Wertabgaben (1880)		576,00	Private Kfz-Nutzung für 1 Monat nach der 1 %-Methode
		Verwendung Kfz priv. 19 % (8921)	400,00	Ertrag priv. Kfz-Nutzung 80 %
		USt 19 % (1776)	76,00	USt 19 % auf UWA
		Verwendung Kfz priv. 0 % (8924)	100,00	Ertrag priv. Kfz-Nutzung 20 %

Zum Abschluss dieses Beispiels weist Gütlich noch auf folgende Voraussetzung hin, damit die 1 %-Methode bei Ermittlung des Privatanteils bei betrieblichen Fahrzeugen möglich ist:

▶ Damit die 1 %-Methode angewendet werden kann, muss der betriebliche Pkw zu mindestens 50 % betrieblich genutzt werden (notwendiges Betriebsvermögen). Die gesetzliche Regelung hierzu findet sich im § 6 (1) Nr. 4 S. 2 EStG [2].

Zu guter Letzt bei den Privatentnahmen erklärt ihm Gütlich jetzt noch die Vorgehensweise bei *Entnahme* von Gegenständen des Anlagevermögens.

10.2.3 Gegenstände

Grundsätzlich werden betriebliche Gegenstände, die mit Umsatzsteuer eingekauft wurden, vom vorsteuerabzugsberechtigten Unternehmer unter Abzug der Vorsteuer in der Buchführung erfasst. Dies ist in den Fällen möglich, wo der Unternehmer weiß, dass er den Gegenstand für betriebliche Zwecke benötigt: entweder nutzt er diesen selbst (z. B. Maschine) oder er verkauft ihn (z. B. das Auto bei Autohaus Sommerweizen).

Sofern aber der Gegenstand nach Erfassung in der Buchführung unter Abzug der Vorsteuer vom Unternehmer für private Zwecke entnommen wird, ist hier ein fiktiver (unterstellter) Verkauf anzunehmen und zu buchen.

Auch hier gibt Florian Gütlich ein Beispiel zum Besten:

Beispiel – Privatentnahme von Gegenständen

Florian Gütlich erinnert Carlo Sommerweizen daran, dass er im vergangen Sommer doch diverse Glühlampen für seinen privaten Pkw aus dem Betrieb entnommen habe. Daran kann sich Carlo noch gut erinnern. Sein Buchhalter Milber hatte ihn diesbezüglich nach dem Wert der Leuchtmittel befragt. Er konnte aber mit dieser Fragestellung nicht viel anfangen. Jetzt leuchtet es ihm ein, was der Buchhalter von ihm wollte. Der Wert der Glühlampen belief sich auf 10,00 €. Da es sich seinerzeit (und auch heute) um eine fiktive Veräußerung an sich selbst handelte, musste Milber nachvollziehbar folgenden Buchungssatz bilden:

Buchung nach SKR 03

S	Unentgeltliche Wertabgabe (1880)	H
1. 11,90 €		

S	Entnahme von Waren 19% (8910)	H
	1. 10,00 €	

S	USt 19% (1776)	H
	1. 1,90 €	

Die Buchungsanweisung in der Buchungsliste nach *SKR 03* wird wie folgt dargestellt:

Nr.	Soll	Haben	Betrag/€	Text
1.	Unentgeltliche Wertabgaben (1880)		11,90	Entnahme Gegenstand 19% USt
		Entnahme von Waren 19% (8910)	10,00	Nettowert Ware
		USt 19% (1776)	1,90	USt auf Warenentnahme

Dieses war für Carlo Sommerweizen auch nicht schwer zu verstehen. Nun möchte er noch etwas zu den Privateinlagen hören. Sein Freund Florian Gütlich erzählt ihm gerne hiervon.

10.3 Privateinlagen

Bei den Privateinlagen werden üblicherweise Geld oder Güter in das Betriebsvermögen überführt. Auch hier müssen Buchungssätze gebildet werden, da das Vermögen bzw. das (Eigen-)Kapital durch den Einlagevorgang verändert werden.
Die einfachste Form der Privateinlage ist die Geldeinlage.

10.3.1 Geld

Bei einer Privateinlage in Form von Geld spielt die Umsatzsteuer keine Rolle, da es sich hierbei um einen nicht steuerbaren Vorgang handelt. Florian Gütlich gibt hierzu wieder ein Beispiel.

> **Beispiel – Privateinlage von Geld**
>
> Da Gütlich in der letzten Woche viele Bareinkäufe erledigt hat, ist in seiner Betriebskasse finanzielle Ebbe angesagt. Er legt aus seiner privaten Geldbörse 100,00 € ein. Sommerweizen kennt sofort die Antwort auf die Frage nach dem Buchungssatz:

Buchung nach SKR 03

S	Kasse (1000)	H	S	Privateinlage (1890)	H
1.	100,00 €			1.	100,00 €

Die Buchungsanweisung in der Buchungsliste nach *SKR 03* wird wie folgt dargestellt:

Nr.	Soll	Haben	Betrag/€	Text
1.	Kasse (1000)	Privateinlage (1890)	100,00	Privateinlage

Das war ja leicht, denkt sich Sommerweizen. Nun geht es um die Einlage von Gegenständen.

10.3.2 Gegenstände

Bei der Einlage von Gegenständen werden Güter vom Privatvermögen ins Betriebsvermögen überführt. Auch hier liefert Gütlich ein nachvollziehbares Beispiel:

> **Beispiel – Privateinlage von Gegenständen**
>
> Gütlich legte bei Unternehmensgründung seine Regale, die er bis dato noch in seinem Wohnzimmer hatte, ins Betriebsvermögen ein. Der Wert belief sich auf 2000,00 €. Einen Vorsteuerabzug konnte er nicht vornehmen, da er diese Möbel als Nichtunternehmer in sein Unternehmen eingelegt hat. Die Bildung des Buchungssatzes ist für Sommerweizen nunmehr überhaupt kein Problem:

Buchung nach SKR 03

S	Büroeinrichtung (0420)	H	S	Privateinlage (1890)	H
1.	2.000,00 €			1.	2.000,00 €

10.4 Zusammenfassende Lernkontrolle

Die Buchungsanweisung in der Buchungsliste nach *SKR 03* wird wie folgt dargestellt:

Nr.	Soll	Haben	Betrag/€	Text
1.	Büroeinrichtung (0420)	Privateinlage (1890)	2000,00	Privateinlage Regale

Nachdem jetzt beide Unternehmer genug von den privaten Vorgängen haben, entschließen sie sich für heute den Privatunterricht zu beenden. Sommerweizen wird sich noch etwas mit der Zusammenfassenden Lernkontrolle beschäftigen, bevor er sich Morgen mit Steuerberater Glaube trifft, um mit ihm die spannenden Buchungsvorgänge im Anlage- und Umlaufvermögen zu besprechen.

10.4 Zusammenfassende Lernkontrolle

Im Folgenden werden zunächst mit Hilfe von Kontrollfragen die Inhalte des bisherigen Kapitels wiederholt. Die Lösungen hierzu dienen als Vorschläge zur Lösung dieser Fragen.
Hieran schließen sich Übungsaufgaben an, die das erworbene oder aufgefrischte Wissen vertiefen sollen.

10.4.1 Kontrollfragen

1. Welche Rechtsformen kennen *Privatentnahmen* und *Privateinlagen*? Nennen Sie bitte zwei.
2. Was kann vom Unternehmer privat entnommen werden?
3. Müssen Geldentnahmen der Umsatzsteuer unterworfen werden?
4. Müssen Entnahmen von Handelswaren der Umsatzsteuer unterworfen werden, wenn zuvor bei Kauf die Vorsteuer in Abzug gebracht wurde?
5. Kann bei Einlage von z. B. Möbeln durch einen Unternehmer in sein Unternehmen der Vorsteuerabzug vorgenommen werden?
6. Wozu zählt die private Pkw-Nutzung?
7. Wie kann der Privatanteil bei der privaten Pkw-Nutzung ermittelt werden? Nennen Sie bitte 2 Möglichkeiten.
8. Wie hoch ist der prozentuale Anteil der privaten Kfz-Nutzung, welche nicht der Umsatzbesteuerung unterliegt?
9. Wirkt sich die Buchung der privaten Pkw-Nutzung auch auf den betrieblichen Gewinn aus?
10. Wie nennt man den früheren *Eigenverbrauch* heute?

10.4.2 Lösungen zu den Kontrollfragen

1. Einzelunternehmen und Personengesellschaften
2. z. B. Geld, Gegenstände, Leistungen
3. Nein, diese Entnahmen sind nicht steuerbar.
4. Ja, diese Dinge müssen der Umsatzsteuer unterworfen werden.
5. Nein, es wird aus dem privaten Bereich etwas in das Betriebsvermögen überführt, daher kein Vorsteuerabzug möglich.
6. Leistungsentnahme
7. 1%-Methode oder Fahrtenbuch
8. 20%
9. Ja, denn es werden Erträge gebucht, die den Gewinn erhöhen.
10. Unentgeltliche Wertabgabe

10.4.3 Übungsaufgaben

1. Ermitteln Sie bitte den wirtschaftlichen Erfolg des Unternehmens anhand der folgenden Daten:

   Eigenkapital am 31.12.02: 430.000,00 €
   Privateinlagen: 30.000,00 €
   Privatentnahmen: 20.000,00 €
   EK am Anfang des Jahres: 470.520,00 €

2. Ein Unternehmer (vorsteuerabzugsberechtigt) entnimmt aus seinem Betrieb für private Zwecke Waren zu einem Wert von 55,00 € zzgl. 19% USt. Welche Buchungssätze sind zu erstellen? Bitte tragen Sie diese in die nachfolgenden T-Konten und Buchungsliste ein.

Hinweis vorab: Die Anzahl der Zeilen in der Buchungsliste ist unabhängig von der Anzahl der zu erstellenden Buchungssätze.

Buchung nach SKR 03

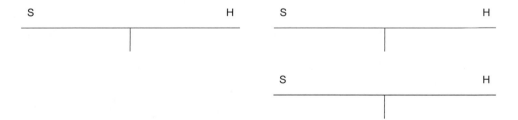

Die Buchungsanweisung in der Buchungsliste nach *SKR 03* wird wie folgt dargestellt:

10.4 Zusammenfassende Lernkontrolle

Nr.	Soll	Haben	Betrag/€	Text

3. Unternehmer Schmitts nutzt einen betrieblichen Pkw auch für private Zwecke. Den Privatanteil ermittelt er nach der 1 %-Methode, da er das Fahrzeug auch zu mehr als 50 % betrieblich nutzt. Der Bruttolistenpreis beträgt 95.830,20 €. Wie hoch ist der monatliche Privatanteil? Bitte berechnen Sie ausführlich und nachvollziehbar und bilden Sie die erforderlichen Buchungssätze auf den vorgegebenen T-Konten und innerhalb der Buchungsliste.

Hinweis vorab: Die Anzahl der Zeilen in der Buchungsliste ist unabhängig von der Anzahl der zu erstellenden Buchungssätze.

Buchung nach SKR 03

S	H	S	H

S	H	S	H

Die Buchungsanweisung in der Buchungsliste nach *SKR 03* wird wie folgt dargestellt:

Nr.	Soll	Haben	Betrag/€	Text

4. Richtig oder Falsch? Bitte wählen Sie die korrekte Antwort und kreuzen Sie an (siehe Tab. 10.2 *Richtig oder Falsch? (Kap. 10)*):

Tab. 10.2 Richtig oder Falsch? (Kap. 10)

Nr.	Aussage	Richtig	Falsch
1.	Bei einer Privatentnahme werden Gelder oder Leistungen aus dem betrieblichen Bereich in den privaten Bereich überführt		
2.	Eine Privatentnahme muss niemals der Umsatzbesteuerung unterworfen werden		
3.	Eine Privateinlage führt stets zum Vorsteuerabzug, da man auch als Nichtunternehmer mit korrekter Rechnung die Vorsteuer vom Finanzamt zurückfordern darf		
4.	Früher bezeichnete man die Privatentnahme als *Eigenverbrauch*, heute ist sie als *unentgeltliche Wertabgabe* bekannt		
5.	Geldentnahmen sind genauso der Umsatzsteuer zu unterwerfen wie die Warenentnahme, für die der Unternehmer bei Erwerb die Vorsteuer in Abzug gebracht hat		
6.	Geldentnahmen unterliegen niemals der Umsatzbesteuerung. Sie brauchen in der Buchführung auch nicht erfasst werden, da sie keinen Einfluss auf das betriebliche Ergebnis haben		
7.	Auch bei Kapitalgesellschaften sind unentgeltliche Wertabgaben nicht wegzudenken		
8.	Ein Unternehmer muss eine Privatentnahme von Waren so buchhalterisch erfassen, als wenn er diese Ware an sich selbst verkauft hätte		
9.	Bei einer unentgeltlichen Wertabgabe zahlt der Unternehmer an sich selbst den Verkaufspreis, den er auch für die Ware im freien Handel akzeptiert hätte		
10.	Privatentnahmen dürfen den betrieblichen Gewinn schmälern. Privateinlagen erhöhen hingegen das Ergebnis		
11.	Die Ermittlung des Eigenanteils für die private Kfz-Nutzung kann entweder mit der 1 %-Methode bzw. mit dem Fahrtenbuch erfolgen		
12.	Die Ermittlung des Eigenanteils für die private Kfz-Nutzung kann entweder mit der 2 %-Methode bzw. mit dem Fahrtenbuch erfolgen		
13.	Bei der Ermittlung des privaten Nutzungsanteils eines Kfz nach der Bruttolistenpreis-Methode ist der gesamte Privatanteil der Umsatzsteuer zu unterwerfen. Eine Aufteilung in steuerfreien und steuerpflichtigen Anteil erfolgt nicht		
14.	Bei der Ermittlung des privaten Nutzungsanteils eines Kfz nach der Bruttolistenpreis-Methode ist der gesamte Privatanteil der Ertragsteuer zu unterwerfen. Eine Aufteilung in steuerfreien und steuerpflichtigen Anteil erfolgt nicht		
15.	Bei der Ermittlung des privaten Nutzungsanteils eines Kfz nach der Bruttolistenpreis-Methode ist nur ein Anteil in Höhe von 80 % der Umsatzsteuer zu unterwerfen		
16.	Die Konten *Privatentnahmen* und *Privateinlagen* können als Sammelkonto *Privat* geführt werden		

(Fortsetzung)

Tab. 10.2 (Fortsetzung)

Nr.	Aussage	Richtig	Falsch
17.	Die Privatkonten (Bestandkonten) werden über das Eigenkapital abgeschlossen		
18.	Die von Privatvorgängen betroffenen Erfolgskonten werden über das Gewinn- und Verlustkonto abgeschlossen		
19.	Umsatzsteuerbeträge, die auf Privatentnahmen entfallen, können beim Unternehmer stets im Rahmen der persönlichen Einkommensteuer-Erklärung als Sonderausgaben angesetzt werden		
20.	Die Privatentnahmen sind immer zu schätzen; sie müssen nicht gesondert aufgezeichnet werden		

10.4.4 Lösungen zu den Übungsaufgaben

1. Eigenkapital 31.12.02: 430.000 € ./. Eigenkapital am 01.01.02: 470.520,00 € + Privatentnahmen 20.000,00 € ./. 30.000,00 € = Verlust 50.520,00 €
2. Buchungssätze zur Privatentnahme Waren:

Buchung nach SKR 03

S	Unentgeltliche Wertabgabe (1880)	H		S	Entnahme von Waren 19% (8910)	H
1.	65,45 €				1.	55,00 €

S	USt 19% (1776)	H
	1.	10,45 €

Die Buchungsanweisung in der Buchungsliste nach *SKR 03* wird wie folgt dargestellt:

Nr.	Soll	Haben	Betrag/€	Text
1.	Unentgeltliche Wertabgaben (1880)		65,45	Entnahme Gegenstand 19% USt
		Entnahme von Waren 19% (8910)	55,00	Nettowert Ware
		USt 19% (1776)	10,45	USt auf Warenentnahme

3. Berechnung des privaten Anteils des betrieblichen Pkw im Rahmen der unentgeltlichen Wertabgabe (siehe Tab. 10.3 *Berechnung des Privatanteils (betrieblicher Pkw, 1%-Methode)*):

Tab. 10.3 Berechnung des Privatanteils (betrieblicher Pkw, 1 % Methode)

Bruttolistenpreis ursprünglich	95.830,20 EUR
Abrundung auf volle 100 EUR ergibt	95.800,00 EUR
1% vom Bruttolistenpreis ergibt	958,00 EUR
./. Abschlag 20% für nicht vorsteuerbehaftete Aufwendungen (z.B. Steuern, Versicherungen)	191,60 EUR
Bemessungsgrundlage für USt	766,40 EUR
x 19% USt	145,62 EUR
Privatanteil pro Monat (766,40+145,62+191,60)	1.103,62 EUR

Buchung nach SKR 03

S	Unentgeltliche Wertabgabe (1880)	H		S	Verwendung Kfz priv. 19% (8921)	H
1.	1.103,62 €			1.		766,40 €

S	Umsatzsteuer 19% (1776)	H		S	Verwendung Kfz priv. 0% (8924)	H
	1.	145,62 €		1.		191,60 €

Die Buchungsanweisung in der Buchungsliste nach *SKR 03* wird wie folgt dargestellt:

Nr.	Soll	Haben	Betrag/€	Text
1	Unentgeltliche Wert-abgaben (1880)		1103,62	Private Kfz-Nutzung für 1 Monat nach der 1%-Methode
		Verwendung Kfz priv. 19% (8921)	766,40	Ertrag priv. Kfz-Nutzung 80%
		USt 19% (1776)	145,62	USt 19% auf UWA
		Verwendung Kfz priv. 0% (8924)	191,60	Ertrag priv. Kfz-Nutzung 20%

4. Richtig oder Falsch? Bitte entscheiden Sie sich für die korrekte Antwort und kreuzen Sie diese an (siehe Tab. 10.4 *Richtig oder Falsch? (Kap. 10)*):

10.4 Zusammenfassende Lernkontrolle

Tab. 10.4 Richtig oder Falsch? (Lösung Kap. 10)

Nr.	Aussage	Richtig	Falsch
1.	Bei einer Privatentnahme werden Gelder oder Leistungen aus dem betrieblichen Bereich in den privaten Bereich überführt	×	
2.	Eine Privatentnahme muss niemals der Umsatzbesteuerung unterworfen werden		×
3.	Eine Privateinlage führt stets zum Vorsteuerabzug, da man auch als Nichtunternehmer mit korrekter Rechnung die Vorsteuer vom Finanzamt zurückfordern darf		×
4.	Früher bezeichnete man die Privatentnahme als *Eigenverbrauch*, heute ist sie als *unentgeltliche Wertabgabe* bekannt	×	
5.	Geldentnahmen sind genauso der Umsatzsteuer zu unterwerfen wie die Warenentnahme, für die der Unternehmer bei Erwerb die Vorsteuer in Abzug gebracht hat		×
6.	Geldentnahmen unterliegen niemals der Umsatzbesteuerung. Sie brauchen in der Buchführung auch nicht erfasst werden, da sie keinen Einfluss auf das betriebliche Ergebnis haben		×
7.	Auch bei Kapitalgesellschaften sind unentgeltliche Wertabgaben nicht wegzudenken		×
8.	Ein Unternehmer muss eine Privatentnahme von Waren so buchhalterisch erfassen, als wenn er diese Ware an sich selbst verkauft hätte	×	
9.	Bei einer unentgeltlichen Wertabgabe zahlt der Unternehmer an sich selbst den Verkaufspreis, den er auch für die Ware im freien Handel akzeptiert hätte		×
10.	Privatentnahmen dürfen den betrieblichen Gewinn schmälern. Privateinlagen erhöhen hingegen das Ergebnis		×
11.	Die Ermittlung des Eigenanteils für die private Kfz-Nutzung kann entweder mit der 1%-Methode bzw. mit dem Fahrtenbuch erfolgen	×	
12.	Die Ermittlung des Eigenanteils für die private Kfz-Nutzung kann entweder mit der 2%-Methode oder mit dem Fahrtenbuch erfolgen		×
13.	Bei der Ermittlung des privaten Nutzungsanteils eines Kfz nach der Bruttolistenpreis-Methode ist der gesamte Privatanteil der Umsatzsteuer zu unterwerfen. Eine Aufteilung in steuerfreien und steuerpflichtigen Anteil erfolgt nicht		×
14.	Bei der Ermittlung des privaten Nutzungsanteils eines Kfz nach der Bruttolistenpreis-Methode ist der gesamte Privatanteil der Ertragsteuer zu unterwerfen. Eine Aufteilung in steuerfreien und steuerpflichtigen Anteil erfolgt nicht	×	
15.	Bei der Ermittlung des privaten Nutzungsanteils eines Kfz nach der Bruttolistenpreis-Methode ist nur ein Anteil in Höhe von 80% der Umsatzsteuer zu unterwerfen	×	
16.	Die Konten *Privatentnahmen* und *Privateinlagen* können als Sammelkonto *Privat* geführt werden	×	

(Fortsetzung)

Tab. 10.4 (Fortsetzung)

Nr.	Aussage	Richtig	Falsch
17.	Die Privatkonten (Bestandkonten) werden über das Eigenkapital abgeschlossen	×	
18.	Die von Privatvorgängen betroffenen Erfolgskonten werden über das Gewinn- und Verlustkonto abgeschlossen	×	
19.	Umsatzsteuerbeträge, die auf Privatentnahmen entfallen, können beim Unternehmer stets im Rahmen der persönlichen Einkommensteuer-Erklärung als Sonderausgaben angesetzt werden		×
20.	Die Privatentnahmen sind immer zu schätzen; sie müssen nicht gesondert aufgezeichnet werden		×

Literatur

1. http://www.gesetze-im-internet.de/ustg_1980/__3.html. Zugegriffen: 27. Okt. 2015
2. http://www.gesetze-im-internet.de/estg/__6.html. Zugegriffen: 10. Nov. 2015

Anlagevermögen – ausgewählte Positionen

11

> **Zusammenfassung**
> Carlo Sommerweizen beschäftigt sich in diesem Abschnitt seines Studiums mit dem ersten Abschnitt der Bilanz: dem Anlagevermögen. Neben wichtigen Definitionen schaut er sich die Zugangs- bzw. Erstbewertung von materiellen und immateriellen Gütern an, die seinem Unternehmen langfristig zur Verfügung stehen sollen. Da das Anlagevermögen besonders auch in der Bilanzierung ein sehr komplexes Themengebiet darstellt, beschränkt sich Carlo Sommerweizen auf die Betrachtung wesentlicher Grundlagenkenntnisse. Er widmet sich auch kurz dem Thema der planmäßigen Wertminderung von abnutzbaren Anlagegütern, die im externen Rechnungswesen durch die lineare Abschreibung dargestellt wird. Abschließend sind für ihn auch die Veräußerung der Anlagegüter sowie die Buchung dieser Vorgänge von Bedeutung. Auch hier festigt er sein neu erworbenes oder aufgefrischtes Wissen durch zahlreiche Kontrollfragen und Übungen.

Nun kommt Sommerweizen zu dem sehr komplexen Thema des Anlagevermögens. Er weiß:

▶ Zum Anlagevermögen gehören alle Güter, die dazu bestimmt sind, dem Betrieb dauerhaft zur Verfügung zu stehen!

Ihm ist nach seiner Berufsausbildung und ihm Rahmen seines Selbststudiums im Hinblick auf die Buchführung ebenso klar, dass er sich mit diesem komplexen Themengebiet weitestgehend nur im Rahmen der Buchführung auseinandersetzen möchte. Alles andere würde seinen zeitlichen Rahmen sprengen.

© Springer Fachmedien Wiesbaden GmbH, ein Teil von Springer Nature 2019
K. Nickenig, *Buchführung: Schneller Einstieg in die Grundlagen*,
https://doi.org/10.1007/978-3-658-26812-1_11

Er wiederholt nochmal die wichtigen Definitionen, welche er bereits zuvor schon mal gehört oder gelesen hat und startet dann durch mit den Anschaffungskosten eines Anlagegutes.

11.1 Wichtige Definitionen

Anlagegut	Vermögensgegenstand, welcher zum Anlagevermögen gehört
Anlagenabgangswert	Restbuchwert zum Zeitpunkt der Veräußerung
Anlagevermögen	Zum Anlagevermögen gehören alle Güter, die dazu bestimmt sind, dem Betrieb dauerhaft zur Verfügung zu stehen.
Anschaffungskosten	Erstbewertung von entgeltlich erworbenen immateriellen oder materiellen Gütern
Bonus	Nachträglich gewährter Preisnachlass z. B. wegen langjähriger Kundentreue
Herstellungskosten	Erstbewertung von selbst produzierten Erzeugnissen
Rabatt	Sofort abzugsfähiger Preisnachlass
Skonto	Preisnachlass bei fristgemäßen Ausgleich der Verbindlichkeit
Umlaufvermögen	Zum Umlaufvermögen gehört (aus Vermögenssicht) alles, was nicht zum Anlagevermögen zählt.
Vermögensgegenstand	Anderer Begriff für Wirtschaftsgut

11.2 Anschaffungskosten

Anschaffungskosten sind Kosten, welche im Rahmen der Erst- bzw. Zugangsbewertung einem Vermögensgegenstand – materieller oder immaterieller Art – zugewiesen wird. Dieser Begriff wird im Handelsgesetzbuch wie folgt definiert:

§ 255 HGB – Bewertungsmaßstäbe

(1) Anschaffungskosten sind die Aufwendungen, die geleistet werden, um einen Vermögensgegenstand zu erwerben und ihn in einen betriebsbereiten Zustand zu versetzen, soweit sie dem Vermögensgegenstand einzeln zugeordnet werden können. Zu den Anschaffungskosten gehören auch die Nebenkosten sowie die nachträglichen Anschaffungskosten. Anschaffungspreisminderungen, die dem Vermögensgegenstand einzeln zugeordnet werden können, sind abzusetzen. […] [1]

Steuerberater Glaube, welcher Sommerweizen bei diesem komplexen Thema begleitet, weist ihn ausdrücklich auf folgendes hin:

11.2 Anschaffungskosten

▶ Die Anschaffungskosten müssen dem Vermögensgegenstand einzeln zugeordnet werden können (Einzelkosten). Es darf sich hierbei nicht um Gemeinkosten handeln.

Das versucht sich Sommerweizen zu merken. Er beginnt, die vorliegende Definition auf seine Vermögensgegenstände innerhalb seines Betriebs anzuwenden.

11.2.1 Materielle Vermögensgegenstände

Materielle Güter, erklärt Steuerberater Glaube, sind körperliche Güter, die man sehen und anfassen kann.
Sommerweizen überlegt, was er vor einiger Zeit für sein Anlagevermögen gekauft hat.

> **Beispiel – Erwerb von materiellen Vermögensgegenständen (Grundstückserwerb)**
> Sommerweizen fällt ein, dass er ein kleines unbebautes Grundstück entgeltlich für seine Schrottfahrzeuge gekauft hat. Der Kaufpreis, den der ehemalige Eigentümer für diese Parzelle habe wollte, betrug 20.000,00 €. Für dieses Grundstück sind noch Nebenkosten (Grunderwerbsteuer, Notarkosten etc.) in Höhe von 3500,00 € angefallen. Geht man von 5 % Grunderwerbsteuer aus und Notarkosten in Höhe von 500,00 € netto zzgl. 19 % USt, dann ergibt sich folgende Berechnung der Anschaffungskosten (siehe Tab. 11.1 *Ermittlung Anschaffungskosten unbebautes Grundstück*):

> **Fortsetzung Beispiel – Erwerb von materiellen Vermögensgegenständen (Grundstückserwerb)**
> Dieser Betrag in Höhe von 21.500,00 € ist die sogenannte Zugangs- oder Erstbewertung für sein Grundstück im Anlagevermögen. Er bildet die Buchungssätze zu diesem Geschäftsvorfall unter Beachtung der Vorsteuer aus den Notarkosten und der Banküberweisung und lässt Steuerberater Glaube kontrollieren, der im Anschluss das Ergebnis akzeptiert. Glaube weist seinen Mandanten abschließend noch auf folgende handelsrechtliche Vorschrift hin:

Tab. 11.1 Ermittlung Anschaffungskosten unbebautes Grundstück

Kaufpreis		20.000,00 EUR
+ Anschaffungsnebenkosten		
Grunderwerbsteuer (5% v. 20.000,00 EUR = 1.000,00 EUR)	1.000,00 EUR	
Notarkosten, netto 500,00 EUR	500,00 EUR	1.500,00 EUR
Anschaffungskosten gesamt		**21.500,00 EUR**

§ 253 HGB – Zugangs- und Folgebewertung

(1) Vermögensgegenstände sind höchstens mit den Anschaffungs- oder Herstellungskosten, vermindert um die Abschreibungen [...] anzusetzen. [...] [2]

Fortsetzung Beispiel – Erwerb von materiellen Vermögensgegenständen (Grundstückserwerb)

Sommerweizen hat verstanden und nimmt sich nun der Buchungssätze an:

Buchung nach SKR 03

S	Grundstücke unb. (0065)	H	S	Bank (1200)	H
1.	21.500,00€			1.	21.595,00€

S	Vorsteuer 19% (1576)	H
1.	95,00€	

Die Buchungsanweisung in der Buchungsliste nach *SKR 03* wird wie folgt dargestellt:

Nr.	Soll	Haben	Betrag/€	Text
1.	Grundstücke unb. (0065)		21.500,00	Erwerb unb. Grundstück
	Vorsteuer 19 % (1576)		95,00	VoSt auf Notarkosten
		Bank (1200)	21.595,00	Banküberweisung

Nun schauen sich beide noch den Erwerb eines immateriellen Gutes, z. B. einer Software an.

11.2.2 Immaterielle Vermögensgegenstände

Steuerberater Glaube erklärt seinem Mandanten, dass die *immateriellen Vermögensgegenstände* ebenso wie die materiellen Güter zum Anlagevermögen gehören, sofern diese dem Betrieb dauerhaft, also länger als ein Jahr, zur Verfügung stehen sollen. Immaterielle Güter sind nicht-materielle, also unkörperliche Güter, die man nicht sehen oder anfassen kann.

Carlo Sommerweizen kann sofort mit einem Beispiel aufwarten:

Beispiel – Erwerb von immateriellen Vermögensgegenständen (Software)

Carlo Sommerweizen kaufte im letzten Jahr für den Werkstattbetrieb ein Warenwirtschaftssystem, ein elektronisches Verwaltungssystem, um die notwendigen Ersatzteile

11.2 Anschaffungskosten

und Schrauben besser verwalten zu können. Hierfür gab er insgesamt 5000,00 € zzgl. 19 % USt (per Banküberweisung) aus.

Den korrekten Buchungssatz bildet Carlo, ohne das ihn Steuerberater Glaube dazu auffordert:

Buchung nach SKR 03

S	EDV-Software (0027)	H		S	Bank (1200)	H
1.	5.000,00€				1.	5.950,00€

S	Vorsteuer 19% (1576)	H
1.	950,00€	

Die Buchungsanweisung in der Buchungsliste nach *SKR 03* wird wie folgt dargestellt:

Nr.	Soll	Haben	Betrag/€	Text
1	EDV-Software (0027)		5000,00	Erwerb EDV-Software
	Vorsteuer 19 % (1576)		950,00	VoSt auf Notarkosten
		Bank (1200)	5950,00	Banküberweisung

Das genügt Carlo zur Information. Als nächstes schaut er sich das spannende Thema Preisnachlässe und die Berücksichtigung bei Anlagegütern an.

11.2.3 Preisnachlässe durch Lieferanten (erhaltene Preisnachlässe)

Bei Kauf von Gütern des Anlagevermögens kann es durchaus dazu kommen, dass vom Lieferanten Preisnachlässe in Form von Rabatten, Skonti oder Boni gewährt werden. Wie diese buchhalterisch behandelt werden, schaut sich Sommerweizen in einem Lehrbuch „Grundlagen der Buchführung" an.

Rabatte
Rabatte sind sofort abzugsfähige Preisnachlässe, die in der Regel nicht separat gebucht werden.

Beispiel – Erhaltener Rabatt bei Kauf eines Anlagegutes (Maschine)
Sachverhalt lt. Lehrbuch Ein Unternehmer kauft eine betriebliche Maschine für netto 11.000,00 € zzgl. 19 % USt. Der Lieferant gewährt dem Käufer einen Rabatt in Höhe von 1000,00 € zzgl. USt.

Frage zum Sachverhalt: Welche Buchungssätze sind zu bilden?
Sommerweizen überlegt und schreibt relativ zügig die korrekten Buchungssätze auf:

Buchung nach SKR 03

S	Maschine (0210)	H		S	Kreditor (70000)	H
1.	10.000,00€					1. 11.900,00€

S	Vorsteuer 19% (1576)	H
1.	1.900,00€	

Die Buchungsanweisung in der Buchungsliste nach *SKR 03* wird wie folgt dargestellt:

Nr.	Soll	Haben	Betrag/€	Text
1.	Maschine (0210)		10.000,00	Erwerb Maschine
	Vorsteuer 19 % (1576)		1900,00	VoSt 19 %
		Kreditor (70000)	11.900,00	Gesamtrechnung

Skonti

Als nächstes schaut sich Carlo Sommerweizen den Preisnachlass in Form des *Skontos* an.

Er weiß, dieser Nachlass darf erst zu dem Zeitpunkt von ihm einbehalten werden, zu dem er rechtzeitig zahlt. Ansonsten hat der Verkäufer das Recht, diesen zu Unrecht einbehaltenen Betrag nachträglich zurück zu fordern.

▶ Preisnachlässe müssen im Vorfeld vom Verkäufer in der Rechnung oder im Vertrag eingeräumt worden sein!

Und nun ein Beispiel hierzu:

Beispiel – Erhaltener Skonto bei Kauf einer Maschine
Sommerweizen liest weiter in seinem Lehrbuch.

Folgender Sachverhalt wird geschildert: Der Käufer einer Maschine in Höhe von 10.000,00 € netto zzgl. 19 USt erhält bei fristgemäßer Zahlung einen Skontoabzug in Höhe von 2 %. Der Käufer zahlt fristgemäß per Banküberweisung.

Frage zum Sachverhalt: Wie sehen die erforderlichen Buchungssätze bei Kauf und Zahlung aus?

Sommerweizen rechnet, dass nur 98 % des Bruttobetrages überwiesen werden müssen (11.900,00 € × 98 % = 11.662,00 €). Den Rest (offener Posten auf Kreditorenkonto) muss er im Anschluss ausbuchen und die Vorsteuer korrigieren.

11.2 Anschaffungskosten

Sommerweizen überlegt und kommt zu folgendem Buchungsergebnis, was auch im Lehrbuch als richtig ausgewiesen wird:

Buchung nach SKR 03

S	Maschine (0210)	H	S	Kreditor (70000)	H
1. 10.000,00€	2.	200,00€	2. 11.900,00€	1.	11.900,00€

S	Vorsteuer (1576)	H	S	Bank (1200)	H
1. 1.900,00€	2.	38,00€		2.	11.662,00€

Die Buchungsanweisung in der Buchungsliste nach *SKR 03* wird wie folgt dargestellt:

Nr.	Soll	Haben	Betrag/€	Text
1	Maschine (0210)		10.000,00	Erwerb Maschine
	Vorsteuer 19% (1576)		1900,00	VoSt 19%
		Kreditor (70000)	11.900,00	Gesamtrechnung
2	Kreditor (70000)		11.900,00	Gesamtrechnung
		Maschine (0210)	200,00	2% v. 10.000,00 €
		VoSt (1576)	38,00	2% v. 1900,00 €
		Bank (1200)	11.662,00	Zahlbetrag (98%)

Nun schaut sich Carlo noch den Bonus als letzten wichtigen Preisnachlass an.

Boni

Bei einem *Bonus* handelt es sich um einen *nachträglich* gewährten Preisnachlass. Eine vorherige Zahlung der Rechnung ist nicht zwangsläufig erforderlich.

Nun noch ein Beispiel hierzu:

> **Beispiel – Erhaltener Bonus bei Kauf einer Maschine**
>
> Sachverhalt lt. Lehrbuch Der Unternehmer hat bei Kauf der Maschine netto 10.000,00 € bezahlt. Die Vorsteuer wurde mit 1900,00 € korrekt erfasst. Zwei Wochen nach Durchführung des Kaufgeschäftes erhält er eine Bonusgutschrift auf den Kauf der Maschine. Der Wert des Bonus beträgt 100,00 € zzgl. 19% USt.
>
> Frage zum Sachverhalt: Welche Buchungssätze sind erforderlich?
>
> Sommerweizen überlegt kurz und kommt zum folgenden (richtigen) Ergebnis:

Buchung nach SKR 03

S	Maschine (0210)	H		S	Kreditor (70000)	H
Vortr. 10.000,00€	1.	100,00€		1. 119,00€	Vortr.	11.900,00€

S	Vorsteuer (1576)	H
Vortr. 1.900,00€	1.	19,00€

Die Buchungsanweisung in der Buchungsliste nach *SKR 03* wird wie folgt dargestellt (ohne den Erwerb der Maschine):

Nr.	Soll	Haben	Betrag/€	Text
1	Kreditor (70000)		119,00	Bonus brutto
		Maschine (0210)	100,00	Bonus netto
		VoSt (1576)	19,00	Korrektur VoSt

So, nun kann Sommerweizen sich mit den Herstellungskosten auseinandersetzen, nachdem er nun verstanden hat, wie erhaltene Preisnachlässe zu buchen sind.

11.3 Herstellungskosten

Steuerberater Glaube weist kraft seiner Berufstätigkeit wieder auf das Gesetz und zwar auf den § 255 (2) HGB hin. Hier sind die Herstellungskosten wie folgt definiert:

§ 255 HGB – Bewertungsmaßstäbe

[…](2) Herstellungskosten sind die Aufwendungen, die durch den Verbrauch von Gütern und die Inanspruchnahme von Diensten für die Herstellung eines Vermögensgegenstands, seine Erweiterung oder für eine über seinen ursprünglichen Zustand hinausgehende wesentliche Verbesserung entstehen. Dazu gehören die Materialkosten, die Fertigungskosten und die Sonderkosten der Fertigung sowie angemessene Teile der Materialgemeinkosten, der Fertigungsgemeinkosten und des Wertverzehrs des Anlagevermögens, soweit dieser durch die Fertigung veranlasst ist. Bei der Berechnung der Herstellungskosten dürfen angemessene Teile der Kosten der allgemeinen Verwaltung sowie angemessene Aufwendungen für soziale Einrichtungen des Betriebs, für freiwillige soziale Leistungen und für die betriebliche Altersversorgung einbezogen werden, soweit diese auf den Zeitraum der Herstellung entfallen. Forschungs- und Vertriebskosten dürfen nicht einbezogen werden. […] [1]

11.3 Herstellungskosten

Carlo findet diese Vorschrift auch sehr wichtig, nimmt sie aber nicht im Detail auseinander. Für seine Zwecke genügt es vorerst zu wissen, was zwingend bei Herstellung von Gütern aktiviert, also auf der Aktivseite der Bilanz erfasst, werden muss.

11.3.1 Materielle Vermögensgegenstände

Beide schauen sich zunächst wieder die materiellen Güter an. Steuerberater Glaube gibt folgendes Beispiel:

Beispiel – Herstellung von materiellen Vermögensgegenständen (Tische)

Einzelunternehmer Fechner stellt Güter für den Bürobedarf her, u. a. auch strapazierfähige Bürotische. Diese verkauft er in großer Anzahl.

Für die Herstellung pro Tisch entstehen ihm regelmäßig Kosten für einen besonders strapazierfähigen Kunststoff (Materialkosten) in Höhe von 1100,00 €, für die Produktion (Fertigungslöhne) 100,00 € und sonstige angemessene Materialgemeinkosten in Höhe von 50,00 €.

Nun benötigt er einen Tisch für sein eigenes Büro. Er ermittelt die Herstellungskosten wie folgt unter Berücksichtigung der Definition lt. Handelsrecht (Tab. 11.2):

Fortsetzung Beispiel – Herstellung von materiellen Vermögensgegenständen (Tische)

Da die Kosten für den Tisch (Kauf der Materialien und Lohnkosten) bereits im Aufwand erfasst wurden, Fechner aber das Erzeugnis für seinen Betrieb langfristig nutzen möchte, gehört dieses Gut zum Anlagevermögen. Fechner muss nun, um den bisher gebuchten Aufwand zu neutralisieren eine Ertragsbuchung machen. Dieser Ertrag wird auf das Konto 8990 „andere aktivierte Eigenleistungen" (Ertragskonto) erfasst. Die Gegenbuchung erfolgt auf dem Anlagenkonto 0420 „Büroeinrichtung". Die Vorsteuerbeträge, die bereits im Vorfeld berücksichtigt wurden, werden von dieser Umbuchung nicht beeinflusst.

Fechner muss in seiner Buchführung wie folgt buchen:

Tab. 11.2 Ermittlung Herstellungskosten bei materiellen Vermögensgegenständen (Tische)

Materialkosten	1100,00 EUR	
Fertigungskosten	100,00 EUR	
Angemessene Materialgemeinkosten	50,00 EUR	
Herstellungskosten gesamt		**1.250,00 EUR**

Buchung nach SKR 03

S	Büroeinrichtung (0420)	H		S	Andere aktivierte Eigenleistungen (8990)	H
1.	1.250,00€				1.	1.250,00€

Die Buchungsanweisung in der Buchungsliste nach *SKR 03* wird wie folgt dargestellt:

Nr.	Soll	Haben	Betrag/€	Text
1	Büroeinrichtung (0420)	Andere aktivierte Eigenleistungen (8990)	1250,00	Aktivierung eines selbst erstellten Tisches

Nun schauen sich beide noch die Herstellung eines immateriellen Vermögensgegenstandes an.

11.3.2 Immaterielle Vermögensgegenstände

Steuerberater Glaube weist Sommerweizen daraufhin, dass für die Aktivierung von immateriellen Vermögensgegenständen ein Wahlrecht im Sinne des Handelsgesetzbuches besteht:

§ 248 HGB – Bilanzierungsverbote und -wahlrechte

[…](2) Selbst geschaffene immaterielle Vermögensgegenstände des Anlagevermögens können als Aktivposten in die Bilanz aufgenommen werden. […] [3]

Das behält sich Sommerweizen im Hinterkopf, wenn er mal das Thema Bilanzierung angeht. Aber jetzt ist erst mal die Buchführungstechnik vorrangig und deshalb geht er einfach mal bei seinem Beispiel von einer Aktivierung aus.

> **Beispiel – Herstellung von immateriellen Vermögensgegenständen (Software)**
>
> Carlo Sommerweizen überlegt: angenommen sein Werkstattleiter (Hobby-Informatiker) hätte das Verwaltungsprogramm in seiner Arbeitszeit selbst programmiert, dann hätte man die hierfür angefallenen Lohnkosten auf ein Anlagenkonto (z. B. „EDV-Software") umbuchen müssen. Dadurch hätte eine Gewinnerhöhung stattgefunden, denn durch die Umbuchung erfolgt ja die Neutralisierung der Betriebsausgaben…
>
> Steuerberater Glaube lobt Sommerweizen für seinen nachvollziehbaren und richtigen Gedankengang. Er fragt ihn nun noch nach dem notwendigen Buchungssatz,

wenn davon auszugehen wäre, dass der Werkstattmeister Lohnkosten für den Zeitraum der Erstellung der Software 2000,00 € verursacht hätte und man sich für die freiwillige Aktivierung entschieden hätte.

Sommerweizen pariert direkt:

Buchung nach SKR 03

S	EDV-Software (0044)	H	S	Andere aktivierte Eigenleistungen (8990)	H
1.	2.000,00€			1.	2.000,00€

Die Buchungsanweisung in der Buchungsliste nach *SKR 03* wird wie folgt dargestellt:

Nr.	Soll	Haben	Betrag/€	Text
1	EDV-Software (0044)	Andere aktivierte Eigenleistungen (8990)	2000,00	Aktivierung einer selbst erstellten Software

Jetzt überlegt sich Sommerweizen, was es denn mit der Abschreibung auf sich hat. Er wird sich im Folgenden nur mit der linearen Abschreibung auseinandersetzen. Er weiß, dass es die degressive Abschreibung für Altobjekte und auch aus handelsrechtlicher Sicht noch gibt, aber für seine eigenen Belange, die sein Autohaus betreffen, genügt die Betrachtung der linearen Abschreibung.

11.4 Planmäßige Abschreibungen von abnutzbaren Anlagegütern

Carlo Sommerweizen hat bezüglich seiner Buchführung schon eine ganze Menge hinzugelernt. Er weiß, dass die *Abschreibung,* übrigens ein Begriff aus dem Handelsrecht, ein Thema für die Bilanzierung darstellt, der er sich im Anschluss an die Buchführungstechnik widmen wird.

Trotzdem lässt er sich kurz über dieses ebenfalls komplexe Thema vom Steuerberater Glaube unterrichten.

Dieser hält seine Erläuterung hierzu sehr übersichtlich. Er weist seinen Mandanten daraufhin, dass man grundsätzlich abnutzbare Güter (z. B. Pkw, Maschinen) abschreibt. Carlos Frage, was denn mit *Abschreibung* gemeint sei, beantwortet Glaube sofort:

▶ Die *Abschreibung* (handelsrechtlicher Begriff) steht für die Verteilung der Anschaffungs- oder Herstellungskosten eines abnutzbaren Wirtschaftsgutes in den Aufwand über den Zeitraum der betrieblichen Nutzungsdauer.
   Die Absetzung für Abnutzung (kurz: AfA) ist die steuerliche Bezeichnung für den gleichen Vorgang.

Sommerweizen versteht und fragt, wo man denn die betriebliche Nutzungsdauer eines Pkw erfahren könne. Schließlich sei dies ja bei jedem Pkw-Besitzer anders....

Glaube erklärt ihm, dass die AfA-Tabellen diese Nutzungsdauer beinhalten und dass in Einzelfällen hiervon abgewichen werden kann. Auf weitere Details verzichtet er an dieser Stelle, um seinen Mandanten nicht zu überfordern.

Er erklärt ihm allerdings noch, dass stets zwischen *planmäßiger* und außerplanmäßiger *Abschreibung* unterschieden werde.

Die *planmäßige Abschreibung,* die er auch im Folgenden erklären wird, sei gesetzlich vorgeschrieben und müsste vom Unternehmer auch berücksichtigt werden. Die außerplanmäßige Wertminderung hingegen kommt meist dadurch zustande, dass ein unvorhergesehenes Ereignis den Wert des Wirtschaftsgutes entsprechend (langfristig) gemindert hat. In solchen Fällen müsste man zusätzlich zur *planmäßigen Abschreibung* noch eine weitere *Abschreibung,* die außerplanmäßig wäre, berücksichtigen. Das sei aber nur ein Hinweis für den Bereich der Bilanzierung, welche ja jetzt noch nicht spruchreif sei, so Steuerberater Glaube.

Lineare Abschreibungsmethode

Die einfachste Form der *Abschreibung* ist die lineare Abschreibung, so Carlos steuerlicher Berater. Er gibt folgendes Beispiel:

Beispiel – Lineare Abschreibung eines abnutzbaren Anlagegutes

Steuerberater Glaube kauft sich im Januar 01 ein Auto für netto 30.000,00 €. Dieses hat lt. AfA-Tabelle, welche vom Bundesfinanzministerium veröffentlicht wird, eine Nutzungsdauer von sechs Jahren. Hierbei ist es völlig unerheblich, ob dies ein realistischer Zeitraum ist.

Zur Ermittlung des Abschreibungsbetrages, der den Gewinn als Aufwand Gewinn mindern wird, dividiert Steuerberater Glaube die Anschaffungskosten durch die Nutzungsdauer. Das heißt: 30.000 € dividiert durch sechs Jahre ergeben pro Jahr einen Abschreibungsbetrag von 5000,00 €.

Er gibt Sommerweizen auch direkt den Buchungssatz vor:

Buchung nach SKR 03

S	AfA Pkw (4832)	H	S	Pkw (0320)	H
1.	5.000,00€			1.	5.000,00€

Die Buchungsanweisung in der Buchungsliste nach *SKR 03* wird wie folgt dargestellt:

Nr.	Soll	Haben	Betrag/€	Text
1	AfA Pkw (4832)	Pkw (0320)	5000,00	AfA Pkw 02

Zum Abschluss dieses Kapitels weist Steuerberater Glaube seinen Mandanten Sommerweizen darauf hin, dass die Abschreibung, sofern das abnutzbare Anlagegut nicht das ganze Jahr über im Betriebsvermögen vorhanden ist, zeitanteilig erfolgen muss. Mit dem Fachbegriff *pro rata temporis* bezeichnet man die zeitanteilige Abschreibung, die nicht tagesgenau, sondern lediglich monatsgenau erfolgen muss.

▶ Ist das abnutzbare Anlagegut nicht das gesamte Jahr über im Betriebsvermögen, ist zeitanteilig (monatsgenau) abzuschreiben!!!

11.5 Veräußerung von Anlagegütern

Zum Abschluss des Themas Anlagevermögen geht es noch um die *Veräußerung* von Wirtschaftsgütern. Glaube zeigt seinem Mandanten, wie die *Veräußerung* buchhalterisch zu erfassen ist. Er wählt ein einfaches Beispiel:

Beispiel – Veräußerung von Anlagegütern (Maschine)
Er nimmt als Beispiel Carlo Sommerweizen, der eine Maschine aus der Werkstatt verkaufen möchte. Am 31.12.01 stand diese Maschine mit einem Restbuchwert von 8000,00 € in der Schlussbilanz. Im darauffolgenden Jahr (am 01.03.02) verkauft Sommerweizen diese Maschine für netto 9500,00 € zzgl. 19 % USt.
Glaube fragt seinen Mandanten Carlo Sommerweizen nach dem Restbuchwert am Verkaufstag, wenn der Abschreibungsbetrag bis zur Veräußerung 500,00 € beträgt.
Carlo rechnet nach und kommt zu folgendem Ergebnis (Tab. 11.3):

Fortsetzung Beispiel – Veräußerung von Anlagegütern (Maschine)
Steuerberater Glaube bestätigt die Berechnung. Nun möchte er von seinem Mandanten wissen, welche Buchungssätze zu bilden sind, wenn er die Maschine für 9500,00 € zzgl. USt auf Ziel (also auf Rechnung) verkauft.

Sommerweizen denkt kurz nach und beginnt, die Buchungssätze zu notieren:

Tab. 11.3 Ermittlung Restbuchwert bei Veräußerung eines abnutzbaren Anlagegutes

Anfangsbestand 01.01.02	8.000,00 EUR
./. Abschreibung bis 01.03.02	500,00 EUR
= Restbuchwert zum 01.03.02 (Verkaufstag)	**7.500,00 EUR**

Buchung nach SKR 03

```
S    AfA Sachanlagegüter    H        S      Maschine (0210)      H
         (4830)
1.       500,00€                     AB    8.000,00€  1.    500,00€
                                                      3.  7.500,00€
                                           8.000,00€        8.000,00€


S      Debitor (10000)       H       S    Erlöse Abgang AV (8800)   H
2.     11.305,00€                                    2.    9.500,00€


S     Anlagenabgang (2315)   H       S       USt 19% (1776)         H
3.     7.500,00€                                     2.    1.805,00€
```

Die Buchungsanweisung in der Buchungsliste nach *SKR 03* wird wie folgt dargestellt:

Nr.	Soll	Haben	Betrag/€	Text
1	AfA Sachanlagegüter (4830)	Maschine (0210)	500,00	AfA Maschine 02
2	Debitor (10000)		11.305,00	Ausgangsrechnung
		Erlöse Abg. AV (8800)	9500,00	Nettoerlös
		USt 19% (1776)	1805,00	USt 19% auf Verkauf
3	Anlagenabgang (2315)	Maschine (0210)	7500,00	Restbuchwert der Maschine

Steuerberater Glaube rechnet seinem Mandanten Sommerweizen noch vor, dass er bei diesem Verkauf sogar einen Gewinn erzielt. (Tab. 11.4)

Das hat Carlo Sommerweizen soweit alles verstanden. Damit sich sein zum Teil neu erworbenes, zum Teil aufgefrischtes Wissen festigt, beschäftigt er sich nun mit der Zusammenfassenden Lernkontrolle. Hiernach unterhält er sich mit seinem Freund Florian Gütlich über einige ausgewählte Positionen des Umlaufvermögens.

Tab. 11.4 Ermittlung Veräußerungsergebnis bei Verkauf eines Anlagegutes

Verkaufspreis netto	9.500,00 EUR
./. Restbuchwert zum 01.03.02	7.500,00 EUR
= Veräußerungsgewinn	**2.000,00 EUR**

11.6 Zusammenfassende Lernkontrolle

Im Folgenden werden zunächst mit Hilfe von Kontrollfragen die Inhalte des bisherigen Kapitels wiederholt. Die Lösungen hierzu dienen als Vorschläge zur Lösung dieser Fragen.
 Hieran schließen sich Übungsaufgaben an, die das erworbene oder aufgefrischte Wissen vertiefen sollen.

11.6.1 Kontrollfragen

1. Wie nennt man den Teilbereich der Bilanz, bei der die Güter erfasst werden, welche dem Unternehmen langfristig, also länger als ein Jahr zur Verfügung stehen sollen?
2. Wie ist das Umlaufvermögen definiert?
3. In welcher gesetzlichen Vorschrift findet sich die Definition von Anschaffungs- und Herstellungskosten?
4. Wie bezeichnet man das Konto (Ertragskonto), welches der Unternehmer mit einer Buchung versieht, wenn er selbst erstellte Erzeugnisse nicht veräußert, sondern langfristig selbst in seinem Unternehmen nutzen möchte?
5. Nennen Sie drei Beispiele für materielle Güter des Anlagevermögens.
6. Nennen Sie zwei Beispiele zu immateriellen Gütern des Anlagevermögens
7. Welche Preisnachlässe können im Rahmen des Erwerbs von z. B. Anlagegütern vom Lieferanten gewährt werden?
8. Müssen selbst erstellte immaterielle Wirtschaftsgüter aktiviert werden?
9. Wo finden sich die Angaben zur betriebsgewöhnlichen Nutzungsdauer von abnutzbaren Anlagegütern?
10. Wie ist das Veräußerungsergebnis zu ermitteln? Bitte nennen Sie die allgemeine Formel hierzu.

11.6.2 Lösungen zu den Kontrollfragen

1. Anlagevermögen
2. Umlaufvermögen beinhaltet sämtliches Vermögen, welches kein Anlagevermögen darstellt.
3. § 255 HGB (Anschaffungskosten § 255 (1) HGB, Herstellungskosten § 255 (2) HGB) [1]
4. Andere aktivierte Eigenleistungen
5. Pkw, Maschine, Gebäude
6. Software, Firmenwert
7. Skonti, Boni, Rabatte
8. Nein, es besteht ein Wahlrecht nach § 248 (2) HGB [3]
9. AfA-Tabelle
10. Verkaufspreis (netto)./. Restbuchwert (Anlagenabgangswert) = Veräußerungsgewinn/-verlust

11.6.3 Übungsaufgaben

1. Unternehmer Gustav kauft per Banküberweisung eine neue Finanzbuchführungs-Software für brutto 1300,00 € inkl. 19% USt. Eine umsatzsteuerlich ordnungsgemäße Rechnung liegt vor. Welche Buchungssätze sind zu bilden? Bitte tragen Sie die erforderlichen Anweisungen in die vorgegebenen T-Konten und in die Buchungsliste ein.

Hinweis vorab: Die Anzahl der Zeilen in der Buchungsliste ist unabhängig von der Anzahl der zu erstellenden Buchungssätze.

Buchung nach SKR 03

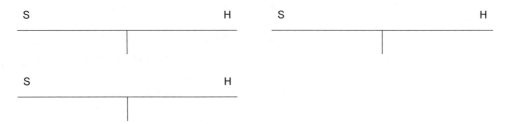

Die Buchungsanweisung in der Buchungsliste nach *SKR 03* wird wie folgt dargestellt:

Nr.	Soll	Haben	Betrag/€	Text

2. Der Käufer einer Maschine in Höhe von 12.000,00 € netto zzgl. 19% USt erhält bei fristgemäßer Zahlung einen Skontoabzug in Höhe von 3%. Er zahlt fristgemäß per Banküberweisung. Wie sehen die erforderlichen Buchungssätze bei Kauf und Zahlung aus? Bitte bilden Sie die erforderlichen Buchungssätze auf die nachfolgenden T-Konten und die beigefügte Buchungsliste.

Hinweis vorab: Die Anzahl der Zeilen in der Buchungsliste ist unabhängig von der Anzahl der zu erstellenden Buchungssätze.

11.6 Zusammenfassende Lernkontrolle

Buchung nach SKR 03

S	H	S	H

S	H	S	H

Die Buchungsanweisung in der Buchungsliste nach *SKR 03* wird wie folgt dargestellt:

Nr.	Soll	Haben	Betrag/€	Text

3. Unternehmer Wolter kauft eine neue Maschine im Werte von 40.500,00 €. Der Erwerb erfolgte am 10.03.02. Die gewöhnliche Nutzungsdauer der Maschine beträgt acht Jahre. Bitte ermitteln Sie nachvollziehbar den Abschreibungsbetrag per 31.12.02.

Buchung nach SKR 03

S	H	S	H

Die Buchungsanweisung in der Buchungsliste nach *SKR 03* wird wie folgt dargestellt:

Nr.	Soll	Haben	Betrag/€	Text

4. Wie hoch ist Abschreibungsbetrag aus Übung Nr. 3 zum 31.12.03?
5. Sommerweizen besucht am 02.07.01 eine Automesse und kauft Autos im Gesamtwert von 100.000,00 € (netto) + 19.000,00 € (Vorsteuer) auf Ziel. Der Lieferant gewährt ihm 3 % Skonto, wenn er die Rechnung innerhalb von zehn Tagen überweisen sollte. Da Sommerweizen stets bemüht ist, Kosten einzusparen, übergibt er seiner Buchhalterin am 03.07.01 die Rechnung (Datum 02.07.01) und erteilt ihr den Auftrag, diese noch am gleichen Tag durch Banküberweisung zu begleichen. Wie lauten die Buchungssätze vom Einkauf bis zur Zahlung? Bitte tragen Sie die Buchungssätze in die nachfolgenden T-Konten ein. Wie lauten die Endbestände davon ausgehend, dass keine weiteren Buchungen erstellt werden?

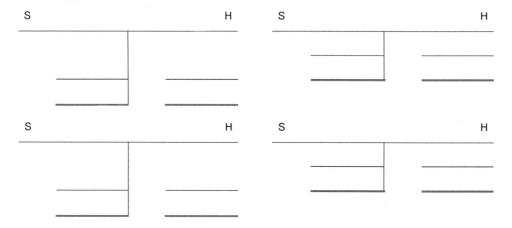

6. Max Schmitz ist ein Fan der Automarke Lugatti. Für seinen Betrieb erwirbt er am 01.03.02 ein (neues) gelbes Fahrzeug des vorgenannten Typs. Autohändler Sommerweizen händigt ihm eine Rechnung mit folgenden Werten aus: Kaufpreis (netto) 95.000,00 €, Überführungskosten (netto) 1000,00 €, Kfz-Schilder (netto) 50,00 €, Zulassungsgebühren 80,00 €, Autoradio (netto) 520,00 €, 19 % USt in Höhe von 18.363,50 €, Gesamtsumme (brutto, inkl. USt): 115.013,50 €. Bitte klären Sie im Folgenden die beiden Fragen:
   a) Wie hoch sind die Anschaffungskosten?
   b) Die Nutzungsdauer des Pkw beläuft sich auf sechs Jahre. Wie hoch ist der Abschreibungsbetrag für das Zugangsjahr 02 und das folgende Jahr 03 bei Anwendung der linearen Abschreibungsmethode?
7. Richtig oder Falsch? Bitte kreuzen Sie die korrekte Antwort an (siehe Tab. 11.5 *Richtig oder Falsch (Kap. 11)*):

11.6 Zusammenfassende Lernkontrolle

Tab. 11.5 Richtig oder Falsch? (Kap. 11)

Nr.	Aussage	Richtig	Falsch
1.	Güter des Anlagevermögens werden als Vermögensgegenstände bezeichnet. Sie sind dazu bestimmt, dem Betrieb dauerhaft zu dienen		
2.	Güter des Umlaufvermögens müssen sofort (also bei Erwerb) in den Aufwand gebucht werden		
3.	Materielle Güter sind Vermögensgegenstände wie bspw. Maschinen, Gebäude u. ä., die körperlich sichtbar und greifbar sind.		
4.	Zu den immateriellen Gütern gehören Lizenzen, Rechte und sonstige nicht körperlich greifbare Güter		
5.	Für Güter des Anlagevermögens dürfen Preisnachlässe wie Boni, Skonti und Rabatte in Anspruch genommen werden, wenn diese vom Lieferanten gewährt werden		
6.	Materielle Güter des Anlagevermögens sind immer abnutzbare Güter, die stets an Wert verlieren		
7.	Materielle Güter unterliegen immer der linearen Abschreibungsmethode		
8.	Das betriebliche, unbebaute Grundstück ist ein nicht abnutzbares Gut und wird planmäßig nicht abgeschrieben		
9.	Erhaltene Preisnachlässe bei Anlagegütern werden stets auf die Habenseite des Anlagekontos gebucht. Diese Netto-Preisschmälerung reduziert bei abnutzbaren Gütern den Abschreibungsbetrag		
10.	Preisnachlässe, welche in Anspruch genommen wurden, müssen niemals umsatzsteuerlich korrigiert werden		
11.	Bei der Veräußerung von Anlagegütern ist stets der Restbuchwert zum Veräußerungstag zu ermitteln		
12.	Gehört das abnutzbare Anlagegut nicht das gesamte Wirtschaftsjahr über zum Unternehmen, ist eine zeitanteilige Abschreibung vorzunehmen		
13.	Die zeitanteilige Abschreibung, die bei Gütern angewandt wird, die sich nicht das gesamte Wirtschaftsjahr über im Anlagenbereich befinden, bezeichnet man als *pro-rata-temporis*		
14.	Vergisst man die zeitanteilige Abschreibung verstößt man gegen die Grundsätze der ordnungsgemäßen Buchführung und Bilanzierung		
15.	Neben der planmäßigen Abschreibung, gibt es auch die außerplanmäßige Abschreibung. Diese kommt in den Fällen zum Einsatz, wo ein unvorhergesehenes Ereignis zu einer z. B. dauerhaften Wertminderung führt		
16.	Die Gliederung des Anlagevermögens sowie die Definition der Anschaffungs- und Herstellungskosten findet der interessierte Leser im Handelsgesetzbuch (HGB)		
17.	Abschreibungswahlrechte findet man Einkommensteuergesetz, Aktivierungswahlrechte im Umsatzsteuergesetz		
18.	Abschreibungswahlrechte findet man im Einkommensteuergesetz, Aktivierungswahlrechte gibt es nicht		
19.	*Andere aktivierte Eigenleistungen* sind Erträge, die in der Gewinn- und Verlustrechnung erfasst werden		
20.	Bei Aktivierung von bisher als Aufwand gebuchte Betriebsausgaben kommt eine Erhöhung des Gewinns zustande		

11.6.4 Lösung zu den Übungsaufgaben

1. Buchungssätze zum Kauf von immateriellen Wirtschaftsgütern wie folgt:

Buchung nach SKR 03

S	EDV-Software (0027)	H
1.	1.092,44€	

S	Bank (1200)	H
		1. 1.300,00€

S	Vorsteuer 19% (1576)	H
1.	207,56€	

Die Buchungsanweisung in der Buchungsliste nach *SKR 03* wird wie folgt dargestellt:

Nr.	Soll	Haben	Betrag/€	Text
1	EDV-Software (0027)		1092,44	Erwerb EDV-Software
	Vorsteuer 19% (1576)		207,56	VoSt auf Notarkosten
		Bank (1200)	1300,00	Banküberweisung

2. Buchungssätze zum Kauf eines materiellen Wirtschaftsgutes unter Abzug von Skonto wie folgt:

Buchung nach SKR 03

S	Maschine (0210)	H
1. 12.000,00€	2.	360,00€

S	Kreditor (70000)	H
2. 14.280,00€	1.	14.280,00€

S	Vorsteuer (1576)	H
1. 2.280,00€	2.	68,40€

S	Bank (1200)	H
	2.	13.851,60€

Die Buchungsanweisung in der Buchungsliste nach *SKR 03* wird wie folgt dargestellt:

Nr.	Soll	Haben	Betrag/€	Text
1	Maschine (0210)		12.000,00	Erwerb Maschine
	Vorsteuer 19% (1576)		2280,00	VoSt 19%
		Kreditor (70000)	14.280,00	Gesamtrechnung
2	Kreditor (70000)		14.280,00	Gesamtrechnung
		Maschine (0210)	360,00	3% v. 12.000,00 €
		VoSt (1576)	68,40	3% v. 2280,00 €
		Bank (1200)	13.851,60	Zahlbetrag (97%)

11.6 Zusammenfassende Lernkontrolle

3. Berechnung und Buchungssätze zur Abschreibung eines abnutzbaren Anlagegutes wie folgt:

Berechnung des Abschreibungsbetrages:

40.500,00 €/8 Jahre = 5062,50 €, gerundet 5063,00 €

Pro rata Temporis: 10/12 (Abschreibung für 10 Monate) × 5063,00 € = 4219,00 € (gerundet)

Buchung nach SKR 03

S	AfA Maschine (4830)	H	S	Maschine (0210)	H
1.	4.219,00€			1.	4.219,00€

Die Buchungsanweisung in der Buchungsliste nach *SKR 03* wird wie folgt dargestellt:

Nr.	Soll	Haben	Betrag/€	Text
1	AfA Maschine (4830)	Maschine (0210)	4219,00	AfA Maschine 02

4. Der jährliche Abschreibungsbetrag beläuft sich im Jahr 03 auf: 5063,00 € (gerundet).
5. Folgende Buchungssätze sind beim erhaltenen Preisnachlass zu erfassen:

S	Bestand Waren (3980)		H	S	Verb.aLuL (1600)		H
1.	100.000,00€	2.	3.000,00€	2.	119.000,00€	1.	119.000,00€
		SBK	97.000,00€		119.000,00€		119.000,00€
	100.000,00€		100.000,00€				

S	Vorsteuer 19% (1576)		H	S	Bank (1200)		H
1.	19.000,00€	2.	570,00€	SBK	115.430,00€	2.	115.430,00€
		SBK	18.430,00€		115.430,00€		115.430,00€
	19.000,00€		19.000,00€				

6. Folgende Antwortmöglichkeiten werden vorgeschlagen:
   a) Anschaffungskosten belaufen sich auf 96.650,00 € (netto = Summe aller Nettowerte).
   b) Abschreibungsbetrag 02: 96.650,00 €/6 Jahre = 16.108,33 €; Anwendung der Pro-rata-temporis-Regel (16.108,33 €/12 Mon. × 10 Mon. = 13.423,61 € bzw. 13.424,00 € gerundet). Der Abschreibungsbetrag 02 beträgt 13.424,00 € und für das Jahr 03 16.109,00 € (gerundet).
7. Folgende Antworten sind denkbar (siehe Tab. 11.6 *Richtig oder Falsch? (Lösung Kap. 11)*):

Tab. 11.6 Richtig oder Falsch? (Lösung Kap. 11)

Nr.	Aussage	Richtig	Falsch
1.	Güter des Anlagevermögens werden als Vermögensgegenstände bezeichnet. Sie sind dazu bestimmt, dem Betrieb dauerhaft zu dienen	x	
2.	Güter des Umlaufvermögens müssen sofort (also bei Erwerb) in den Aufwand gebucht werden		x
3.	Materielle Güter sind Vermögensgegenstände wie bspw. Maschinen, Gebäude u. ä., die körperlich sichtbar und greifbar sind	x	
4.	Zu den immateriellen Gütern gehören Lizenzen, Rechte und sonstige nicht körperlich greifbare Güter	x	
5.	Für Güter des Anlagevermögens dürfen Preisnachlässe wie Boni, Skonti und Rabatte in Anspruch genommen werden, wenn diese vom Lieferanten gewährt werden	x	
6.	Materielle Güter des Anlagevermögens sind immer abnutzbare Güter, die stets an Wert verlieren		x
7.	Materielle Güter unterliegen immer der linearen Abschreibungsmethode		x
8.	Das betriebliche, unbebaute Grundstück ist ein nicht abnutzbares Gut und wird planmäßig nicht abgeschrieben	x	
9.	Erhaltene Preisnachlässe bei Anlagegütern werden stets auf die Habenseite des Anlagekontos gebucht. Diese Netto-Preisschmälerung reduziert bei abnutzbaren Gütern den Abschreibungsbetrag	x	
10.	Preisnachlässe, welche in Anspruch genommen wurden, müssen niemals umsatzsteuerlich korrigiert werden		x
11.	Bei der Veräußerung von Anlagegütern ist stets der Restbuchwert zum Veräußerungstag zu ermitteln	x	
12.	Gehört das abnutzbare Anlagegut nicht das gesamte Wirtschaftsjahr über zum Unternehmen, ist eine zeitanteilige Abschreibung vorzunehmen	x	
13.	Die zeitanteilige Abschreibung, die bei Gütern angewandt wird, die sich nicht das gesamte Wirtschaftsjahr über im Anlagenbereich befinden, bezeichnet man als *pro-rata-temporis*	x	
14.	Vergisst man die zeitanteilige Abschreibung verstößt man gegen die Grundsätze der ordnungsgemäßen Buchführung und Bilanzierung	x	
15.	Neben der planmäßigen Abschreibung, gibt es auch die außerplanmäßige Abschreibung. Diese kommt in den Fällen zum Einsatz, wo ein unvorhergesehenes Ereignis zu einer z. B. dauerhaften Wertminderung führt	x	
16.	Die Gliederung des Anlagevermögens sowie die Definition der Anschaffungs- und Herstellungskosten findet der interessierte Leser im Handelsgesetzbuch (HGB)		x
17.	Abschreibungswahlrechte findet man Einkommensteuergesetz, Aktivierungswahlrechte im Umsatzsteuergesetz		x
18.	Abschreibungswahlrechte findet man im Einkommensteuergesetz, Aktivierungswahlrechte gibt es nicht		x
19.	*Andere aktivierte Eigenleistungen* sind Erträge, die in der Gewinn- und Verlustrechnung erfasst werden	x	
20.	Bei Aktivierung von bisher als Aufwand gebuchten Betriebsausgaben kommt eine Erhöhung des Gewinns zustande	x	

Literatur

1. http://www.gesetze-im-internet.de/hgb/__255.html. Zugegriffen: 28. Okt. 2015
2. http://www.gesetze-im-internet.de/hgb/__253.html. Zugegriffen: 28. Okt. 2015
3. http://www.gesetze-im-internet.de/hgb/__248.html. Zugegriffen: 28. Okt. 2015

12 Umlaufvermögen – ausgewählte Positionen

> **Zusammenfassung**
>
> Im Anschluss an die Betrachtung des Anlagevermögens schaut sich Carlo Sommerweizen nun auch noch ausgewählte Positionen des Umlaufvermögens an. Neben den Forderungen und dem Vorratsvermögen frischt er ebenfalls seine Kenntnisse auf dem Gebiet der Preisnachlässe auf. Er weiß, dass auch er als Unternehmer den Kunden Rabatte, Skonti und Boni gewähren kann, die er natürlich auch unter Beachtung umsatzsteuerlicher Vorgaben entsprechend in seiner Buchführung zu erfassen hat. Auch hier nimmt er sich zahlreiche Fragen und Übungen vor, mit deren Hilfe er seine Kenntnisse auf lange Sicht hin festigt.

Das Umlaufvermögen beinhaltet alle Positionen des Vermögens, welche nicht zum Anlagevermögen gehören. Hierzu zählen beispielsweise Vorräte an Waren oder Erzeugnissen, Forderungen aus Lieferungen und Leistungen, Kasse, Bank und vieles mehr.

Da Carlo Sommerweizen nicht die Zeit hat, sich mit allen Details auseinanderzusetzen, schaut er sich einige ausgewählte Positionen an. Er beschränkt sich auf Teile des Vorratsvermögens und der Forderungen inklusive Preisnachlässe. Alle weiteren Details möchte er dann bei den Fragen zur Bilanzierung klären, die im Anschluss an die Buchführung auf seinem Lehrplan vorgesehen ist.

12.1 Vorratsvermögen

Carlo startet mit dem Vorratsvermögen. Er kennt bereits die Bilanzgliederungsvorschrift nach § 266 HGB [1] und weiß, dass das Vorratsvermögen aus Handelswaren, Erzeugnissen sowie Roh-/Hilfs- und Betriebsstoffen besteht.

Da er als Autohändler mit Produktionsvorgängen relativ wenig zu tun hat, beschränkt er sich auf die Betrachtung des Einkaufvorgangs bei Handelswaren.

Handelswaren

Grundsätzlich kann man bei der Buchung von Wareneingängen die bestandsorientierte Buchung, also Buchungen über Warenbestandskonten, wählen oder sich für die aufwandsorientierte Variante entscheiden.

Carlo Sommerweizen entscheidet sich für die aufwandsorientierte (just-in-time) Buchungsvariante. Hierzu ein Beispiel aus seinem Tagesgeschäft:

Beispiel – Aufwandsorientierte Wareneingangsbuchung

Carlo Sommerweizen kauft jedes Jahr zahlreiche Artikel für die Wintersaison (z. B. Eiskratzer, Scheibenfrei, Microfaser-Tücher). Diese veräußert er im Anschluss an interessierte Kunden. Im letzten Jahr kaufte er diese Handelswaren, die er sofort an die Interessenten weiter veräußern konnte ohne seinen Lagerbestand aufzustocken. Die Wareneingangsrechnung belief sich seinerzeit auf 700,00 € zzgl. 19 % USt. Bezugskosten wurden nicht in Rechnung gestellt.

Er überlegt, wie Milber damals gebucht haben könnte und kommt zu folgendem Ergebnis, was ihm der Blick in die eigenen Buchführungsunterlagen später auch bestätigt:

Buchung nach SKR 03

S	Wareneingang (3200)	H	S	Kreditor (70000)	H
1.	700,00€			1.	833,00€

S	Vorsteuer 19% (1576)	H
2.	133,00€	

Die Buchungsanweisung in der Buchungsliste nach *SKR 03* wird wie folgt dargestellt:

Nr.	Soll	Haben	Betrag/€	Text
1.	Wareneingang (3200)		700,00	Wareneingang
	Vorsteuer (1576)		133,00	VoSt 19 %
		Kreditor (70000)	833,00	Gesamtbetrag

Auf die Betrachtung der bestandsorientierten Buchung verzichtet Carlo Sommerweizen, da er vom Steuerberater erfahren hat, dass er stets die aufwandsorientierte Buchung von Mitarbeiter Milber für Zwecke des Jahresabschlusses erhalten habe, was auch in Ordnung sei.

12.2 Forderungen

Auch die *Forderungen* sind ein Teil des Umlaufvermögens, wie Carlo Sommerweizen weiß. Im Rahmen der Buchführung werden lediglich die Ausgangsrechnungen erfasst. Die Bewertung von *Forderungen* erfolgt in der Regel erst bei Arbeiten zum Jahresabschluss. Dennoch möchte er sich ganz kurz einen Überblick über die Kategorisierung von Forderungen machen, bevor er sich im Anschluss mit möglichen zu gewährenden Preisnachlässen und deren Buchungen beschäftigt.

12.2.1 Allgemeines zu Forderungen aus Lieferungen und Leistungen

Die Bewertung von Forderung war zu keiner Zeit die Aufgabe von Carlo Sommerweizen. Er bekam damals, als Milber noch Mitarbeiter seines Teams war, mit, dass dieser lediglich die Ausgangsrechnungen als Forderungen gegenüber den Kunden (Debitoren) buchte.

Die Forderungsbewertung hingegen erfolgte stets zum Ende des Wirtschaftsjahres, also kurz vor Bilanzerstellungstermin. Hier musste der Steuerberater die jeweilige noch offen stehende, also noch nicht beglichene Forderung in gesunde (einbringliche), zweifelhafte (evtl. ausfallende) und uneinbringliche Forderungen einteilen. An diese Begriffe kann sich Carlo noch erinnern. Was sich jedoch im Einzelnen hinter diesen Begriffen und Kategorisierungen verbirgt, möchte er sich bis zur Bilanzierung aufsparen.

Hier geht es ihm erst einmal nur um die Erfassung einer Ausgangsrechnung, also einer Rechnung, die an den Kunden geschickt wird, das Haus also verlässt (deshalb Ausgangsrechnung).

> **Beispiel – Buchen einer Ausgangs- (Debitoren-) rechnung**
> Carlo Sommerweizen verkauft einem Kunden einen Satz Winterräder zum Preis von 800,00 € zzgl. 19 % USt. Der Kunde hat leider weder Geldkarte noch Bargeld dabei und bittet um die Ausstellung einer Rechnung. Sommerweizen kommt dessen Wunsch umgehend nach. In seiner Buchführung erfasst er folgenden Buchungssatz:

Buchung nach SKR 03

S	Debitor (10000)	H	S	Erlöse (8200)	H
1.	952,00€			1.	800,00€

			S	USt 19% (1776)	H
				1.	152,00€

Die Buchungsanweisung in der Buchungsliste nach *SKR 03* wird wie folgt dargestellt:

Nr.	Soll	Haben	Betrag/€	Text
1.	Debitor (10000)		952,00	Warenverkauf
		Erlöse (8000)	800,00	Erlöse netto
		USt 19 % (1776)	152,00	Gesamtbetrag

Das war die leichteste Übung für Sommerweizen, stolz, dass er diese Kenntnisse mittlerweile gut verinnerlicht hat.

Nun geht es an die zu gewährenden Preisnachlässe. Solche, die er bereits erhalten hat oder erhalten könnte, hat er bereits im Kapitel Abschn. 11.2.3 *Preisnachlässe durch Lieferanten (erhaltene Preisnachlässe)* studiert. Nun betrachtet er die andere Seite und wiederholt die Vorgänge aus dem Tagesgeschäft, die er erstmalig unter Mithilfe des Steuerberaters korrekt gebucht hat.

12.2.2 Preisnachlässe an Kunden (gewährte Preisnachlässe)

Im Gegensatz zu den erhaltenen Preisnachlässen handelt es sich bei den gewährten Nachlässen um Gewinnschmälerungen. Denn hier verzichtet der Unternehmer auf einen Teil seines Erlöses. In der Regel sind diese Preisnachlässe jedoch im Rahmen von Preiskalkulationen berücksichtigt.

Carlo Sommerweizen möchte sich jetzt auch weniger mit den Herausforderungen von Kalkulationen und der Kosten- und Leistungsrechnung beschäftigen, als vielmehr nochmal mit der korrekten Buchung von gewährten Boni, Skonti und Rabatten.

Gewährte Rabatte

Er startet mit den Rabatten und nimmt hierfür das Beispiel aus Abschn. 12.2.1 *Allgemeines zu Forderungen aus Lieferungen und Leistungen*:

> **Beispiel – Buchen von gewährten Rabatten**
> Carlo Sommerweizen verkauft einem Kunden einen Satz Winterräder zum Preis von 800,00 € zzgl. 19 % USt. Der Kunde hat leider weder Geldkarte noch Bargeld dabei und bittet um die Ausstellung einer Rechnung. Sommerweizen kommt dessen Wunsch umgehend nach. Er räumt ihm zugleich auch einen Rabatt in Höhe von 50,00 € netto zzgl. 19 % USt ein, da er treuer Kunde seines Autohauses ist. In seiner Buchführung erfasst er folgenden Buchungssatz unter sofortigem Abzug des Preisnachlasses:

12.2 Forderungen

Buchung nach SKR 03

S	Debitor (10000)	H	S	Erlöse (8000)	H
1.	892,50€			1.	750,00€

			S	USt 19% (1776)	H
				1.	142,50€

Die Buchungsanweisung in der Buchungsliste nach *SKR 03* wird wie folgt dargestellt:

Nr.	Soll	Haben	Betrag/€	Text
1.	Debitor (10000)		892,50	Warenverkauf
		Erlöse (8000)	750,00	Erlöse netto
		USt 19 % (1776)	142,50	Gesamtbetrag

Das war eine seiner leichtesten Übungen. Nun geht es an die zu gewährenden Skonti.

Gewährte Skonti
Sommerweizen bezieht sich auf das Ausgangsbeispiel dieses Kapitels.

> **Beispiel – Buchen von gewährten Skonti**
> Carlo Sommerweizen verkauft einem Kunden einen Satz Winterräder zum Preis von 800,00 € zzgl. 19 % USt. Der Kunde hat leider weder Geldkarte noch Bargeld dabei und bittet um die Ausstellung einer Rechnung. Sommerweizen kommt dessen Wunsch umgehend nach. Er räumt ihm zugleich auch Skonto in Höhe von 2 % ein, wenn er rechtzeitig den Betrag bezahlt. Der treue Kunde weiß dies sehr zu schätzen und zahlt nach Erhalt der Rechnung innerhalb von vier Tagen seine Winterräder. Carlo bucht zunächst die Ausgangsrechnung als Forderung zu 100 % ein und erst bei Zahlungseingang korrigiert er den dann noch existierenden Differenzbetrag der Forderungen inklusive der Umsatzsteuer. Dies sieht in der Buchhaltung wie folgt aus:

Buchung nach SKR 03

S	Debitor (10000)	H	S	Erlöse (8000)	H
1.	952,00€	2. 952,00€	2.	16,00€	1. 800,00€

S	Bank (1200)	H	S	USt 19% (1776)	H
2.	932,96€		2.	3,04€	1. 152,00€

Die Buchungsanweisung in der Buchungsliste nach *SKR 03* wird wie folgt dargestellt:

Nr.	Soll	Haben	Betrag/€	Text
1.	Debitor (10000)		952,00	Warenverkauf
		Erlöse (8000)	800,00	Erlöse netto
		USt 19 % (1776)	152,00	Gesamtbetrag
2.		Debitor (10000)	952,00	Ausgleich
	Bank (1200)		932,96	Zahlungseing. (98 %)
	Erlöse (8000)		16,00	Korr. Erlöse
	USt 19 %(1776)		3,04	Korr. USt 19 %

Und abschließend schaut sich Sommerweizen noch die gewährten Boni an.

Gewährte Boni
Auch hier bezieht er sich wiederholt auf das Ausgangsbeispiel.

Beispiel – Buchen von gewährten Boni

Carlo Sommerweizen gibt einem treuen Kunden einen Bonus für das Überschreiten eine Mindestumsatzgrenze in Höhe von 200,00 € zzgl. 19 % USt. Dieser Betrag wird dem Debitorenkonto für weitere Einkäufe gut geschrieben.
Er bucht wie folgt:

Buchung nach SKR 03

S	Gewährte Boni (8769)	H		S	Debitoren (10000)	H
1.	200,00€				1.	200,00€

S	USt 19% (1776)	H
1.	38,00€	

Die Buchungsanweisung in der Buchungsliste nach *SKR 03* wird wie folgt dargestellt:

Nr.	Soll	Haben	Betrag/€	Text
1.	Gewährte Boni (8769)		200,00	Gew. Boni, netto
	USt 19 % (1776)		38,00	USt 19 %
		Debitor (10000)	238,00	Gew. Boni, brutto

Sommerweizen gibt sich, was die gewährten Preisnachlässe angeht, nun zufrieden. Als nächstes stehen die Anzahlungen auf dem Lehrplan, nachdem Carlo auch hier wieder einige Wiederholungsübungen absolviert hat.

12.3 Zusammenfassende Lernkontrolle

Im Folgenden werden zunächst mit Hilfe von Kontrollfragen die Inhalte des bisherigen Kapitels wiederholt. Die Lösungen hierzu dienen als Vorschläge zur Lösung dieser Fragen.
Hieran schließen sich Übungsaufgaben an, die das erworbene oder aufgefrischte Wissen vertiefen sollen.

12.3.1 Kontrollfragen

1. Was gehört zum Vorratsvermögen? Nennen Sie bitte drei Positionen.
2. Welche Arten von Warenbuchungen können vorgenommen werden?
3. Wie können Forderungen kategorisiert werden?
4. Welche Arten von Preisnachlässen kann ein Unternehmer selbst gewähren? Nennen Sie bitte drei Möglichkeiten.
5. Unterscheiden Sie bitte die drei Preisnachlässe voneinander hinsichtlich des Zeitpunktes der Abzugsfähigkeit vom Rechnungsbetrag.
6. Gehört ein gewährter Rabatt zum Aufwand oder zum Ertrag?
7. Erhöhen erhaltene Skonti den Gewinn?

12.3.2 Lösungen zu den Kontrollfragen

1. Handelswaren, Fertige Erzeugnisse, Unfertige Erzeugnisse, Roh- sowie Hilfs- und Betriebsstoffe
2. Aufwandsorientierte Buchung (just-in-time), Bestandsorientierte Buchung
3. Gesunde Forderungen, Zweifelhafte Forderungen, Uneinbringliche Forderungen
4. Skonti, Boni, Rabatte
5. Rabatt = sofort abzugsfähiger Preisnachlass; Bonus = im Nachhinein zu gewährender Preisnachlass; Skonti = Preisnachlass bei rechtzeitiger Zahlung
6. Aufwand
7. ja, aufgrund Aufwandsminderung

12.3.3 Übungsaufgaben

1. Carlo Sommerweizen verkauft einem Kunden einen Satz Winterräder zum Preis von 700,00 € inkl. 19 % USt. Der Kunde hat leider weder Geldkarte noch Bargeld dabei und bittet um die Ausstellung einer Rechnung. Sommerweizen kommt dessen Wunsch umgehend nach. Er räumt ihm zugleich auch einen Rabatt in Höhe von 30,00 € inkl. 19 % USt ein, da er treuer Kunde seines Autohauses ist. Welche Buchungssätze müssen gebildet werden?

Hinweis vorab: Die Anzahl der Zeilen in der Buchungsliste ist unabhängig von der Anzahl der zu erstellenden Buchungssätze.

Buchung nach SKR 03

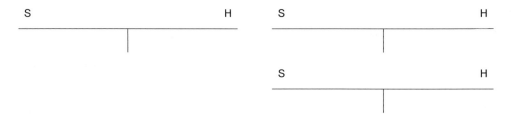

Die Buchungsanweisung in der Buchungsliste nach *SKR 03* wird wie folgt dargestellt:

Nr.	Soll	Haben	Betrag/€	Text

2. Welche Aussage ist korrekt?
   a) Ein erhaltener Preisnachlass führt immer zum Ertrag.
   b) Ein erhaltener Preisnachlass führt immer zum Aufwand.
   c) Ein erhaltener Preisnachlass hat keinen Einfluss auf das Ergebnis.
   d) Alle Aussagen sind falsch.
3. Welche Aussage ist falsch?
   a) Zum Vorratsvermögen gehört der Bestand an Handelswaren.
   b) Zum Vorratsvermögen gehört der Bestand an Roh-/Hilfs- und Betriebsstoffen
   c) Zum Vorratsvermögen gehört der Bestand an fertigen und unfertigen Erzeugnissen.
   d) Keine der vorgenannten Aussagen ist falsch
4. Florian Gütlich verkauft am 02.02.02 an einen guten Kunden Waren in Höhe von 2380,00 € (brutto, inkl. 19 %USt). Ende des Jahres (31.12.02) erteilt ihm Gütlich eine Bonusgutschrift (für das Überschreiten einer bestimmten Abnahmemenge) in Höhe

12.3 Zusammenfassende Lernkontrolle

von 3 %. Die Rechnung wird am 31.12.02 per Banküberweisung beglichen. Welche Buchungssätze sind zu bilden bei Verkauf am 02.02.02, welche bei Gewährung des Preisnachlasses, welche bei Zahlung durch den Kunden?

Nr.	Soll	Haben	Betrag/€	Text

5. Richtig oder Falsch? Bitte entscheiden Sie sich für die korrekte Antwort und kreuzen Sie diese an (siehe Tab. 12.1 *Richtig oder Falsch? (Kap. 12)*):

Tab. 12.1 Richtig oder Falsch? (Kap. 12)

Nr.	Aussage	Richtig	Falsch
1.	Zum Vorratsvermögen gehören alle Güter des Umlaufvermögens, die innerhalb eines Jahres verkauft werden sollen		
2.	Zum Vorratsvermögen gehören alle unfertigen Erzeugnisse, die am Bilanzstichtag noch nicht fertiggestellt sind		
3.	Zum Vorratsvermögen gehören alle Erzeugnisse, die im Laufe des Wirtschaftsjahres bereits an die Kunden verkauft wurden und das Unternehmen mittlerweile verlassen haben		
4.	Das Vorratsvermögen gehört automatisch zum Anlagevermögen, sofern ein Verkauf der dort vorhandenen Güter („Ladenhüter") länger als ein Wirtschaftsjahr andauert		
5.	Abnutzbare Güter des Anlagevermögens werden planmäßig abgeschrieben, Güter des Umlaufvermögens nicht		
6.	Forderungen sind Ansprüche gegenüber dem Kunden auf Ausgleich der Ausgangsrechnung		
7.	Der Ausgleich der Forderung mittels Banküberweisung durch den Kunden ist erfolgsneutral		
8.	Forderungen können eingeteilt werden in einwandfreie, zweifelhafte und uneinbringliche Forderungen		

(Fortsetzung)

Tab. 12.1 (Fortsetzung)

Nr.	Aussage	Richtig	Falsch
9.	Gewährte Preisnachlässe stellen Erlösschmälerungen dar, die unter Umständen auch umsatzsteuerlich korrigiert werden müssen		
10.	Gewährte Preisnachlässe führen zur Korrektur der Vorsteuer		
11.	Gewährte Preisnachlässe führen zur Korrektur der Umsatzsteuer		
12.	Forderungen gehören zum Umlaufvermögen. Sie können unterteilt werden in Forderungen aus Lieferungen und Leistungen sowie Sonstige Vermögensgegenstände		
13.	Sowohl der Endbestand der Forderungen als auch derjenige der Güter des Vorratsvermögens müssen zum Bilanzstichtag per Inventur verifiziert (bestätigt) werden		
14.	Den Endbestand an Vorratsvermögen kann man grob schätzen. Es interessiert die Finanzbehörde nicht, ob es Abweichungen zur Buchführung gibt		
15.	Uneinbringliche Forderungen (Kunde kann seine Rechnung nicht bezahlen) werden unter Korrektur der Umsatzsteuer als Forderungsverluste abgeschrieben		
16.	Preisnachlässe sind bei Verkauf von Anlagegütern grundsätzlich verboten		
17.	Preisnachlässe dürfen nur gewährt werden, wenn die Rechnungen auch diese Vorgänge korrekt berücksichtigen		
18.	Preisnachlässe (aus Sicht des Leistungsempfängers) kann man sich einfach gönnen. Der Vertragspartner muss hiermit nicht einverstanden sein		
19.	Skonti sind Preisnachlässe bei Doppelzahlung einer Rechnung		
20.	Rabatte gibt es nur bei Dienstleistungen. Sachgüter sind von dieser Art des Preisnachlasses ausgenommen		

12.3.4 Lösungen zu den Übungsaufgaben

1. Buchungssätze zu gewährten Rabatten wie folgt:

Buchung nach SKR 03

S	Debitor (10000)	H
1.	670,00€	

S	Erlöse (8000)	H
		1. 563,03€

S	USt 19% (1776)	H
		1. 106,97€

12.3 Zusammenfassende Lernkontrolle

Die Buchungsanweisung in der Buchungsliste nach *SKR 03* wird wie folgt dargestellt:

Nr.	Soll	Haben	Betrag/€	Text
1.	Debitor (10000)		670,00	Warenverkauf
		Erlöse (8000)	563,03	Erlöse netto
		USt 19 % (1776)	106,97	Gesamtbetrag

2. Aussage d) ist korrekt. Ein erhaltener Preisnachlass ist z. B. bei Erwerb von Anlagegütern ein neutraler Vorgang. Bei Wareneinkäufen führt ein erhaltener Preisnachlass jedoch zum Ertrag.
3. Aussage d) ist korrekt.
4. Die Buchungsanweisungen in der Buchungsliste nach *SKR 03* wird wie folgt dargestellt:

Nr.	Soll	Haben	Betrag/€	Text
1	Debitor (10000)		2380,00	Warenverkauf
		Erlöse (8000)	2000,00	Erlöse netto
		USt 19 % (1776)	380,00	Gesamtbetrag
2	Gewährte Boni (8769)		60,00	Gewährte Boni
	USt 19 % (1776)		11,40	USt 19 % auf Boni
	Bank (1200)		2308,60	Zahlungseingang
		Debitor (10000)	2380,00	Rechnungsausgleich

5. Folgende Antwortmöglichkeiten sind gegeben (siehe Tab. 12.2 *Richtig oder Falsch? (Lösung Kap. 12)*):

Tab. 12.2 Richtig oder Falsch? (Lösung Kap. 12)

Nr.	Aussage	Richtig	Falsch
1.	Zum Vorratsvermögen gehören alle Güter des Umlaufvermögens, die innerhalb eines Jahres verkauft werden sollen	×	
2.	Zum Vorratsvermögen gehören alle unfertigen Erzeugnisse, die am Bilanzstichtag noch nicht fertiggestellt sind	×	
3.	Zum Vorratsvermögen gehören alle Erzeugnisse, die im Laufe des Wirtschaftsjahres bereits an die Kunden verkauft wurden und das Unternehmen mittlerweile verlassen haben		×
4.	Das Vorratsvermögen gehört automatisch zum Anlagevermögen, sofern ein Verkauf der dort vorhandenen Güter („Ladenhüter") länger als ein Wirtschaftsjahr andauert		×
5.	Abnutzbare Güter des Anlagevermögens werden planmäßig abgeschrieben, Güter des Umlaufvermögens nicht	×	
6.	Forderungen sind Ansprüche gegenüber dem Kunden auf Ausgleich der Ausgangsrechnung	×	
7.	Der Ausgleich der Forderung mittels Banküberweisung durch den Kunden ist erfolgsneutral	×	
8.	Forderungen können eingeteilt werden in einwandfreie, zweifelhafte und uneinbringliche Forderungen	×	
9.	Gewährte Preisnachlässe stellen Erlösschmälerungen dar, die unter Umständen auch umsatzsteuerlich korrigiert werden müssen	×	
10.	Gewährte Preisnachlässe führen zur Korrektur der Vorsteuer		×
11.	Gewährte Preisnachlässe führen zur Korrektur der Umsatzsteuer	×	
12.	Forderungen gehören zum Umlaufvermögen. Sie können unterteilt werden in Forderungen aus Lieferungen und Leistungen sowie Sonstige Vermögensgegenstände	×	
13.	Sowohl der Endbestand der Forderungen als auch derjenige der Güter des Vorratsvermögens müssen zum Bilanzstichtag per Inventur verifiziert (bestätigt) werden	×	
14.	Den Endbestand an Vorratsvermögen kann man grob schätzen. Es interessiert die Finanzbehörde nicht, ob es Abweichungen zur Buchführung gibt		×
15.	Uneinbringliche Forderungen (Kunde kann seine Rechnung nicht bezahlen) werden unter Korrektur der Umsatzsteuer als Forderungsverluste abgeschrieben	×	

Literatur

1. www.gesetze-im-internet.de/hgb/__266.html. Zugegriffen: 10. Nov. 2015

Bonuskapitel: Anzahlungen 13

> **Zusammenfassung**
> Eigentlich wollte Carlo Sommerweizen nach Abschluss des Teilgebietes Umlaufvermögen seine Studien zunächst beenden. Er weiß, dass er sich aufgrund der Kürze der Zeit lediglich auf die Grundlagen seines Tagesgeschäftes einlassen konnte. Aber ihm fällt noch ein, dass er ein ganz wichtiges Thema im Rahmen seiner Tätigkeit bisher noch nicht beleuchtet hat. Er schaut sich daher noch recht ausführlich das Thema Anzahlungen sowohl aus Kunden- als auch Lieferantensicht an. Dabei berücksichtigt er umsatzsteuerliche Besonderheiten, die er natürlich auch direkt im Gesetz nachvollzieht, um im Bedarfsfall umsatz- und ertragsteuerlich korrekte Buchungssätze erstellen zu können. Auch hier nimmt er sich zur Festigung seines Wissens zahlreichen Fragen und Übungen vor, die ihm das Verständnis erleichtern sollen.

Im aktuellen Kapitel werden noch die Anzahlungen von Sommerweizen unter die Lupe genommen. Er weist auch auf die jeweiligen umsatzsteuerlichen Konsequenzen hin, die besonders im Tagesgeschäft eine bedeutende Rolle spielen.

Anzahlungen sind der Umsatzsteuer zu unterwerfen, sobald die finanziellen Mittel in den Machtbereich des Zahlungsempfängers gelangen.

Sommerweizen beschäftigt sich zunächst mit den *erhaltenen Anzahlungen*, bevor er sich im Anschluss auch den *geleisteten Anzahlungen* widmet.

13.1 Erhaltene Anzahlungen

Sommerweizen hat regelmäßig Kunden, welche für größere Reparaturen freiwillig oder auf Anfrage hin eine *Anzahlung* entrichten.

▶ Eine erhaltene *Anzahlung* (auch: Vorauskasse) liegt vor, wenn der Kunde zahlt, bevor er eine Leistung erhält.

Diese Vorgehensweise findet man häufig bei Neukunden, wo die Zahlungsmoral noch nicht bekannt ist oder man den Kunden an das Unternehmen binden möchte. Vielleicht handelt es sich aber auch um Leistungsempfänger, welche sich in der Vergangenheit durch Zahlungsunwilligkeit ausgezeichnet haben. Auch in diesen Fällen wird gerne das Instrument der *Anzahlung* oder Vorauskasse eingesetzt.

Sommerweizen erinnert sich an folgenden Sachverhalt aus dem letzten Jahr, als Buchhalter Milber noch das Zepter in der Buchhaltung schwang. Er nimmt sich die Unterlagen hervor und rekonstruiert den Sachverhalt anhand der vorhandenen Notizen, die Milber seinerzeit fein säuberlich verfasst hatte.

Beispiel – erhaltene Anzahlungen

Ein Neukunde (Einzelunternehmer Schöller, vorsteuerabzugsberechtigter Juwelier) wollte ein neues Auto kaufen. Dieses Auto – eine Luxuslimousine – kostete fabrikneu 100.000,00 € zzgl. 19 % USt. Da Sommerweizen die Autos im Vorfeld käuflich erwerben muss, wollte er damals vom Neukunden eine *Anzahlung* in Höhe von 10 %. Er schickte ihm eine entsprechende Anzahlungsrechnung mit Bitte um Ausgleich in den nächsten fünf Tagen. Der Neukunde überwies den Betrag sofort in Höhe von 11.900,00 € brutto, inkl. 19 % USt.

Als das Fahrzeug dann endlich an den Kunden ausgeliefert wurde, wurde ihm der Restbetrag unter Anrechnung der Anzahlung in einer Schlussrechnung mitgeteilt. Der Kunde beglich umgehend per Banküberweisung.

Folgende Buchungssätze (von Buchhalter Milber) versucht Sommerweizen nun nachzuvollziehen:

Buchung nach SKR 03

S	Bank (1200)	H		S	Erhalt. Anzahlungen (1710)	H
1.	11.900,00€			3.	10.000,00€	1. 10.000,00€
3.	107.100,00€					

S	Debitor (10000)	H		S	USt 19% (1710)	H
2.	119.000,00€	3. 119.000,00€		3.	1.900,00€	1. 1.900,00€
						2. 19.000,00€

				S	Erlöse 19% (8000)	H
						2. 100.000,00€

13.2 Geleistete Anzahlungen

Die Buchungsanweisung in der Buchungsliste nach *SKR 03* wird wie folgt dargestellt:

Nr.	Soll	Haben	Betrag/€	Text
1	Bank (1200)		11.900,00	Anzahlung, brutto
		Erhalt. Anz. (1710)	10.000,00	Anzahlung, netto
		USt 19% (1776)	1900,00	USt auf Anzahlung
2	Debitor (10.000)		119.000,00	Rechnung, brutto
		Erlöse (8000)	100.000,00	Erlöse, netto
		USt 19% (1776)	19.000,00	USt 19%
3		Debitor (10.000)	119.000,00	Gesamtbetrag
	USt 19% (1776)		1900,00	Korr. USt auf Anz.
	Bank (1200)		107.100,00	Restzahlung
	Erhalt. Anz. (1710)		10.000,00	Korr. Erh. Anz.

Das war jetzt schon ein wenig schwieriger ... aber das System hat Sommerweizen verstanden.

Sein Steuerberater bittet ihn auch sich diesbezüglich den § 13 (1) Nr. 1a UStG [3] anzusehen. Hier geht es um die Besteuerung der erhaltenen *Anzahlung*. Die Umsatzbesteuerung ist hiernach bereits durchzuführen, wenn das Entgelt oder Teile des Entgelts vor Leistungserbringung vereinnahmt wurden:

§ 13 UStG – Entstehung der Steuer

(1) Die Steuer entsteht
    1. für Lieferungen und sonstige Leistungen
        a) bei der Berechnung der Steuer nach vereinbarten Entgelten (§ 16 Abs. 1 Satz 1) [5] mit Ablauf des Voranmeldungszeitraums, in dem die Leistungen ausgeführt worden sind. [...] Wird das Entgelt oder ein Teil des Entgelts vereinnahmt, bevor die Leistung oder die Teilleistung ausgeführt worden ist, so entsteht insoweit die Steuer mit Ablauf des Voranmeldungszeitraums, in dem das Entgelt oder das Teilentgelt vereinnahmt worden ist [...] [3]

Zu Übungszwecken überlegt der motivierte Unternehmer, was der Käufer des Pkw in seiner Buchhaltung damals erfassen musste. Schließlich hatte der Neukunde aus seiner Sicht eine Anzahlung geleistet, die einen Vorsteuerabzug zulässt, sofern eine ordnungsgemäße Rechnung vorliegt.

13.2 Geleistete Anzahlungen

Die geleistete Anzahlung ist solange eine Forderung gegenüber dem Zahlungsempfänger, bis die Leistung von ihm erbracht wurde.

Sofern der vorsteuerabzugsberechtigte Zahlungsverpflichtete über eine umsatzsteuerlich ordnungsgemäße Rechnung nach § 14 UStG verfügt, hat er das Recht bei Zahlung den Vorsteuerabzug geltend zu machen. Die Gegenleistung muss zu diesem Zeitpunkt noch nicht erbracht worden zu sein.

Beispiel – Geleistete Anzahlung

Sommerweizen nimmt nun das vorherige Beispiel und versucht, die Buchungssätze des Neukunden mit dem Luxusauto zu erstellen.

Zur Erinnerung:

Juwelier Schöller zahlte für seinen Luxuswagen zunächst brutto 11.900,00 € (inkl. 19 % USt) bei Sommerweizen an. Als dann die Lieferung des Wagens erfolgte, überwies er dem Autohändler umgehend 107.100,00 € zum Ausgleich der Schlussrechnung.

Hier nun seine Buchungssätze:

Buchung nach SKR 03

S	Bank (1200)		H		S	Gel. Anzahlungen (1512)		H
	1.	11.900,00 €			1.	10.000,00 €	3.	10.000,00 €
	3.	107.100,00 €						

S	Kreditor (70000)		H		S	VoSt 19% (1576)		H
3.	119.000,00 €	2.	119.000,00 €		1.	1.900,00 €	3.	1.900,00 €
					2.	19.000,00 €		

S	Pkw (0320)	H
2.	100.000,00 €	

Die Buchungsanweisung in der Buchungsliste nach *SKR 03* wird wie folgt dargestellt:

Nr.	Soll	Haben	Betrag/€	Text
1	Gel. Anz. (1510)		10.000,00	Anzahlung, netto
	VoSt 19 % (1576)		1900,00	VoSt auf Anz.
		Bank (1200)	11.900,00	Gel. Anz., brutto
2.	Pkw (0320)		100.000,00	Pkw, netto
	VoSt 19 % (1576)		19.000,00	VoSt 19 %
		Kreditor (70.000)	119.000,00	Gesamtverb.
3.	Kreditor (70.000)		119.000,00	Gesamtverb.
		Bank (1200)	107.100,00	Restzahlung

Nr.	Soll	Haben	Betrag/€	Text
		VoSt 19 % (1576)	1900,00	Korr. VoSt
		Gel. Anz. (1510)	10.000,00	Korr. Gel. Anz.

Hinsichtlich des Vorsteuerabzugs liest er sich noch der Vollständigkeit halber den § 15 UStG durch:

§ 15 UStG – Vorsteuerabzug

(1) Der Unternehmer kann die folgenden Vorsteuerbeträge abziehen:
1. die gesetzlich geschuldete Steuer für Lieferungen und sonstige Leistungen, die von einem anderen Unternehmer für sein Unternehmen ausgeführt worden sind. Die Ausübung des Vorsteuerabzugs setzt voraus, dass der Unternehmer eine nach den §§ 14, 14a ausgestellte Rechnung besitzt. Soweit der gesondert ausgewiesene Steuerbetrag auf eine Zahlung vor Ausführung dieser Umsätze entfällt, ist er bereits abziehbar, wenn die Rechnung vorliegt und die Zahlung geleistet worden ist; […] [2]

Das muss Sommerweizen nochmal üben…

13.3 Zusammenfassende Lernkontrolle

Im Folgenden werden zunächst mit Hilfe von Kontrollfragen die Inhalte des bisherigen Kapitels wiederholt. Hieran schließen sich Übungsaufgaben an, die das erworbene oder aufgefrischte Wissen vertiefen sollen.

13.3.1 Kontrollfragen

1. Wie werden *Anzahlungen* noch bezeichnet?
2. Definieren Sie bitte *Anzahlungen*.
3. Was muss bei einer *erhaltenen Anzahlung* steuerlich zwingend beachtet werden?
4. Was darf ein umsatzsteuerpflichtiger Unternehmer tun, wenn er eine Anzahlung leistet?
5. Wo sind die Vorschriften zu einer umsatzsteuerlich korrekten Rechnung geregelt?

13.3.2 Lösungen zu den Kontrollfragen

1. Vorauskasse
2. *Anzahlungen* werden im Vorfeld zum Erwerb der Gegenleistung geleistet.
3. Bei erhaltenen Anzahlungen muss die Umsatzsteuer berücksichtigt werden. Sie entsteht mit dem Ende des Voranmeldezeitraums, in dem die Zahlung vereinnahmt wurde. Ob die Leistung erbracht wurde, ist hierbei unerheblich (§ 13 (1) Nr. 1 UStG) [3]

4. Er hat das Recht auf Vorsteuerabzug. Voraussetzung ist, dass er über eine ordnungsgemäße Rechnung verfügt.
5. § 14 (4) UStG

13.3.3 Übungsaufgaben

1. Ein vorsteuerabzugsberechtigter Unternehmer kauft ein neues Auto. Der Kaufpreis (neu) beläuft sich auf 75.000,00 € zzgl. 19 % USt. Zunächst werden 12.000,00 € (netto) zzgl. 19 % USt vom Unternehmer vorausbezahlt. Sobald das Fahrzeug ausgeliefert wird, bekommt der Unternehmer die Rechnung und zahlt umgehend per Banküberweisung.

Welche Buchungssätze sind – aus Sicht des Autohauses – zu bilden? Bitte vervollständigen Sie die beigefügten T-Konten und die Buchungsliste. Kontieren Sie bitte auf der Basis des SKR03.

Hinweis vorab: Die Anzahl der Zeilen in der Buchungsliste ist unabhängig von der Anzahl der zu erstellenden Buchungssätze.

Buchung nach SKR 03

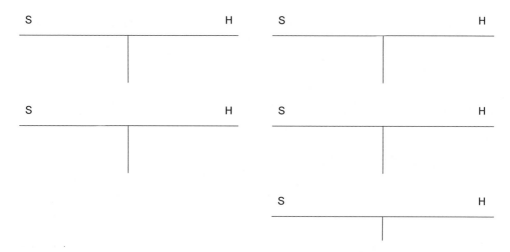

Die Buchungsanweisung in der Buchungsliste nach *SKR 03* wird wie folgt dargestellt:

13.3 Zusammenfassende Lernkontrolle

Nr.	Soll	Haben	Betrag/€	Text

2. Bitte buchen Sie nun die Anzahlung aus Übung Nr. 1 aus der Sicht des Leistungsempfängers. Vervollständigen Sie die beigefügten T-Konten und die Buchungsliste. Kontieren Sie bitte auf der Basis des SKR03. Eine ordnungsgemäße Rechnung im Sinne des Umsatzsteuergesetzes liegt vor.
Hinweis vorab: Die Anzahl der Zeilen in der Buchungsliste ist unabhängig von der Anzahl der zu erstellenden Buchungssätze.

Buchung nach SKR 03

S	H	S	H

S	H	S	H

S	H

Die Buchungsanweisung in der Buchungsliste nach *SKR 03* wird wie folgt dargestellt:

Nr.	Soll	Haben	Betrag/€	Text

3. Richtig oder Falsch? Bitte entscheiden Sie sich für die korrekte Antwort und kreuzen Sie diese an (siehe Tab. 13.1 *Richtig oder Falsch? (Kap. 13)*):

Tab. 13.1 Richtig oder Falsch? (Kap. 13)

Nr.	Aussage	Richtig	Falsch
1.	Hinsichtlich der theoretischen Begriffsdefinitionen lässt sich festhalten: *Anzahlungen* sind anders definiert als *Abschlagszahlungen*		
2.	Geleistete Anzahlungen sind Zahlungen vor Erhalt der Gegenleistung. Sie stellen für den Leistungsempfänger eine Forderung gegenüber dem Leistenden dar		
3.	Geleistete Anzahlungen sind Zahlungen vor Erhalt der Gegenleistung. Sie stellen für den Leistungsempfänger eine Verbindlichkeit gegenüber dem Leistenden dar		
4.	Erhaltene Anzahlungen sind Einnahmen vor Erbringung der Leistung. Sie stellen für den leistenden Unternehmer eine Verbindlichkeit gegenüber dem Leistungsempfänger dar		
5.	Erhaltene Anzahlungen sind Zahlungen vor Erhalt der Gegenleistung. Sie stellen für den Leistungsempfänger eine Verbindlichkeit gegenüber dem Leistenden dar		

(Fortsetzung)

13.3 Zusammenfassende Lernkontrolle

Tab. 13.1 (Fortsetzung)

Nr.	Aussage	Richtig	Falsch
6.	Anzahlungen unterliegen niemals der Umsatzbesteuerung. Der Unternehmer kann die erhaltenen Beträge außer Acht lassen		
7.	Erhaltene Anzahlungen führen zur umsatzsteuerlichen Berücksichtigung im Rahmen der folgenden Umsatzsteuer-Voranmeldung, obwohl evtl. noch keine Leistung erbracht wurde		
8.	Ein Vorsteuerabzug für den Leistungsempfänger ist bereits möglich, wenn er die Zahlung geleistet und ihm eine ordnungsgemäße Rechnung vorliegt		
9.	Eine Anzahlung wird vom Leistungsempfänger stets ohne Anzahlungsrechnung veranlasst. Ein Vorsteuerabzug ist trotzdem möglich		
10.	Anzahlungen werden zwischen zwei Vertragsparteien vereinbart, um (aus Sicht des leistenden Unternehmers) eine Kundenbindung herbeizuführen		
11.	Anzahlungen werden zwischen zwei Vertragsparteien vereinbart, um (aus Sicht des leistenden Unternehmers) finanziell liquide zu bleiben, und den neuen Auftrag vorzufinanzieren (z. B. bei Kauf von Rohstoffen)		
12.	Anzahlungen sind absolut überflüssig. Sie werden nur vom leistenden Unternehmer in Rechnung gestellt, wenn der Leistungsempfänger den leistenden Unternehmer beleidigt		
13.	Erhaltene Anzahlungen werden umgehend auf das Konto Erlöse gebucht, damit der Gewinn ansteigt		
14.	Geleistete Anzahlungen werden stets in den Aufwand gebucht, gleichgültig ob diese sich auf Güter des Anlage- oder Umlaufvermögens beziehen		
15.	Erhaltene Anzahlungen werden in der Schlussrechnung angerechnet. Ein mehrfacher Abzug der Vorsteuer ist aus Sicht des Leistungsempfängers nicht möglich		
16.	Die korrekte Buchung für eine erhaltene Anzahlung (mit USt 19 %) lautet: a) Bank an erhaltene Anzahlung; b) Bank an USt 19 %		
17.	Die korrekte Buchung für eine erhaltene Anzahlung (mit USt 19 %) lautet: a) Erhaltene Anzahlung an USt 19 %; b) Bank an Erhaltene Anzahlung		
18.	Die korrekte Buchung für eine erhaltene Anzahlung (mit USt 19 %) lautet: a) Bank an Erlöse; b) Bank an USt 19 %		
19.	Erhaltene Anzahlungen werden nicht separat gebucht. Man wartet hiermit, bis die Schlussrechnung erstellt wird		
20.	Geleistete Anzahlungen bedeuten stets eine Forderung des Leistungsempfängers an den leistenden Unternehmer		

13.3.4 Lösungen zu den Übungsaufgaben

1. Buchungssätze zu den erhaltenen Anzahlungen wie folgt:

Buchung nach SKR 03

S	Bank (1200)	H
1. 14.280,00€		
3. 74.970,00€		

S	Erhalt. Anzahlungen (1710)	H
3. 12.000,00€	1. 12.000,00€	

S	Debitor (10000)	H
2. 89.250,00€	3. 89.250,00€	

S	USt 19% (1710)	H
3. 2.280,00€	1. 2.280,00€	
	2. 14.250,00€	

S	Erlöse 19% (8000)	H
	2. 75.000,00€	

Die Buchungsanweisung in der Buchungsliste nach *SKR 03* wird wie folgt dargestellt:

Nr.	Soll	Haben	Betrag/€	Text
1	Bank (1200)		14.280,00	Anzahlung, brutto
		Erhalt. Anz. (1710)	12.000,00	Anzahlung, netto
		USt 19 % (1776)	2280,00	USt auf Anzahlung
2	Debitor (10.000)		89.250,00	Rechnung, brutto
		Erlöse (8000)	75.000,00	Erlöse, netto
		USt 19 % (1776)	14.250,00	USt 19 %
3		Debitor (10.000)	89.250,00	Gesamtbetrag
	USt 19 % (1776)		2280,00	Korr. USt auf Anz.
	Bank (1200)		74.970,00	Restzahlung
	Erhalt. Anz. (1710)		12.000,00	Korr. Erh. Anz.

13.3 Zusammenfassende Lernkontrolle

2. Buchungssätze zu den geleisteten Anzahlungen wie folgt:

Buchung nach SKR 03

S	Bank (1200)	H
	1.	14.280,00€
	3.	74.970,00€

S	Gel. Anzahlungen (1512)	H
1. 12.000,00 €	3.	12.000,00€

S	Kreditor (70000)	H
3. 89.250,00€	2.	89.250,00€

S	VoSt 19% (1576)	H
1. 2.280,00€	3.	2.280,00€
2. 14.250,00€		

S	Pkw (0320)	H
2. 75.000,00€		

Die Buchungsanweisung in der Buchungsliste nach *SKR 03* wird wie folgt dargestellt:

Nr.	Soll	Haben	Betrag/€	Text
1	Gel. Anz. (1510)		12.000,00	Anzahlung, netto
	VoSt 19% (1576)		2280,00	VoSt auf Anz.
		Bank (1200)	12.280,00	Gel. Anz., brutto
2	Pkw (0320)		75.000,00	Pkw, netto
	VoSt 19% (1576)		14.250,00	VoSt 19%
		Kreditor (70.000)	89.250,00	Gesamtverb.
3	Kreditor (70.000)		89.250,00	Gesamtverb.
		Bank (1200)	74.970,00	Restzahlung
		VoSt 19% (1576)	2280,00	Korr. VoSt
		Gel. Anz. (1510)	12.000,00	Korr. Gel. Anz.

3. Folgende Antwortmöglichkeiten sind denkbar (siehe Tab. 13.2 *Richtig oder Falsch? (Lösung Kap. 13)*):

Tab. 13.2 Richtig oder Falsch? (Lösung Kap. 13)

Nr.	Aussage	Richtig	Falsch
1.	Hinsichtlich der theoretischen Begriffsdefinitionen lässt sich festhalten: *Anzahlungen* sind anders definiert als *Abschlagszahlungen*	×	
2.	Geleistete Anzahlungen sind Zahlungen vor Erhalt der Gegenleistung. Sie stellen für den Leistungsempfänger eine Forderung gegenüber dem Leistenden dar	×	
3.	Geleistete Anzahlungen sind Zahlungen vor Erhalt der Gegenleistung. Sie stellen für den Leistungsempfänger eine Verbindlichkeit gegenüber dem Leistenden dar		×
4.	Erhaltene Anzahlungen sind Einnahmen vor Erbringung der Leistung. Sie stellen für den leistenden Unternehmer eine Verbindlichkeit gegenüber dem Leistungsempfänger dar	×	
5.	Erhaltene Anzahlungen sind Zahlungen vor Erhalt der Gegenleistung. Sie stellen für den Leistungsempfänger eine Verbindlichkeit gegenüber dem Leistenden dar		×
6.	Anzahlungen unterliegen niemals der Umsatzbesteuerung. Der Unternehmer kann die erhaltenen Beträge außer Acht lassen		×
7.	Erhaltene Anzahlungen führen zur umsatzsteuerlichen Berücksichtigung im Rahmen der folgenden Umsatzsteuer-Voranmeldung, obwohl evtl. noch keine Leistung erbracht wurde	×	
8.	Ein Vorsteuerabzug für den Leistungsempfänger ist bereits möglich, wenn er die Zahlung geleistet und ihm eine ordnungsgemäße Rechnung vorliegt	×	
9.	Eine Anzahlung wird vom Leistungsempfänger stets ohne Anzahlungsrechnung veranlasst. Ein Vorsteuerabzug ist trotzdem möglich		×
10.	Anzahlungen werden zwischen zwei Vertragsparteien vereinbart, um (aus Sicht des leistenden Unternehmers) eine Kundenbindung herbeizuführen	×	
11.	Anzahlungen werden zwischen zwei Vertragsparteien vereinbart, um (aus Sicht des leistenden Unternehmers) finanziell liquide zu bleiben, und den neuen Auftrag vorzufinanzieren (z. B. bei Kauf von Rohstoffen)	×	
12.	Anzahlungen sind absolut überflüssig. Sie werden nur vom leistenden Unternehmer in Rechnung gestellt, wenn der Leistungsempfänger den leistenden Unternehmer beleidigt		×
13.	Erhaltene Anzahlungen werden umgehend auf das Konto Erlöse gebucht, damit der Gewinn ansteigt		×
14.	Geleistete Anzahlungen werden stets in den Aufwand gebucht, gleichgültig ob diese sich auf Güter des Anlage- oder Umlaufvermögens beziehen		×
15.	Erhaltene Anzahlungen werden in der Schlussrechnung angerechnet. Ein mehrfacher Abzug der Vorsteuer ist aus Sicht des Leistungsempfängers nicht möglich	×	
16.	Die korrekte Buchung für eine erhaltene Anzahlung (mit USt 19 %) lautet: a) Bank an erhaltene Anzahlung; b) Bank an USt 19 %	×	

(Fortsetzung)

Tab. 13.2 (Fortsetzung)

Nr.	Aussage	Richtig	Falsch
17.	Die korrekte Buchung für eine erhaltene Anzahlung (mit USt 19%) lautet: a) Erhaltene Anzahlung an USt 19%; b) Bank an Erhaltene Anzahlung		×
18.	Die korrekte Buchung für eine erhaltene Anzahlung (mit USt 19%) lautet: a) Bank an Erlöse; b) Bank an USt 19%		×
19.	Erhaltene Anzahlungen werden nicht separat gebucht. Man wartet hiermit, bis die Schlussrechnung erstellt wird		×
20.	Geleistete Anzahlungen bedeuten stets eine Forderung des Leistungsempfängers an den leistenden Unternehmer	×	

Literatur

1. http://www.gesetze-im-internet.de/ustg_1980/__2.html. Zugegriffen: 10. Nov. 2015
2. http://www.gesetze-im-internet.de/ustg_1980/__15.html. Zugegriffen: 10. Nov. 2015
3. http://www.gesetze-im-internet.de/ustg_1980/__13.html. Zugegriffen: 28. Okt. 2015
4. http://www.gesetze-im-internet.de/ustg_1980/__16.html. Zugegriffen: 30. Okt. 2015

Zusammenfassendes Beispiel 14

> **Zusammenfassung**
>
> Carlo Sommerweizen ist zu Recht stolz auf sein Studium der Buchführung. Er kann nicht nur zwischen unterschiedlichen Konten unterscheiden, sondern er kennt die Buchführungstechnik und weiß auch, wie die stufenweise Abfolge von Buchführung zur Bilanzierung aussieht. Er kennt im Rahmen seines Basiswissens die Aussagekraft von Bilanz und Gewinn- und Verlustrechnung und kann einfache umsatzsteuerliche Sachverhalte buchhalterisch ohne Mühen abbilden. Für schwierige Fälle (oder nennen wir es mal Herausforderungen) hat er seinen Steuerberater Glaube, welcher ihm gerne mit Rat und Tat zur Seite steht. Um nun das gesamte Wissen noch einmal auf den Prüfstand zu stellen, schaut sich Sommerweizen eine abschließende „Komplettaufgabe" (vom EBK zum SBK) als Beispiel an, um sich im Folgenden selbst einmal mit einer kompletten (etwas vereinfachten) Buchführung in der Theorie auseinanderzusetzen (so ganz ohne EDV und nur mit T-Konten und Kontenplan).

Zum Abschluss schaut sich Sommerweizen nun eine umfassen Buchführungsaufgabe an, wo er sein neu erlerntes bzw. aufgefrischtes Buchführungswissen erproben kann.

Es soll im Folgenden eine Komplettaufgabe gelöst werden, wo Buchungssätze ab der Eröffnung der Bestandskonten über das Eröffnungsbilanzkonto (EBK) bis zum Abschluss derselben über das Schlussbilanzkonto (SBK) nach einem Fahrplan erfolgt.

Eine mögliche Vorgehensweise wird Sommerweizen von seinem Freund Uwe Meister vorgeschlagen. Er bietet ihm an, dass er natürlich auch gerne in einer anderen Reihenfolge diese Aufgabenstellung lösen kann. Dazu bedarf es allerdings gefestigter Grundkenntnisse.

Uwe Meister schlägt ihm nun eine Vorgehensweise vor und zeigt seinem Freund Carlo ein Übungsbeispiel, welches er anhand des Fahrplans löst.

14.1 Vorschlag zur Vorgehensweise

Der erfahrene Unternehmer Meister schlägt seinem motivierten Freund Carlo im Rahmen eines Neun-Stufen-Planes vor, eine Komplettaufgabe vom EBK bis zum SBK zu lösen. Es ist, darauf weist Uwe hin, äußerste Konzentration erforderlich. Vor allem sollte man sich nicht entmutigen lasse, sofern das Ergebnis nicht sofort zu 100 % richtig ist. Einfach wieder von vorn starten und nochmal üben.

Nun zur Vorgehensweise bei der Buchung vom EBK zum SBK:

Schritt 1
Eröffnungsbilanzbuchungen auf Bestandskonten unter Zuhilfenahme des EBK.

Schritt 2
Buchen laufender Geschäftsvorfälle auf Erfolgs- und Bestandskonten über den Zeitraum des Wirtschaftsjahres.

Schritt 3
Nach Durchführung der Inventurarbeiten Erfassung abschlussvorbereitender Buchungen auf den entsprechenden Konten.

Schritt 4
Abschluss der Erfolgskonten über das Gewinn- und Verlustkonto (GuVK).

Schritt 5
Ermittlung des Saldos auf dem GuVK (Gewinn oder Verlust) und Abschluss auf der entsprechenden Seite des Eigenkapitals (EK).

Schritt 7
Abschluss der Umsatzsteuer- und Vorsteuerkonten über ein Umsatzsteuer-Verrechnungskonto oder
   Abschluss des Umsatz- oder Vorsteuerkontos mit dem kleineren Saldo über das jeweils andere Konto mit dem höheren Saldo;
   Da es sich bei beiden Alternativen um reine Bestandskonten handelt, werden diese am Ende über das SBK abgeschlossen (siehe Schritt 9).

Schritt 8
Abschluss der Privatkonten über das Eigenkapitalkonto.

Schritt 9
Abschluss aller Bestandskonten (inklusive Eigenkapital) über das Schlussbilanzkonto (SBK).

Das SBK stellt die Basis der Bilanz dar.
Bevor Carlo Sommerweizen sich jetzt alleine einer solchen Herausforderung aussetzt, schaut er sich zunächst eine Beispielaufgabe mit Lösung an.

14.2 Aufgabenstellung (Beispielaufgabe)

Uwe Meister (bilanzierender Einzelunternehmer, vorsteuerabzugsberechtigt) gibt seiner Buchhalterin Frau Lustig den Auftrag, die vom Steuerberater ermittelten Endbestände (Schlussbilanz per 31.12.01) in die Buchhaltung zu übernehmen. Bevor Frau Lustig die Saldenvorträge bucht, schaut Sie sich die Daten an, die man ihr vorlegt (Tab. 14.1):
Folgende Aufgaben sind zu bewältigen:

1. Buchen Sie die Anfangsbestände auf den vorgegebenen Konten per 01.01.02 und tragen Sie die Gegenbuchung auf dem Eröffnungsbilanzkonto (EBK) ein.
2. Bilden Sie die Buchungssätze zu den nachfolgenden Geschäftsvorfällen (alle in 02) und erfassen Sie diese im Anschluss auf den beigefügten Konten:
   a) Eingangsrechnung: Telefonkosten in Höhe von 200,00 € (netto) zzgl. 19 % USt
   b) Erbringung einer Dienstleistung in Höhe von 800,00 € zzgl. 19 % USt
   c) Privatentnahme in Höhe von 100,00 € per Kasse
3. Sie haben noch folgende Abschlussangaben: Abschreibung Pkw 02: 4.000,00 €
4. Schließen Sie alle Konten ordnungsgemäß über die entsprechenden Zielkonten ab.

Wichtiger Hinweis
Aus Gründen der einfacheren Darstellung werden Kreditorenbuchungen direkt auf dem Konto *Verbindlichkeiten aus Lieferungen und Leistungen* ausgewiesen; die *Debitoren* auf dem Sammelkonto *Forderungen aus Lieferungen und Leistungen*.

Tab. 14.1 Saldenvorträge Zusammenfassendes Beispiel für Eröffnungsbilanz zum 01.01.02

Unbebaute Grundstück (0065)	10.000,00 €
Pkw (0320)	20.000,00 €
Warenbestand (3980)	1000,00 €
Kasse (1000)	2000,00 €
Eigenkapital (0880)	16.000,00 €
Verbindlichkeiten aus Lieferungen u. Leistungen (1600)	5000,00 €
Verbindlichkeiten gg. Kreditinstituten (0640)	12.000,00 €

14.3 Lösung (Beispielaufgabe)

Buchung nach SKR 03

S	Unbeb. Grundstücke (0065)		H
AB	10.000,00€	SBK	10.000,00€
	10.000,00€		10.000,00€

S	Pkw (0320)		H
AB	20.000,00€	4.	4.000,00€
		SBK	16.000,00€
	20.000,00€		20.000,00€

S	Warenbestand (3980)		H
AB	1.000,00€	SBK	1.000,00€
	1.000,00€		1.000,00€

S	Kasse (1000)		H
AB	2.000,00€	3.	100,00€
		SBK	1.900,00€
	2.000,00€		2.000,00€

S	Eigenkapitel (0880)		H
GuV	3.400,00€	AB	16.000,00€
Priv.	100,00€		
SBK	12.500,00€		
	16.000,00€		16.000,00€

S	Verb.aLuL (1600)		H
SBK	5.238,00€	AB	5.000,00€
		1.	238,00€
	5.238,00€		5.238,00€

S	Ford.aLuL (1400)		H
2.	952,00€	SBK	952,00€
	952,00€		952,00€

S	Verb. gg. Kreditinst. (0640)		H
SBK	12.000,00€	AB	12.000,00€
	12.000,00€		12.000,00€

S	EBK (9000)		H
Eigenkapital	16.000,00€	Unb. Grund.	10.000,00€
Verb.aLuL	5.000,00€	Pkw	20.000,00€
Verb.gg. KI	12.000,00€	Warenbest.	1.000,00€
		Kasse	2.000,00€
	33.000,00€		**33.000,00€**

14.3 Lösung (Beispielaufgabe)

S	Telefon (4920)		H
1.	200,00€	GuV	200,00€
	200,00€		200,00€

S	VoSt 19% (1576)		H
1.	38,00€	USt-VK	38,00€
	38,00€		38,00€

S	Erlöse (8200)		H
GuV	800,00€	2.	800,00€
	800,00€		800,00€

S	USt 19% (1776)		H
USt-VK	152,00€	2.	152,00€
	152,00€		152,00€

S	Abschreibung Pkw (4832)		H
4.	4.000,00€	GuV	4.000,00€
	4.000,00€		4.000,00€

S	Privatentnahme (1800)		H
3.	100,00€	EK	100,00€
	100,00€		100,00€

S	USt-Verrechnung (1591)		H
VoSt	38,00€	USt	152,00€
SBK	114,00€		
	152,00€		152,00€

S	Gewinn- und Verlustkonto		H
Telefon	200,00€	Erlös	800,00€
Abschreib.	4.000,00€	Verlust (EK)	3.400,00€
	4.200,00€		**4.200,00€**

S	Schlussbilanzkonto		H
Unb. Grund.	10.000,00€	Eigenkapital	12.500,00€
Pkw	16.000,00€	Verb.gg Kl	12.000,00€
Warenbest.	1.000,00€	Verb.aLuL	5.238,00€
Ford.aLuL	952,00€	USt-VK	114,00€
Kasse	1.900,00€		
	29.852,00€		**29.852,00€**

14 Zusammenfassendes Beispiel

Hinweis zur Bearbeitung

Die nachfolgende Buchungsliste beinhaltet sämtliche Eröffnungsbuchungen, laufende Buchungen und Abschlussbuchungssätze nach der unter Abschn. 14.1 *Vorschlag zur Vorgehensweise* dargestellten Vorgehensweise. Jede andere ordnungsgemäße Vorgehensweise, die zum gleichen Ergebnis führt, ist natürlich auch denkbar.

Buchungsliste

Nr.	Soll	Haben	Betrag/€	Text
AB	Unb.Grund. (0065)		10.000,00	Vortrag
AB	Pkw (0320)		20.000,00	Vortrag
AB	Warenbest. (3980)		1000,00	Vortrag
AB	Kasse (1000)		2000,00	Vortrag
		EBK (9000)	33.000,00	Vortrag
	EBK (9000)		33.000,00	Vortrag
AB		Eigenkapital (0880)	16.000,00	Vortrag
AB		Verb.aLuL (1600)	5000,00	Vortrag
AB		Verb.gg.KI (0640)	12.000,00	Vortrag
1.	Telefon (4920)		200,00	Eingang Telefonrechnung
	VoSt 19 % (1576)		38,00	VoSt 19 %
		Verb.aLuL (1600)	238,00	Eingangsrechnung
2.	Ford.aLuL (1400)		952,00	Ausgangsrechnung
		Erlöse (8200)	800,00	Erlöse
		USt 19 % (1776)	152,00	USt 19 %
3.	Abschreibung Pkw (4832)	Pkw (0320)	4000,00	AfA Pkw 02
GuV	GuV	Telefon (4920)	200,00	Abschluss Telefon
GuV	GuV	Abschreibung (4830)	4000,00	Abschluss Abschr.
GuV	Erlöse (8200)	GuV	800,00	Abschluss Erlöse
Umb. Verlust	Eigenkapital (0880)	GuVK	3400,00	Umb. Verlust auf EK
Umb. VoSt	USt-VK (1591)	VoSt 19 % (1576)	38,00	Umb. VoSt 19 %
Umb. USt	USt 19 % (1776)	USt-VK (1591)	152,00	Umb. USt 19 %
Umb. Priv.	Eigenkapital (0880)	Privatentnahme (1800)	100,00	Privatentnahme
SBK	SBK	Unb. Grundst. (0065)	10.000,00	Abschluss Unb. Grundst.
SBK	SBK	Pkw (0320)	16.000,00	Abschluss Pkw

14.3 Lösung (Beispielaufgabe)

Nr.	Soll	Haben	Betrag/€	Text
SBK	SBK	Warenbestand (3990)	1000,00	Abschluss Warenbestand
SBK	SBK	Ford.aLuL (1400)	952,00	Abschluss Forderungen
SBK	SBK	Kasse (1000)	1900,00	Abschluss Kasse
SBK	Eigenkapital (0880)	SBK	12.500,00	Abschluss Eigenkapital
SBK	Verb. gg. KI (0640)	SBK	12.000,00	Abschluss Verb. gg. Kreditinstitute
SBK	Verb.aLuL (1600)	SBK	5238,00	Abschluss Verb.aLuL
SBK	USt-VK (1591)	SBK	114,00	Abschluss USt-VK

Abschließende Übungsaufgaben 15

Zusammenfassung

Nach Studium der doch zunächst komplexen „Komplettaufgabe" startet Carlo Sommerweizen mit einer eher einfachen Übungsaufgabe ohne Umsatz- und Vorsteuer. Hiernach widmet sich der motivierte Autohändler einer weiteren, etwas schwierigeren, umfassenden Übungsaufgabe mit umsatz- und vorsteuerrelevanten Buchungssätzen.

15.1 1. Komplettaufgabe

Nach Studium der doch zunächst komplexen „Komplettaufgabe" startet Carlo Sommerweizen mit einer eher einfachen Übungsaufgabe ohne Umsatz- und Vorsteuer.

15.1.1 Aufgabenstellung (1. Komplettaufgabe)

Uwe Meister (bilanzierender Einzelunternehmer, vorsteuerabzugsberechtigt) gibt seiner Buchhalterin Frau Lustig den Auftrag, die vom Steuerberater ermittelten Endbestände (Schlussbilanz per 31.12.01) in die Buchhaltung zu übernehmen. Bevor Frau Lustig die Saldenvorträge bucht, schaut Sie sich die Daten an, die man ihr vorlegt (siehe Tab. 15.1: *Saldenvorträge Eröffnungsbilanz zum 01.01.02 zu Komplettaufgabe Nr. 1*)

Tab. 15.1 Saldenvorträge Eröffnungsbilanz zum 01.01.02 zu Komplettaufgabe Nr. 1

Unbebaute Grundstück (0065)	10.000,00 €
Warenbestand (3980)	1000,00 €
Bank (1200)	17.000,00 €
Kasse (1000)	2000,00 €
Eigenkapital (0880)	13.000,00 €
Verbindlichkeiten aus Lieferungen u. Leistungen (1600)	5000,00 €
Verbindlichkeiten gg. Kreditinstituten (0640)	12.000,00 €

Folgende Aufgaben sind zu bewältigen:

1. Buchen Sie die Anfangsbestände auf den vorgegebenen Konten per 01.01.02 und tragen Sie die Gegenbuchung auf dem Eröffnungsbilanzkonto (EBK) ein.
2. Bilden Sie die Buchungssätze zu den nachfolgenden Geschäftsvorfällen (alle in 02) und erfassen Sie diese im Anschluss auf den beigefügten Konten:
   a) Kauf eines weiteren betrieblichen unbebauten Grundstücks in Höhe von 13.000,00 €
   b) Bankeinzahlung aus der Kasse 500,00 €
   c) Barkauf Briefmarken 50,00 €
3. Schließen Sie alle Konten ordnungsgemäß über die entsprechenden Zielkonten ab.

Wichtiger Hinweis

Aus Gründen der einfacheren Darstellung werden Kreditorenbuchungen direkt auf dem Konto Verbindlichkeiten *aus Lieferungen und Leistungen* ausgewiesen; die *Debitoren* auf dem Sammelkonto *Forderungen aus Lieferungen und Leistungen*.

15.1   1. Komplettaufgabe

Buchung nach SKR 03

S	Unbeb. Grundstücke (0065)	H
AB	SBK	

S	Bank (1200)	H
AB		
	SBK	

S	Warenbestand (3980)	H
AB	SBK	

S	Kasse (1000)	H
AB		
	SBK	

S	Eigenkapitel (0880)	H
GuV	AB	
SBK		

S	Verb.aLuL (1600)	H
SBK	AB	

S	Porto (4910)	H
	GuV	

S	Verb. gg. Kreditinst. (0640)	H
SBK	AB	

S	EBK (9000)	H
Eigenkapital	Unb. Grund.	
Verb.aLuL	Warenbest.	
Verb.gg.KI	Bank	
	Kasse	

S	Gewinn- und Verlustkonto	H

S	Schlussbilanzkonto	H
Unb. Grund.	Eigenkapital	
Warenbest.	Verb.gg KI	
Bank	Verb.aLuL	
Kasse		

Hinweis zur Bearbeitung

Die nachfolgende Buchungsliste beinhaltet sämtliche Eröffnungsbuchungen, laufende Buchungen und Abschlussbuchungssätze nach der unter Abschn. 14.1 *Vorschlag zur Vorgehensweise* dargestellten Vorgehensweise. Jede andere ordnungsgemäße Vorgehensweise, die zum gleichen Ergebnis führt, ist natürlich auch denkbar.

Buchungsliste

Nr.	Soll	Haben	Betrag/€	Text

15.1.2 Lösung (1. Komplettaufgabe)

Buchung nach SKR 03

S	Unbeb. Grundstücke (0065)		H
AB	10.000,00€	SBK	23.000,00€
1.	13.000,00€		
	23.000,00€		23.000,00€

S	Bank (1200)		H
AB	17.000,00 €		
2.	500,00€	SBK	17.500,00€
	17.500,00€		17.500,00€

S	Warenbestand (3980)		H
AB	1.000,00€	SBK	1.000,00€
	1.000,00€		1.000,00€

S	Kasse (1000)		H
AB	2.000,00€	2.	500,00€
		3.	50,00€
		SBK	1.450,00€
	2.000,00€		2.000,00€

S	Eigenkapitel (0880)		H
GuV	50,00€	AB	13.000,00€
SBK	12.950,00€		
	13.000,00€		13.000,00€

S	Verb.aLuL (1600)		H
SBK	18.000,00€	AB	5.000,00€
		1.	13.000,00€
	18.000,00€		18.000,00€

S	Porto (4910)		H
3.	50,00€	GuV	50,00€
	50,00€		50,00€

S	Verb. gg. Kreditinst. (0640)		H
SBK	12.000,00€	AB	12.000,00€
	12.000,00€		12.000,00€

S	EBK (9000)		H
Eigenkapital	13.000,00€	Unb. Grund.	10.000,00€
Verb.aLuL	5.000,00€	Warenbest.	1.000,00€
Verb.gg.KI	12.000,00€	Bank	17.500,00€
		Kasse	1.450,00€
	30.000,00€		**30.000,00€**

S	Gewinn- und Verlustk		H
Porto	50,00€	Verlust (EK)	50,00€
	50,00€		**50,00€**

S	Schlussbilanzkonto		H
Unb. Grund.	23.000,00€	Eigenkapital	12.950,00€
Warenbest.	1.000,00€	Verb.gg KI	12.000,00€
Bank	17.500,00€	Verb.aLuL	18.000,00€
Kasse	1.450,00€		
	42.950,00€		**42.950,00€**

Hinweis zur Bearbeitung

Die nachfolgende Buchungsliste beinhaltet sämtliche Eröffnungsbuchungen, laufende Buchungen und Abschlussbuchungssätze nach der unter Abschn. 14.1 *Vorschlag zur Vorgehensweise* dargestellten Vorgehensweise. Jede andere ordnungsgemäße Vorgehensweise, die zum gleichen Ergebnis führt, ist natürlich auch denkbar.

Buchungsliste

Nr.	Soll	Haben	Betrag/€	Text
AB	Unb.Grund. (0065)		10.000,00	Vortrag
AB	Warenbest. (3980)		1000,00	Vortrag
AB	Bank (1200)		17.000,00	Vortrag
AB	Kasse (1000)		2000,00	Vortrag
		EBK (9000)	30.000,00	Vortrag
	EBK (9000)		30.000,00	Vortrag
AB		Eigenkapital (0880)	13.000,00	Vortrag
AB		Verb.aLuL (1600)	5000,00	Vortrag
AB		Verb.gg.KI (0640)	12.000,00	Vortrag
1.	Unb. Grundst. (0065)	Verb.aLuL (1600)	13.000,00	Kauf unb. Grundstück
2.	Bank (1200)	Kasse (1000)	500,00	Bankeinzahlung
3.	Porto (4910)	Kasse (1000)	50,00	Barkauf Porto
Umb. Verlust	Eigenkapital (0880)	GuVK	50,00	Umb. Verlust auf EK
SBK	SBK	Unb. Grundst. (0065)	23.000,00	Abschluss Unb. Grundst.
SBK	SBK	Warenbestand (3980)	1000,00	Abschluss Warenbestand
SBK	SBK	Bank (1200)	17.500,00	Abschluss Bank
SBK	SBK	Kasse (1000)	1450,00	Abschluss Kasse
SBK	Eigenkapital (0880)	SBK	12.950,00	Abschluss Eigenkapital
SBK	Verb. gg. KI (0640)	SBK	12.000,00	Abschluss Verb. gg. Kreditinstitute
SBK	Verb.aLuL (1600)	SBK	18.000,00	Abschluss Verb.aLuL

15.2 2. Komplettaufgabe

15.2.1 Aufgabenstellung (2. Komplettaufgabe)

Uwe Meister gibt seiner Buchhalterin am 03.03.02 den Auftrag, die vom Steuerberater ermittelten Endbestände (Schlussbilanz per 31.12.01) in die Buchhaltung zu übernehmen (siehe Tab. 15.2. *Saldenvorträge Eröffnungsbilanz zum 01.01.02 zu Komplettaufgabe Nr. 2*).
Folgende Aufgaben sind zu bewältigen:

1. Buchen Sie die Anfangsbestände auf den vorgegebenen Konten per 01.01.02 und tragen Sie die Gegenbuchung auf dem Eröffnungsbilanzkonto (EBK) ein.
2. Bilden Sie die Buchungssätze zu den nachfolgenden Geschäftsvorfällen (alle in 02) und erfassen Sie diese im Anschluss auf den beigefügten Konten:
   1. Kauf Porto per Banküberweisung in Höhe von 55,00 €
   2. Ausgangsrechnung in Höhe von 100,00 € zzgl. 19 % USt
   3. Eingangsrechnung Bürobedarf in Höhe von 59,50 inkl. 19 % USt
3. Sie haben noch folgende Abschlussangaben:
   a) Abschreibung Pkw für das Jahr 01 in Höhe von 5000,00 €
   b) Bestand Waren lt. Inventur zum 31.12.02 in Höhe von 3000,00 €
4. Schließen Sie alle Konten ordnungsgemäß über die entsprechenden Zielkonten ab.

Wichtiger Hinweis
Aus Gründen der einfacheren Darstellung werden Kreditorenbuchungen direkt auf dem Konto *Verbindlichkeiten aus Lieferungen und Leistungen* ausgewiesen; die *Debitoren* auf dem Sammelkonto *Forderungen aus Lieferungen und Leistungen*.

Tab. 15.2 Saldenvorträge Eröffnungsbilanz zum 01.01.02 zu Komplettaufgabe Nr. 2

Unbebaute Grundstück (0065)	20.000,00 €
Pkw (0320)	10.000,00 €
Warenbestand (3980)	5000,00 €
Forderungen aus Lieferungen u. Leistungen (1400)	10.000,00 €
Bank (1200)	3000,00 €
Eigenkapital (0880)	13.000,00 €
Verbindlichkeiten aus Lieferungen u. Leistungen (1600)	15.000,00 €
Verbindlichkeiten gg. Kreditinstituten (0640)	20.000,00 €

Buchung nach SKR 03

S Unbeb. Grundstücke (0065) H	S Bank (1200) H

S Warenbestand (3980) H	S Pkw (0320) H

S Eigenkapitel (0880) H	S Verb.aLuL (1600) H

S Ford.aLuL (1400) H	S Verb. gg. Kreditinst. (0640) H

S EBK (9000) H

15.2 2. Komplettaufgabe

| S | Porto (4910) | H | | S | Erlöse (8200) | H |

| S | USt 19% (1776) | H | | S | Bestandsveränd. Waren (3960) | H |

| S | Bürobedarf (4930) | H | | S | Vorsteuer 19% (1576) | H |

| S | Abschreibung Pkw (4832) | H | | S | USt-VK (1591) | H |

| S | Gewinn- und Verlustkonto | H |

| S | Schlussbilanzkonto | H |

Hinweis zur Bearbeitung

Die nachfolgende Buchungsliste beinhaltet sämtliche Eröffnungsbuchungen, laufende Buchungen und Abschlussbuchungssätze nach der unter Abschn. 14.1 *Vorschlag zur Vorgehensweise* dargestellten Vorgehensweise. Jede andere ordnungsgemäße Vorgehensweise, die zum gleichen Ergebnis führt, ist natürlich auch denkbar.

Buchungsliste

Nr.	Soll	Haben	Betrag/€	Text

15.2 2. Komplettaufgabe

Nr.	Soll	Haben	Betrag/€	Text

15.2.2 Lösung (2. Komplettaufgabe)

Buchung nach SKR 03

S	Unbeb. Grundstücke (0065)		H
AB	20.000,00€	SBK	20.000,00€
	20.000,00€		20.000,00€

S	Bank (1200)		H
AB	3.000,00€	1.	55,00€
		SBK	2.945,00€
	3.000,00€		3.000,00€

S	Warenbestand (3980)		H
AB	5.000,00€	SBK	3.000,00€
		5.	2.000,00€
	5.000,00€		5.000,00€

S	Pkw (0320)		H
AB	10.000,00€	4.	5.000,00€
		SBK	5.000,00€
	10.000,00€		10.000,00€

S	Eigenkapitel (0880)		H
GuV	7.005,00€	AB	13.000,00€
SBK	5.995,00€		
	13.000,00€		13.000,00€

S	Verb.aLuL (1600)		H
SBK	15.059,50€	AB	15.000,00€
		3.	59,50€
	15.059,50€		15.059,50€

S	Ford.aLuL (1400)		H
AB	10.000,00€	SBK	10.119,00€
2.	119,00€		
	10.119,00€		10.119,00€

S	Verb. gg. Kreditinst. (0640)		H
SBK	20.000,00€	AB	20.000,00€
	20.000,00€		20.000,00€

S	EBK (9000)		H
Eigenkapital	13.000,00€	Unb. Grund.	20.000,00€
Verb.aLuL	15.000,00€	Pkw	10.000,00€
Verb.gg KI	20.000,00€	Warenbest.	5.000,00€
		Ford.aLuL	10.000,00€
		Bank	3.000,00€
	48.000,00€		48.000,00€

15.2 2. Komplettaufgabe

S	Porto (4910)		H
1.	55,00€	GuV	55,00€
	55,00€		55,00€

S	Erlöse (8200)		H
GuV	100,00€	2.	100,00€
	100,00€		100,00€

S	USt 19% (1776)		H
USt-VK	19,00€	2.	19,00€
	19,00€		19,00€

S	Bestandsveränd. Waren (3960)		H
5.	2.000,00€	GuV	2.000,00€
	2.000,00€		2.000,00€

S	Bürobedarf (4930)		H
3.	50,00€	GuV	50,00€
	50,00€		50,00€

S	Vorsteuer 19% (1576)		H
3.	9,50€	USt-VK	9,50€
	9,50€		9,50€

S	Abschreibung Pkw (4832)		H
4.	5.000,00€	GuV	5.000,00€
	5.000,00€		5.000,00€

S	USt-VK (1591)		H
VoSt	9,50€	USt	19,00€
SBK	9,50€		
	19,00€		19,00€

S	Gewinn- und Verlustkonto		H
Porto	55,00€	Erlöse	100,00€
Bestandsv. Waren	2.000,00€	Verlust	7.005,00€
Bürobedarf	50,00€		
Abschr. Pkw	5.000,00€		
	7.105,00€		7.105,00€

S	Schlussbilanzkonto		H
Unb. Grund.	20.000,00€	Eigenkapital	5.995,00€
Pkw	5.000,00€	Verb.aLuL	15.059,50€
Warenbest.	3.000,00€	Verb.gg KI	20.000,00€
Ford.aLuL	10.119,00€	USt -VK	9,50€
Bank	2.945,00€		
	41.064,00€		41.064,00€

Hinweis zur Bearbeitung

Die nachfolgende Buchungsliste beinhaltet sämtliche Eröffnungsbuchungen, laufende Buchungen und Abschlussbuchungssätze nach der unter Abschn. 14.1 *Vorschlag zur Vorgehensweise* dargestellten Vorgehensweise. Jede andere ordnungsgemäße Vorgehensweise, die zum gleichen Ergebnis führt, ist natürlich auch denkbar.

Buchungsliste

Nr.	Soll	Haben	Betrag/€	Text
AB	Unb. Grunds.		20.000,00	Vortrag unb. Grund.
AB	Pkw		10.000,00	Vortrag Pkw
AB	Warenbestand (3980)		5.000,00	Vortrag Warenbest.
AB	Ford.aLuL (1400)		10.000,00	Vortrag Ford.aLuL
AB	Bank (1200)		3.000,00	Vortrag Bank
1.	Porto (4910	Bank (1200)	55,00	Portokauf
2.	Ford.aLuL (1400)		119,00	Ausgangsrechnung
		Erlöse (8200)	100,00	Erlöse
		USt 19% (1776)	19,00	USt 19%
3.	Bürobedarf (4930)		50,00	Bürobedarf netto
	VoSt 19% (1576)		9,50	VoSt 19%
		Verb.aLuL (1600)	59,50	Eingangsrechnung
4.	Abschr. Pkw (4832)	Pkw (0320)	5.000,00	Abschreibung Pkw
5.	Warenbestand (3980)	Bestandsveränd. Waren (3960)	2.000,00	Bestandsveränd. Waren
GuV	GuV	Porto (4910)	55,00	Abschluss Porto

15.2 2. Komplettaufgabe

Nr.	Soll	Haben	Betrag/€	Text
GuV	GuV	Bestandsv. Waren (3960)	2.000,00	Abschluss Bestandsveränd. Waren
GuV	GuV	Bürobedarf (4930)	50,00	Abschluss Bürobed.
GuV	GuV	Abschr. Pkw (4832)	5.000,00	Abschluss Abschr.
GuV	Erlöse (8200)	GuV	100,00	Erlöse
GuV	Eigenkapital (0880)	GuV	7.005,00	Umb. Verlust über Eigenkapital
Umb.	USt 19% (1776)	USt-VK (1591)	19,00	Abschluss USt 19 %
Umb.	USt-VK (1591)	VoSt 19 % (1576)	9,50	Abschluss VoSt 19 %
SBK	SBK	Unb. Grundst. (0065)	20.000,00	Abschluss Unb. Grundst.
SBK	SBK	Pkw (0320)	5.000,00	Abschluss Pkw
SBK	SBK	Warenb. (3980)	3.000,00	Abschluss Warenb.
SBK	SBK	Ford.aLuL (1400)	10.119,00	Abschluss Ford. aLuL
SBK	SBK	Bank (1200)	2.945,00	Abschluss Bank
SBK	Eigenkapital (0880)	SBK	5.995,00	Abschluss EK
SBK	Verb.aLuL (1600)	SBK	15.059,50	Abschluss Verb. aLuL
SBK	Verb. gg. KI (0640)	SBK	20.000,00	Abschluss Verb. gg. KI
SBK	USt-VK (1591)	SBK	9,50	Abschluss USt-VK

Fazit 16

> **Zusammenfassung**
> Jetzt kennt sich Carlo Sommerweizen ein wenig mit der doch recht komplexen, aber für ihn mittlerweile logischen Materie aus. Ihm macht es viel Freude, sein Wissen einzusetzen. Er weiß, dass er im Hinblick auf seine unternehmerischen Entscheidungen nur dann kaufmännisch vernünftig reagieren kann, wenn er entsprechende Fachkenntnisse besitzt und diese auch zielgerichtet einsetzt. Dass er sich im Rahmen dieses Studiums nur einen Teil des externen Rechnungswesens anschauen kann, liegt an der Komplexität des Themas, welches er auf jeden Fall zu einem späteren Zeitpunkt noch einmal vertiefend aufgreifen möchte.

Jetzt kennt sich Carlo Sommerweizen ein wenig mit der doch recht komplexen, aber für ihn eigentlich recht logischen Materie aus. Ihm macht es viel Freude, sein Wissen einzusetzen. Er weiß, dass er im Hinblick auf seine unternehmerischen Entscheidungen nur dann kaufmännisch vernünftig reagieren kann, wenn er entsprechende Fachkenntnisse besitzt und diese auch zielgerichtet einsetzt. Dass er sich im Rahmen dieses Studiums nur einen Teil des externen Rechnungswesens anschauen kann, liegt an der Komplexität des Themas, welches er auf jeden Fall zu einem späteren Zeitpunkt noch einmal vertiefend aufgreifen möchte.

Am Ende dieser Lektüre empfiehlt Sommerweizen jedem Unternehmer, sich dieser häufig unbeliebten Herausforderung Buchführung anzunehmen. Er ist sicher: es lohnt sich!!!

In diesem Sinne wünschen Ihnen Carlo Sommerweizen und die Autorin Karin Nickenig viel Freude bei Erstellung und Auswertung Ihrer Buchführung!!